本书出版得到"陇东学院著作基金"资助

学者文库

乡村振兴与
高质量发展研究

毛粉兰　齐　欣◎编著

九州出版社
JIUZHOUPRESS

图书在版编目（CIP）数据

乡村振兴与高质量发展研究／毛粉兰，齐欣编著
--北京：九州出版社，2020.8
ISBN 978-7-5108-9389-6

Ⅰ.①乡… Ⅱ.①毛… ②齐… Ⅲ.①农村—社会主
义建设—研究—中国 Ⅳ.①F320.3

中国版本图书馆 CIP 数据核字（2020）第 151371 号

乡村振兴与高质量发展研究

作　　者	毛粉兰　齐欣　编著	
出版发行	九州出版社	
地　　址	北京市西城区阜外大街甲 35 号（100037）	
发行电话	（010）68992190/3/5/6	
网　　址	www.jiuzhoupress.com	
电子信箱	jiuzhou@ jiuzhoupress.com	
印　　刷	三河市华东印刷有限公司	
开　　本	710 毫米×1000 毫米　16 开	
印　　张	16	
字　　数	270 千字	
版　　次	2020 年 10 月第 1 版	
印　　次	2020 年 10 月第 1 次印刷	
书　　号	ISBN 978-7-5108-9389-6	
定　　价	95.00 元	

乡村振兴与高质量发展研究课题组

主　　　编：毛粉兰　齐　欣

副 主 编：郭威威

课题组成员：毛粉兰　齐　欣　郭威威　石林溪
　　　　　　邵姝静　杨膨宇　李雪峰　李　涛

序

　　毛粉兰教授主编的《乡村振兴与高质量发展研究》一书准备在九州出版社出版，邀我为本书作序。

　　我是因一次偶然的机会，与甘肃陇东学院结缘。2018 年 5 月，全国经济地理研究会在陇东学院举办了"一带一路"背景下西部地区经济发展论坛，我作为会长应邀参加了论坛并发表演讲。2019 年 1 月，我荣幸地被聘为陇东学院经济管理学院特聘教授。由经管学院院长毛粉兰教授领衔的陇东学院经济管理团队，多年来围绕农村与农业经济发展、精准扶贫与精准脱贫等重大问题进行了大量的研究，积累了丰富的研究成果，特别是对我国干旱地区的乡村发展问题有着独特的研究成果，形成了很多颇有见地的观点和政策建议。《乡村振兴与高质量发展研究》一书，是他们团队多年研究成果的结晶，具有较高的理论水平和学术价值。值此付梓之际，特向广大读者隆重推荐本书。

　　乡村振兴战略是习近平总书记在党的十九大报告中提出的新时代重大战略之一。多年来，农业农村农民的"三农"问题，一直是关系国计民生的根本性问题。面向即将到来的"十四五"时期，只有实施乡村振兴战略，才能从根本上解决新时代我国经济社会的主要矛盾，顺利实现"两个一百年"的奋斗目标。

　　实际上，乡村的衰落不是一年两年的问题。多年来我们一直在谈论"三农"问题，但是在波涛汹涌的城市化大潮面前，农村和农业的弱势一览无余。人力和物力资源向城市的集中，助推了城乡二元结构的固化；在努力把中国建成创新型国家的过程中，政府和社会的各种资源都在支持城市的创新，而创新的溢出效应，还远远没有惠及广大农村。所以，乡村振兴仍然是任重道远，从事乡村振兴研究的同仁，仍然需要筚路蓝缕。

　　新冠疫情的爆发，使我们越加感受到乡村振兴刻不容缓。战胜疫情过程中的外部环境的变化：粮食问题、肉类问题、大豆问题等等，让我们更加感受到农业弱势的切肤之痛。我们有 960 万平方公里的肥田沃土，勤劳智慧的中国人民在这块土地上精耕细作了几千年。中国人的金饭碗只能自己打造，乡村振兴战略就是打造金饭碗的利器！

如何把中国的农村和农业基础打得更牢？面向未来的新时代，推进乡村战略、促进高质量发展，是一条必由之路。《乡村振兴与高质量发展研究》一书，正是基于新时代"百年未遇之大变局"的新背景，落实国家乡村振兴的大战略，立足研究乡村的实际而撰写的。本书可以帮助读者对我们所处的时代背景和乡村振兴的现实情况，有更加深入的了解和体会。

本书包括绪论共有 11 章内容。围绕"产业兴旺、生态宜居、乡风文明、治理有效、生活富裕"二十字方针，梳理了乡村振兴研究的理论基础和政策依据，厘清了中国农村改革的基本脉络，对乡村振兴的现状和发展水平进行了客观评价，全面论证乡村振兴与农业高质量发展的辩证关系，从土地制度改革和创新、农业供给侧结构性改革、现代生态农业产业体系建设、农业农村高质量发展、城乡协调与融合发展、金融支持乡村振兴政策体系及全面脱贫和乡村振兴有效衔接等方面提出了有针对性的对策建议，为政府了解农村农业发展现状、制订乡村振兴规划以及相关研究人员提供了丰富的资料。

最后，祝愿毛粉兰教授及其团队在"三农"研究、乡村振兴、精准脱贫等领域多出新成果。

是为序。

孙久文

中国人民大学应用经济学院教授、博士生导师

国务院扶贫开发领导小组专家咨询委员会委员

全国经济地理研究会会长

2020 年 4 月 7 日于北京中国人民大学

前　言

长期以来，农业农村一直是中国社会发展的基本底色，是长期被重点关注的领域之一。其中，农业乃立国之本，是国民经济的基础产业和物质之源；农村乃固本之所，是农业布局和特定人群聚居的空间区域。更重要的是，农业和农村承载了中国最大的劳动力群体和人口群体——农民，是国民经济的发展之源。农业农村的发展事关国民经济和社会发展大局，是过去、现在和将来要持续关注的焦点。

中国以农业农村改革为起点的社会生产力的解放在一定程度上有效地促进了经济社会整体的高速增长，农业农村持续稳定健康的发展也为实现中国由站起来到富起来的历史性转变奠定了坚实的基础。然而，随着经济社会形势的深刻变化，城乡之间、区域之间、经济社会之间存在的发展不平衡、不充分、不可持续的矛盾也不断显现。面对复杂的国内国际形势，如何实现农业农村优先发展、加快补齐短板、促进乡村振兴和高质量发展，是一个值得思考的重要问题。

乡村振兴是一项多阶段、多领域、多元化的综合性工程。十九大报告首次提出实施乡村振兴战略，为农业农村长期发展指明了方向。2018—2020 年的中央一号文件以及《乡村振兴战略规划（2018—2022 年）》对实施乡村振兴战略以及农业农村优先发展的阶段性目标和重点任务都给出了明确要求。各级地方政府也相应出台了乡村振兴实施方案和发展规划，因地制宜地安排部署了乡村发展的时间阶段和具体措施。在顶层设计和理论研究的指导下，中国乡村发展呈现出一片欣欣向荣的景象，"产业兴旺、生态宜居、乡风文明、治理有效、生活富裕"的乡村画卷逐渐在中华大地铺展开来。

2020 年是不平凡的一年，也是极具历史意义的一年。2020 年是"十三五"规划收官之年，是全面建成小康社会的冲刺阶段，也是打赢脱贫攻坚战和实施乡村振兴战略的历史交汇期。2020 年，在新冠肺炎疫情的巨大冲击下，中国面临了危机期间部分产业供应链断裂、居民收入和消费下降、投资下降等问题，也将面临疫情对中国经济和世界经济产生的持续的负面影响。在如此复杂的历史阶段和现实背景下，需要我们深刻去思考，如何顶住压力完成全面脱贫，如何有效对接脱贫攻坚和乡村振兴，如何打破常规真正实现农业农村优先发展和高质量发展。

本书主要围绕"乡村振兴""高质量发展"两个主题展开研究，探索了农业农村发展过程中的几个关键性问题。首先，以文献梳理和理论分析为起点，总结归纳了国内外与乡村振兴有关的基础理论、研究现状和政策依据，奠定了研究的理论前提。其次，选择甘肃及其部分县区为研究对象开展问卷调查和定量研究，局部性地分析了农业农村发展现状、乡村振兴取得的成效和存在的问题，探讨下一步推进乡村振兴的重难点，形成问题导向。再次，剖析了国内外多种乡村发展模式及其成功案例，提供借鉴和参考。第四，基于乡村振兴战略总要求，分别从产业兴旺、生态宜居、乡风文明、治理有效和生活富裕五个方面逐步逐层展开了更为详尽的探讨，针对具体发展问题研究相应对策和措施，其中涉及全面脱贫和乡村振兴的有效对接和农业农村高质量发展问题，是本书后续研究的重点和方向。最后，对乡村振兴过程中如何提高金融支持效率问题进行了研究。全书基于"理论研究—政策解读—问题导向—案例剖析—分层探讨—对策分析—条件支撑"的逻辑思路展开研究，具有一定的创新性和参考性。

本书包括绪论在内共由 11 章组成，共 24 万字。全书由课题组成员毛粉兰、齐欣、郭威威、石林溪、邵姝静、杨膨宇、李涛、李雪峰共同讨论拟定研究思路和结构框架，分别由各执笔者承担相应章节的写作任务。具体分工如下：

毛粉兰（陇东学院经济管理学院院长、教授）和齐欣（陇东学院经济管理学院副教授）担任主编，全面负责研究框架的设计、研究过程的指导、核心观点和理论的提出和全书的统稿和审定。郭威威（陇东学院经济管理学院副教授）担任副主编，负责协助主编进行研究工作的协调和把握。

各章节写作分工如下：绪论由毛粉兰（0.3 万字）执笔；第 1 章由杨膨宇（2.7 万字）执笔；第 2 章由李涛（1.2 万字）、杨膨宇（0.3 万字）执笔；第 3、4 章由齐欣（4.6 万字）执笔；第 5 章由郭威威（1.9 万字）、齐欣（0.9 万字）执笔；第 6 章由李雪峰（1.5 万字）、齐欣（0.6 万字）执笔；第 7 章由郭威威

（3 万字）执笔；第 8 章由石林溪（2.1 万字）执笔；第 9 章由杨膨宇（0.5 万字）、齐欣（0.5 万字）执笔；第 10 章由邵姝静（4 万字）执笔。最后全书由齐欣、郭威威、邵姝静统稿，由毛粉兰负责审定。

在此，衷心感谢中国人民大学应用经济学院教授、博士生导师、国务院扶贫开发领导小组专家咨询委员会委员、全国经济地理研究会会长、陇东学院特聘教授孙久文先生为本书作序。

最后，由于理论水平和研究经验有限、数据获取不充分，本书仍存在很多不足之处，诚恳希望广大读者批评指正，提出宝贵的改进意见。

毛粉兰　齐欣

2020 年 3 月 30 日

目　录
CONTENTS

绪　论

1. 研究背景

随着中国特色社会主义进入新时代，中国经济也呈现出中高速增长的新常态。遵循客观经济规律，准确识别当前经济发展的阶段性特征，推动高质量发展，贯彻创新、协调、绿色、开放、共享的新发展理念，促进经济结构优化升级，突出体现经济效益，实施创新驱动发展战略，着力解决经济发展的不平衡不充分问题，这是保持经济持续健康发展的必然要求，顺应了我国社会主要矛盾变化，有利于小康社会的全面建成，有利于社会主义现代化国家的全面建设。

"三农"问题一直是中国经济社会发展中的薄弱环节，也是社会各界最为关注的重点发展领域之一。21 世纪以来，连续 17 年中央一号文件均聚焦"三农问题"，相关政策接续推行，农业农村发展水平显著提升，欠发达区域范围不断缩小，脱贫攻坚成绩斐然，农业农村现代化程度不断提高。与此同时，伴随着传统农村中要素流动倾向不断加强，逐渐呈现出集聚状态，村落出现自发整合现象。但是，由于历史和现实的原因，农村农业发展仍然比较落后，农业产业化水平偏低，农产品市场竞争力不足，农业农村自身发展能力较弱，农村地区基础设施和公共服务不完善，城乡之间和区域之间发展不平衡，农业农村高质量发展任重而道远。

党的十九大明确了农业农村农民问题是关系国计民生的根本性问题，提出了实施乡村振兴战略，要求坚持农业农村优先发展，按照"产业兴旺、生态宜居、乡风文明、治理有效、生活富裕"的总要求，建立健全城乡融合发展体制机制和政策体系，加快推进农业农村现代化。2018 年 2 月，中央一号文件《中共中央、国务院关于实施乡村振兴战略的意见》公布，提出要统筹推进农村经济建设、政治建设、文化建设、社会建设、生态文明建设和党的建设。2019 年6 月，国务院印发《关于促进乡村产业振兴的指导意见》，指出产业兴旺是乡村振兴的重要基础，是解决农村一切问题的前提，是农村发展的物质基础。2020年1月，中央一号文件《中共中央、国务院关于抓好"三农"领域重点工作 确保如期实现全面小康的意见》从坚决打赢脱贫攻坚战、加快补上农村基础设施和公共服务短板、保障重要农产品有效供给和促进农民持续增收等方面提出明确要求、做出具体部署。

乡村振兴是一项涉及经济、政治、文化、生态、社会的系统性工程，党中央围绕打赢脱贫攻坚战、实施乡村振兴战略做出的一系列重大部署，出台的一系列政策举措，为农业农村高质量发展指明了方向，是基层实施乡村振兴战略、开展具体工作的基本依据。2020年是全面建成小康社会目标实现之年，是全面打赢脱贫攻坚战收官之年。在此背景下，进一步实施乡村振兴战略，扎实推进农业农村改革发展各项重点任务，促进农业农村经济高质量发展，对于完成全面小康社会硬任务至关重要。

2. 研究意义

当前决胜脱贫攻坚工作与建成全面小康社会的重点任务，并不是改善发展差距工作的终点，而是连续不断的新征程、新起点，是接续下一阶段政策目标的"中转站"。在此关键节点，应巩固既有政策的现实成果，将反贫困工作统筹纳入乡村振兴战略规划之中，探索出一条具有中国特色的社会主义乡村振兴道路。本书以甘肃及其部分县（区）为研究对象，一是探讨如何实现全面脱贫与乡村振兴有效对接，厘清乡村振兴系统内部的逻辑关系，丰富乡村振兴理论研究框架；二是在城乡发展不平衡不协调的前提下，研究形成农业农村高质量发展的理论模式，完善农业农村高质量发展的研究体系，具有一定的理论意义。

深刻地剖析和认识现实问题才能实现真正的改进和发展，针对甘肃城乡发展不平衡、不协调、不充分，农村发展基础不稳定，农村人居环境不佳，社会事业相对滞后等现实状况，展开乡村发展存在问题和乡村振兴政策研究，挖掘农村地区的落后症结及发展瓶颈，提供具有针对性和可操作性的高质量发展路径和对策，并因地制宜地应用到不同的区域，为地方政府制定相关政策提供参考，为改革增效，为乡村振兴战略的实施奠定基础，具有一定的应用性，实践意义重大。

3. 研究内容

本书包括绪论在内共11章内容，研究观点丰富，涉及面广。在总体研究思路和结构的基础上，根据研究重点的不同分为五大部分：第一部分包括3章内容（绪论、第 1 章、第 2 章），主要从研究背景、研究意义以及乡村振兴的基础理论、研究现状、政策依据等方面进行梳理和总结。第二部分包括 1 章内容（第 3 章），主要研究了乡村振兴水平评价的指标体系，并以甘肃为研究对象，基于问卷调查，从总体和局部两个层面分析了甘肃乡村发展现状以及乡村振兴工作实施中存在的问题。第三部分包括 1 章内容（第 4 章），主要梳理总结了国内外多种乡村发展模式，并对成功案例进行了深入剖析。第四部分包括 5 章内容（第 5 章、第 6 章、第 7 章、第 8 章、第 9 章），基于乡村振兴战略总要求，分别从产业兴旺、生态宜居、乡风文明、治理有效和生活富裕五个方面展开了详尽的探讨，以问题为导向，提出了针对乡村振兴具体问题的对策和措施。第五部分包括 1 章内容（第 10 章），重点研究了乡村振兴过程中金融发展问题和策略。

第1章

理论基础与研究现状

1.1　乡村振兴相关理论

关于乡村发展与城乡协调问题，很多经典理论都做过系统或部分的分析和论述，这些理论为研究乡村振兴问题奠定了坚实的基础。通过选取刘易斯的城乡二元结构、缪尔达尔的循环累积因果论、安虎森的突破点理论、杨小凯新兴古典城市化理论（分工演进理论）、市场失灵与政府失灵五个具有代表性的经济理论，尝试探讨和构建本书的理论框架和逻辑遵循，分析相关理论之于乡村振兴战略的含义，重点运用基本理论来解释城乡二元结构的出现、发展与当前所存在的问题，以及在经济理论的基础上，结合地区实际发展状态，提出理论层面的解决路径。

1.1.1　非均衡力与循环累积因果论

主流区域经济理论在区域经济学的研究体系之中，加入了新古典经济学所忽视的区域空间划分，针对空间演变进行了理论推衍，较为合理地解释了"核心—边缘"结构的形成。区域经济从空间结构来看即为块状经济，不同区域经济体之间普遍存在着内生的非均衡状态，在非均衡状态之下，各个区域经济体内的要素在其回报率的指导下开始了逐步转移，并在此过程之中产生了区域之间的相互作用力。借鉴安虎森（2004）关于非均衡力的论述以及缪尔达尔（1957）循环累积因果理论，构造关于"城市—乡村"的非均衡力、循环累积因果论与平衡点结论。

4

　　不同区域之间存在内生的非均衡力，这种非均衡力即为：市场接近效应、生活成本效应与市场拥挤效应，前两种效应聚合形成集聚力，集聚力促使要素流向市场规模大、要素回报率较高的地区；市场拥挤效应则代表了分散力，分散力则逐渐中断要素流向，阻止其进一步流向核心区域。正是由于非均衡力的存在，不同区域经济的变化则呈现出非连续性与突发性的特点。

　　在非均衡力的不断作用下，区域之间逐渐呈现出不断积累、不断变化的发展关系即为循环累积因果理论。循环累积因果律的形成，一般认为有三种联系机制：一是需求关联的循环累积因果律。假设已经存在城市与农村两个区域，城市代表发展水平较高的区域，农村代表发展水平较为落后的区域，此时按照安虎森（2004）的观点，城市所代表的发展水平较高的区域已经具备了较高的要素回报率与市场规模。农村中的劳动力倾向于前往工资率较高的地区，并将所获取的工资收入全部花费在所在区域，这使得城市的市场规模进一步扩大，原有空间布局进一步变化，企业布局进一步接近城市。城市及其周边规模进一步扩大，城市就业机会增多、劳动力需求进一步上升，城市原有的劳动力存量不能满足继续发展的需要，从而进一步激励农村人口向城市人口转移（后向联系机制），具有正向反馈的作用。此处所强调的循环累积因果律指的是农村劳动力在要素高回报率的吸引下进行转移，从而出现消费的区域转移，带动城市市场规模的进一步扩大，市场规模的变化导致生产活动的转移，生产活动的跨区移动带来了就业机会的增多，进一步促进农村劳动力的转移。二是成本关联的循环累积因果律。按照上文的分析，在城市已经具备了较大市场规模的基础上，农村地区劳动力与企业向城市流动，因而城市的企业数量与种类远大于农村地区。城市所生产的产品由于区位较为接近市场，产生的交易费用较小，而农村区域所生产的产品若在城市销售需要较高的交易费用。因此，在其他条件不变的前提下，城市区域所生产的产品种类越多，其所对应的价格指数也就越低，对于一般消费者而言，其生活成本也就越低，对于生产者而言，其生产成本也就越低（其总可以以较低的代价获取想要的生产要素）。诸如此类，产品种类的多样性进一步降低城市生活成本，提高了农村地区的生产成本。此种机制是自我强化的，城市生活成本的下降代表了实际收入水平的上升，农村区域则与之相反，从而产生了劳动力由农村向城市不断转移的内在动力，农村人口与企业不断向城市区域进行转移。此类转移机制被称为成本关联的循环累积因果律（此类为一种前向联系机制，通过需求的扩大，形成对消费的联系前向），也具备正反馈机制的特点，在此类机制的过程中，生活成本的空间分布特点形成了杠杆效应。三是需求关联的循环累积因果链与成本关联的循环累积因果链所形成的混合因果链。伴随着城市集聚程度的不断提高，产业多样化程度随之上升，在混合因果链的作用机理下，城市地区的市场规模不断扩大，产品的产出能力与产品需求能力随之上升，从而对劳动力的需求不断扩大，不断吸引农村所代表的欠发达区域的劳动力产生持续转移的现象，劳动力的不断转移会加剧产业多样化的程度，增加城市地区的产品种类，继而降低城市的生活成本，提高实际收入水平，而实际收入的提高，会造成工资率的区域相对差别，并进一步吸引农村劳动力向城市转移。在城市对农村吸引力不足的情况下，农村劳动力的转移会逐渐减弱，人口和产业的空间布局会保持原有的状态，经济增长的动力也会减弱。而此类问题的出现，将会成为分析"城市—农村"平衡点①的主要来源。

在既定的"城市—农村"格局之中，由于农村生活与城市生活代表了两种不同的生活模式，所以基于现有消费结构与生活模式，需求与成本循环累积因果律的影响作用会受到农村人口结构的影响，从而产生不同程度的变化。下面我们将从两个角度出发论述：一是乡村中青年劳动力较多时，在追求高要素回报率的背景下，受市场接近效应与生活成本效应的影响，会出现部分青年劳动力的先行转移，在获取了丰厚的要素回报之后，形成了一种可以被模仿的转移路径，从而劳动力转移的速度会加快，呈现出突发性的劳动力转移。二是乡村中老年与儿童人口较多时，囿于本身劳动能力的限制与既定的消费模式和生活模式的影响，劳动力的转移会呈现出比较缓慢的状态，城乡间劳动力的流动趋于平缓。虽然此处选取两种角度进行简略分析，但我们假定这两种角度为线性关系，由于城市发展需要大量劳动力与相关产业，农村便可以成为其主要供给方，这便出现了第一种情况；在不断发展的过程中农村所代表的欠发达区域要素转移潜力逐渐释放逐渐乏力，便呈现出第二种情况。由于没有考虑制度因素

---

① "城市—农村"平衡点的观点所强调的是在城乡间可转移要素总量不充盈的状态下，城乡间呈现出的一种相对平衡的状态。

与人口流动障碍，所以假定农村劳动力进城务工时会将所有工资收入花费于所在区域，但是当我们放开了此类假设便会存在农民身份识别问题与乡土情结的情况。所以农民不会将所获得的要素收入全部花费于所在区域，而是会将其进行存储，从而将部分货币收入花费于农村区域，此时城市区域的循环累积因果律力量减弱。同时，由于农村劳动力转移潜力有限（根据中国科学院地理所估计胡焕庸线左侧约有人口 8500 万），所以容易出现在城市发展不充分的阶段，农村劳动力与资本转移进入相对停滞的状态，呈现出突发性、非连续性的特点，最终进入一个平衡点的状态。必须要强调的是为了简化分析，我们在此处略去了资本与劳动力的跨区流动这一现实情况。

1.1.2 分工演进理论

关于"城市—农村"二元结构的论述，旨在探究当前实行的乡村振兴战略应当以何种方式开展并对实践有何指导意义。其中，关于城乡二元结构的出现，选取杨小凯、赖斯（1994）建立的新兴古典城市化与层级结构理论，通过分工演进与交易费用的观点阐述城市的起源、城乡的分离等现象，并结合前文所述的"平衡点"观点，解释"平衡点"下的分工结构。

新古典经济学多采用纯消费者与纯生产者分离的理论假定，这使得经济学的研究方向由专业化与经济组织的问题转向既定组织结构下的资源分配问题，但此处的"城市—农村"二元结构的演进与路径探究中，我们需要知道城市与乡村出现的原因，以及二元结构背景下的分工结构。新兴古典经济学认为，当经济效率极低时，经济体（此处假定消费者与生产者统称为"经济体"）一般呈现自给自足的状态。伴随着交易效率有所提高时，产品生产者为了减少交易费用，要素倾向于聚集，一般会选择交易地或原料地布局生产，经济体开始呈现出局部分工的特点。当交易效率进一步提高，聚集的益处大于分散，经济体会不断聚集，直至出现城市，以节省产品生产中分工的发展所带来的交易费用。分工演进的具体作用分类是解释城市出现的具体原因，高度分工背景下的层级特征，在分工演进的过程中会出现网络效应与集中交易对提高效率的效应。若每个人的居住地点固定不变，每次贸易活动都在交易的中点进行，则当分工水平提高而导致的交易网络扩大时，交易过程中所产生的总体费用会成比例地扩大；但如果所有人都将交易集中于某一中心地点进行交易，则会在空间距离上大大缩减总费用，从而降低交易费用。但此处城市规模的扩大不会出现无止境的外延。辜胜阻（1991）提到，大城市的拥挤现象不仅会增加运输成本，也会增加劳动者的时间成本，从而带来巨大的不经济，这实质上也与上文所论述的市场拥挤效应有相似之处。在要素流动门槛较低的情境下，经济体会面临"两难冲突"，即由于交易集中所带来的分工深化的好处与城市过大所带来的拥挤效应，理智的经济体便会将部分交易分散于其他地区进行，城市规模的扩大便会存在一定的隐形边界。分工现象便会带来城市职能的天然分化，形成金字塔状的城市层级，伴随着分工水平的不断上升，城市最优层级也会相应增加。如果我们梳理城市层级分化的过程就会发现：发展初期，经济体呈现出空间分散的特点，伴随着交易效率的提高，分工水平上升，经济体在减少交易费用的驱使下，出现集聚的特征，并呈现网络效应与集中交易对提高交易效率的效应，从而进一步加强集聚；在发展的中前期阶段，城市拥挤效应逐步展现，但分工深化的好处抵消了拥挤效应，城市聚集效应进一步加强，同时由于示范效应与路径依赖的存在，城市集聚的速度不仅没有放缓，反而不断提高，此处呈现出循环累积律的自我加强趋势；在发展的中后期阶段，城市拥挤效应所带来的不便越发严重，经济体逐步进行分化，城市与乡村也由原来的"核心—边缘"二元结构转变为层级分明的金字塔结构，表现为大量中小城镇的出现，此处呈现出循环累积律减弱的现象，并发生了二元结构的变形。

在城乡发展的中前期阶段，城市聚集效应进一步加强，但由于农村可供转移的劳动力数量不充分，所以城市聚集效应提前放缓，分工所带来的网络效应与效益效率的改进体现得不完全，城市内部由于分工所带来的好处不显著，城乡结构缺乏进一步改进的内生动力。Baumgardner（1989）的经验数据表明，城市化和个人的专业化分工水平之间存在正相关关系，城市聚集效应的减弱伴随着城市化水平的放缓，经济体的分工水平随之放缓，城市发展将锁定于前中期阶段，城乡间内在发展路径稳定，没有强有力的外在刺激，难以打破既有路径。因此，我们强调的"城市—农村"平衡点即为在城市发展不充分的阶段，城乡间要素转移较为平缓，城乡间制度障碍仍然存在，城市并未实现高度分工，农村局部实现分工，城市分级尚未形成。

1.1.3 规模收益递增与区位粘性

区域经济学在研究区域问题时，多采用规模收益递增理论，如果使用古典经济学的假定，现实经济中的部分情况难以得到解释。规模收益递增是指，当所有投入等比例增长时，产出的增长比例会超出投入的增长比例，在单一产出的情景下，表现为向下倾斜的平均成本曲线。若在企业层面进行阐述则是，伴随着可变要素投入的不断增大，单位产出的固定成本不断下降，因此平均成本不断下降，但此类生产活动要求企业在空间层面进行聚集，由此可以深化分工合作，实现内部规模经济。企业层面的内部经济，通常与企业初始拥有的资源与技术有关，但由于厂商不可能掌握所有的要素与生产技术，所以在实际生产的过程之中，根据各自所擅长的领域，选择具有规模收益递增的生产部门进行生产，最终呈现出分工的形式，不同的厂商也就呈现出其生产领域的垄断特征。大部分厂商的垄断不是由于自然垄断与特许经营，在市场中存在大量的潜在厂商，所以厂商的定价不能够按照垄断价格进行定价销售，而是需要按照边际成本加成定价法进行销售，此种形式多契合现实状态，也就是新古典经济学所强调的垄断竞争模式。通过规模收益递增的理论，我们进一步阐释了聚集的好处与专业化分工所能给区域带来的增益，但在我们所强调的"城市—乡村"平衡点的观点中，城乡间要素流动量受制于可转移总量，出现相对平衡的状态，要素流向其他区域情况严重。现实证明，自西部大开发以来，国家对西部地区进行了大量的投资，然而其中绝大部分投资都重新流向了东部地区，中西部地区的劳动力也主要流向东部地区。[1]破解要素流动的问题才能打破"城市—农村"的相对平衡点，关于区位粘性的论述则能较为合理地解释要素流动存在路径依赖与区位依赖。

在关于非均衡力与循环累积因果律的分析中，我们强调了区域经济学中普遍存在三种效应：市场接近效应、生活成本效应与市场拥挤效应，前两种效应聚合形成聚集力，市场拥挤效应则代表了分散力。当要素在市场接近效应与生活成本效应的吸引下开始聚集时，市场拥挤效应随之起作用，市场拥挤效应所产生的是分散力，其倾向于抵消市场接近效应与生活成本效应所产生的聚集力。如果分散力大于聚集力，则区域之间的非均衡力表现为分散力，聚集现象便不会形成，区域之间存在负向的反馈机制，区域的原有状态便会继续保持。如果分散力小于聚集力，区域之间的非均衡力表现为聚集力，聚集现象形成，区域之间存在正向的反馈机制。由此能够看出，分散力与聚集力存在临界状态，它也是聚集现象发挥作用的临界点，该临界点所决定的便是区域之间在不同状态下受到何种作用力的影响。这个临界点与区域之间的贸易成本或市场开放度有着密切的关系，这就是所谓的"突破点"。这里所强调的贸易成本是一种抽象的概念，包括隐形的社会风俗，也包括显性的运输成本与贸易制度，其不因贸易的实际发生为依存，贸易成本的降低则意味着市场开放程度的不断提升。当区域间的市场开放程度小于突破点时，区域的原有结构呈现出稳定的状态；反之，区域间结构则发生变化。当区域间已经形成了稳定的聚集状态，便存在内在的自发稳定机制，安虎森（2004）通过数理分析证明，聚集结构的稳定性也与市场的开发度有关，也存在一个临界点，但这个临界点的位置通常却不与突破点重合，而是小于突破点，这个临界点则是使得聚集结构得以维持的最低市场开放度，因此被称为"维持点"。维持点至突破点的距离便是区域结构得以维持的区间，我们所强调的"城市—乡村"平衡点，便是出于此区间范围内的一种稳定状态，此时乡村已经没有可供流向城市的生产要素。

从理论角度分析，若开放度接近理论上的维持点，区域空间结构并不会出现大幅的变化，但若将市场开放度不断提高，在达到突破点之时，才会出现要素的大规模集聚现象。这表明，区域发展遵循着其特有的规律，且区域经济增长方式对原有的发展状态有很强的依赖性，这种现象便是我们在上文提到的路径依赖，即原有的区域增长方式在一定范围内具有极强的"粘性"。经济发展方式不仅代表了经济社会运行的基本规律，更加代表了其背后经济活动主体的运行规律，当区域经济发展路径被锁定时，则代表了区域经济主体的经济活动轨迹被固定，从而形成一套稳定的经济运行网络结构，在此背景下，经济系统的内生力量难以在短期内被改变，此时外生冲击反而可以起到很好的效果，比如政策的强有力刺激等。如果要改变区域经济的原有运行状态，则需要外生的冲击力大于内生的约束力。在我们所强调的"城市—乡村"平衡点的观点中，放开要素流动限制，出台强有力的产业政策，使得外在的冲击力强于本身的约束力，从而促进城乡间要素的双向流动，促进城市和乡村的发展。

1.1.4　市场失灵与政府失灵

新古典经济学认为，价格作为市场信息的传导机制，可以自动平衡市场上的供求关系，实现总需求与总供给平衡的状态。因为，尽管对单个市场主体来说，商品与服务的价格是既定的，但从市场总体来看，如果消费者对某种商品或服务的总体需求大于生产者所能提供的总供给量，价格会自动上升，一旦价格水平上升，消费者便会自觉减少此类商品或服务的需求，价格便会自动回落，实现市场均衡；与之相反，若总体需求量小于市场总供给，价格便会自动回落，总体需求随之上升，最终实现市场均衡。价格在其中起到了信息传导的作用，为市场主体提供生产指导，各种要素在此过程中得到最有效的配置，在不断地竞价中，生产者为了获取经济利润，尽可能地降低成本，提高效率，不断创新，从而实现经济收益有效率的增长。在社会整体角度的等价交换中，高质量商品总会获得应得的较高价格，从而商品生产者会获得较高的报酬，可以实现按照贡献取酬。市场竞争还可以自发完成资源的最优配置，引导社会资源流向要素报酬率较高的地区，调整行业间要素配置结构，实现全社会层面的要素最优配置，此时政府所应当承担的仅为"守夜人"的职责。但要想达到完全竞争，还需要具备四个条件：一是市场上存在大量作为价格既定接受者的买卖双方，二是产品完全同质化，三是资源可以实现完全流动，四是信息完全。在现实世界中几乎不存在同时满足上述四个条件的市场种类，只要某个行业存在行业准则或准入门槛，价格机制便会被扭曲，从而不能有效传递市场信息，此时市场便会出现局部不均衡的状态，甚至可能在某些市场工具的杠杆作用之下，演变成为全局性、系统性的不均衡。

在主流经济学的观点中，市场失灵的另一个显著表现便是外部性的存在。外部性是指人们经济活动的一部分收益或成本不用自行承担，如果产生的部分收益自身不能享受时，则成为外部经济；若本应负担的成本，自身不用负担时，则成为外部不经济。外部经济与外部不经济被统一称为外部性。外部性所产生的主要原因便是市场缺乏有效机制去合理调节外部性的制造者与承受者之间的矛盾。市场对外部性的无能为力主要体现在市场不能有效界定"公共品"的产权与难以处理商品与服务的"外溢性"上，所以公共品必须由政府集中提供。

同时市场的价格机制也会导致公平与效率的选择问题，影响社会公平，容易造成社会的不稳定。"城市—乡村"平衡点的出现便是市场失灵的一种体现，城乡间要素总量流动趋于平衡，但城乡间要素配置呈现出结构性不平衡的特点，单纯依靠价格机制的传导作用很难自发调整资源配置，反倒会使城乡发展陷入"中间区间"。①

　　市场失灵的出现为政府干预市场提供了现实依据，在20世纪30年代经济危机的背景下，凯恩斯主义为政府干预市场提供了理论依据。凯恩斯主义主张政府应当通过强有力的财政政策与货币政策，干预宏观经济运行，以实现经济增长与充分就业等政策目标。凯恩斯主义所代表的政策主张认为，政府比一般的市场主体掌握更多的市场信息，是一个全知全能的市场主体，能够有效弥补市场主体由于信息失真所产生的试行错误。政府所实行的即为总需求管理政策，在对总需求的刺激过程中出现的"滞涨"现象，是由于政府层面对经济的试行举措体量较大，所以容易扭曲了原有的资源配置模式，造成经济体内部资源错配的现象，这种现象又被称为"政府失灵"。究其原因，主要有以下几点：第一，在目前的技术水平之下，政府并不具备准确搜集各类偏好人群信息的能力，进而制定符合各类偏好人群的经济政策。第二，政府的经济政策的制定所依靠的是已有的信息数据，相机决策难以把握经济发展过程中的突发性、非连续性状态。第三，政府官员也存在私心，不能期盼所有政府官员均以社会利益最大化作为施政目标，李书娟和徐现祥（2015）发现省级官员家乡城市的经济增长率比非家乡城市高约0.6个百分点。但政府如果放弃对市场的干预，任由形成区域差异、行业差异，不仅会对全国经济的有效运行产生有害的威胁，而且还有可能带来有害的政治与社会后果。所以我们应当构建的是"强式有为政府"与"强式有效市场"（陈云贤，2019），整合"有为政府"与"有效市场"之间的关系，明确政府在促进经济发展中的作用，以更有效的方式促进经济发展。

　　"城市—乡村"平衡点的出现，受制于可转移要素总量，但如果存在外生刺激，促进要素实现跨区流动，便可以尽可能地缓解总量不足的问题。根据上述分析，平衡点的出现是市场失灵的一种表现，但需要注意的是，政府如果实行"偏袒性"的政策，短期内会促进区域经济的强势增长，但长期来看，可能会形

---

　　①　此处所强调的"中间区间"便是至前文提到过的维持点与突破点之间的位置。

成要素的"路径依赖",扭曲资源配置结构。当政府出台相关措施补贴农业发展时,通过定量分析可知,农林牧渔业面临着严重的"补贴"性人力资本价格扭曲,人力资本配置过多,亟须向其他行业转移(马颖,2018)。所以,单一通过政策补贴的方式难以打破"城市—乡村"平衡点,反倒会使其进入"中间区域",产生路径依赖。因此,借鉴陈云贤(2019)关于"有为政府"与"有效市场"的论述,提出政府在打破"城市—乡村"平衡点中的作用。第一,政府应当明确自身定位,避免从微观层面干预经济发展,尊重市场规律,遵循市场规则,保障公平竞争;维护经济秩序,监督经济系统的异常波动,稳定经济发展;制定合理的区域发展战略,有效调配资源。第二,政府应当支持各种经济组织的经济试验活动,"经济发展的有效方法是,由政府提供给人们利用价格制度自由试验各种经济组织结构的条件"(杨小凯,1999)。[2] 上述所提到的组织试验也就是平时我们所看到的各种试点改革,比如经济特区、经济技术开发区以及各种试验区等(例如深圳、上海浦东、粤港澳大湾区等)。

1.1.5 城乡二元结构与区域一体化

城乡二元结构是经济发展过程中的必然结果,其根本原因在于城乡之间交易效率的差异,分工演进则贯穿于其产生的经济过程,上文在关于分工演进的解释中已经详细论述了城市产生的原因以及城市分层出现的必然性。本节将扩展上述论述,探究二元结构出现的原因、二元结构的经典论述以及破解"城市—农村"平衡点的借鉴思想。

聚集会带来专业化分工内部程度的深化,从而降低交易成本,因此城市在空间区位上的聚集性便天然强于分散居住的农村地区。伴随着交易效率的改进,生产部门内部分工逐渐形成,市场交易能力不断提高,也会由最初的"野人献曝"转变为较高水平的市场交易模式。[3] 在此过程中,交易效率越高,分工水平越高,产业生产部门越多,产业链条则不断细化。伴随着市场类型的精细化(科斯,1960),交易商品所需要的中间成本不断攀升,中间交易商出现,城市的产业分化程度也高于农村,因此城市在商业化水平与分工水平上均大于农村地区。根据对分工演进的内容分析,我们可知,当交易效率改进时,分工水平提高,经济结构由自给自足转变为"核心—边缘"结构,这是经济结构内生优化的必然结果。在此结构中农村地区的专业化水平较低，产业生产率与商品化程度也处于较低的水平，劳动力在分工链条中所取得的要素报酬也较低，出现了城乡差异。一旦形成了城乡的二元结构，城市地区与乡村地区交易效率将会呈现出长期不均衡的状态，加速要素集聚于城市地区，进一步拉大城乡差距。若能将城乡间交易效率拉平，放开城乡间交易制度的相关限制，按照杨小凯的观点，"当交易效率持续提高时，经济将发展到完全分工的状态"。"此时，二元结构将消失，农村和城市之间的生产力水平、商业化程度以及商业化收入将趋于一致"。[4]

最早关于城乡关系的研究可以上溯到马克思与恩格斯，二人用历史眼光来衡量城乡关系发展的脉络，研究了城乡发展的内在逻辑，认为城乡分离是分工发展的结果，在分工的作用下，城乡出现要素回报率与交易成本的区别，社会资本在较长的历史阶段中开始向城市聚集。针对城市率先发展，城乡发展阶段割裂的问题，恩格斯在其《共产主义原理》中提出城乡融合发展的观点，主张在产业层面实现城乡发展的"均等化"。[5]新兴古典经济学则认为城乡关系的关键是交易效率，城乡二元结构的出现是由于人为的制度性约束与交易效率程度的不同引起的，所以其主张城乡区域交易效率的统一化，通过市场配置资源的力量，自发形成城市层级，解决城乡二元问题。在关于二元结构相关问题的探讨中，刘易斯（Lewis. W. A）认为在城市区域与农村区域并存的发展阶段，产业政策应当偏向于生产率较高的现代工业部门，偏袒城市的发展，乡村区域的作用仅仅是为了向城市区域提供生产要素，所以只需要支持城市发展的相关战略。[6]克鲁格曼（Krugman. P）的"核心—边缘"理论则是认为城市是核心区域，农村是外围区域，核心区域支配外围区域，外围区域服务核心区域，核心区域会通过外溢的形式带动外围区域的发展。[7]但其并未意识到，核心区域的外溢是以要素的形式进行流动，而由于要素跨区流动的空间外延伴随着科技进步不停扩大，所以要素流动至乡村的时间周期会被无限拉伸，从而导致"核心—边缘区"结构的不断固化，并最终影响经济的稳定增长。迈克尔·利普顿（Lipton. M）则对以大城市为中心，从上而下的发展政策进行了抨击，他认为此种政策是一种偏袒城市的政策，这种政策会导致城市更富，乡村更穷，不利于处理城乡内部结构性的问题。[8]费孝通提出，中国的农村经济发展缓慢的主要原因是中小城镇发展的滞后。基于上述学者观点，我们可以发现，既有观点都是着眼于经济发展的基本面与一般发展规律，并未明确提出在落后地区，可转移要素受限的背景下，如何缓解城乡矛盾。本研究认为"城市—乡村"平衡点处于安虎森（2004）提出的突破点与平衡点之间的"中间区域"，在此阶段，城市发展不充分，乡村缺乏发展的后劲，城乡关系此时处于"半隐性"的发展状态。① 此时传统增长路径已经不能满足，应当寻求新突破，打造本地特色产业，加强区际交流合作，形成跨区的产业优势互补。

1.2 乡村振兴文献综述

乡村振兴战略是在新时代背景下党中央针对农业农村问题做出的创新举措和重要部署，旨在为从根本上解决"三农问题"提供行动指南。农业农村部数据显示，截止到 2017 年底，在农民的收入构成中，来自农业部分的收入仅有3122 元。随着改革开放进入深水区，现有制度红利释放过程进入疲软期，而且我国在经济转轨期所形成的利益集团使得破解原有制度势必会遭受阻力（薛澜、陈玲，2010），受制于原有制度与历史发展问题，我国现有格局表现出"二元结构"的特征。在乡村振兴的背景下，如何破解此类现象，全面解决城乡发展不平衡、农业农村发展不充分问题，缓解乡村视角下人民日益增长的对美好生活的向往同当前不平衡不充分的发展的矛盾，国内众多学者提出的相应的观点与看法，具体划分有以下几类：第一，探究乡村改革的历史演变过程和制度变迁；第二，探究乡村振兴的"二十字"方针的逻辑关系及内涵；第三，探究乡村振兴的路径措施和未来发展趋势。所以，本部分将在此基础之上对相关学者的研究进行基本阐述与总结。

农村的不断改革，打破了原有的发展模式，在各个层面完成了乡村面貌的"大改变"，为当前的乡村振兴战略提供了良好的现实基础。众多学者探讨了中国农村改革的历程，并从不同角度论述了农村改革的演变过程，以及对中国经

---

① 此时的城乡矛盾并不像发达区域，在区域间的非均衡力相互作用下，引发对供给无弹性要素的争夺。

济改革的影响，得出了丰硕的结论，通过梳理此类观点，从全国视域分析乡村改革过程中的各类因素，为乡村振兴战略实施与高质量发展提供历史经验借鉴。

魏后凯、刘长全（2019）认为，自1978年以来，我国农村改革大致经历了四个阶段，分别是农村家庭经济地位的确定、资源配置方式的变革、新型城乡关系的基本确立、当前农村全面深化改革。他们强调我国实施的农村改革是以家庭承包经营为基础，以保障农民权益与利益为核心，从单领域到全方位的渐进式的市场化改革。此类改革突出了农民作为乡村改革的主体地位，符合我国的基本国情，激发了农民的自主性与创新活力，为农村改革的快速发展奠定了基础。[9]

蔡昉（2019）认为，家庭联产承包责任制解决了农业生产激励的问题，在对农民进行生产要素配置赋权之后，农村劳动力便开始了在产业之间流动，按照边际回报率在时间顺序上的阶梯状在各个行业进行分布，实现要素的重新配置，直接推动了各个行业的繁荣与整体经济水平提升。根据其测算，农村外出并主要进入城市就业的劳动力，从1997年的3890万人增加到2017年的1.72亿人，占到城市全部就业的1/3以上。此外尚有超过1亿的农村劳动力在本地从事非农就业，就地转移和离开本乡镇的农民工在2017年高达2.8亿人，满足了非农产业发展的巨大劳动力需求。他指出下一步改革的重点是进一步放开要素配置体系，以满足经济发展所需的要素。[10]

彭海红（2018）认为，农村土地集体所有制是农村改革取得巨大进展的根本制度基础，其在批判了杨小凯（2002）土地私有化、党国英（2016）土地承包永久化、周其仁（2013）土地确权倒逼土地改革等观点的基础上，指出土地集体所有制具有土地私有化所不能比拟的制度优势。明确在当前新形势下深化农村改革必须坚持过往取得的历史经验，即：坚持和发展农村的根本经济制度，坚持农村改革的根本政治优势，坚持农村的基本政治制度，坚持社会主义市场经济的改革方向，坚持改革的人民史观。只有遵循基本经验，才能充分调动农民积极性，更好地促进社会主义制度在农村不断完善，为乡村振兴奠定良好的制度基础。[11]

曹斌（2018）在实地调研了日本乡村振兴战略的基础上提出，我国与日本同属于东亚儒家文化圈、城乡关系发展阶段有类似之处。所以，他认为中国实施乡村振兴战略应立足国情，统筹乡村振兴与现代农业发展，通过顶层设计，逐步完善法律体系，以此调整相关的体制、机制。他提出具体细分应对举措包括：首先应当根据地区实际制定当地农村发展政策；其次应从法律层面予以明确"农村农业优先发展""工业反哺农业""城市支持农村"等战略，为乡村振兴提供良好支撑；再次应构建乡村振兴的执行协调机构，统筹各职能部门的力量，助力乡村振兴发展；最后应完善合作社制度，真正确立农民的主体地位，提高合作社的参与程度，将其视为乡村振兴的战略抓手，提升振兴效率。[12]刘松涛、罗炜琳、王林萍（2018）则借鉴日本三轮"新农村建设"历程，从参与模式选择、政府参与力度、体制机制保障这三个层面提出我国乡村振兴战略的借鉴点。[13]

党的十九大首次系统地提出了乡村振兴的战略规划，这不仅是对我国历次乡村改革关于农业农村优先发展与着眼"三农"本土问题的历史性继承，也是着力解决新时代中国发展不平衡和不充分，尤其是解决城乡发展不平衡和农村发展不充分矛盾的有力举措。实行乡村振兴战略需要理顺乡村振兴"二十字"方针，明确"二十字"方针的内在关联。众多学者针对上述问题进行了积极探索，并结合乡村振兴实际提出了诸多观点，本书将梳理此类观点，把握"二十字"方针的内涵，为实施乡村振兴战略提供思路、理念。

黄祖辉（2018）从乡村振兴与城市化战略出发，系统分析了"二十字"方针的科学内涵。他指出，伴随着农村劳动力快速的转移，城乡格局也出现了巨大变化，从 2000 年的 66 万个行政村，减少到 2016 年末的 52.6 万个行政村，①并演变出了三类形态：一类是已被城镇化覆盖或即将被覆盖的村庄；一类是2005 年国家实施新农村建设以来由若干村庄"撤扩并"逐步形成的、人口相对集聚、村民生产与生活相分离、社区服务功能基本健全的中心村；还有一类是人口集聚度不高、村民生产生活依然不分离的传统村庄。要进一步打造城乡关系你中有我、我中有你的新格局与新态势，建立城乡一体、城乡融合、城乡互促共进的体制机制，成为乡村振兴和乡村现代化的必要条件。具体实施乡村振兴战略则要从区域新型城镇化战略和乡村差异化发展的实际出发，准确把握"二十字"方针的内涵，利用好"二十字"方针的协调关系。[14]

---

① 数据来源：《2016 年城乡建设统计公报》，住房和城乡建设部网站（www. mohurd. gov. cn）。

孔祥利、夏金梅（2019）立足乡村振兴与农村三大产业，提出当前乡村振兴战略应当做到"上下结合"，即有机衔接政府主导的乡村振兴战略与乡村自发的产业融合，实现业态新融合。破解"城市优先—振兴乡村—城乡融合"的传统发展模式，在新时代的背景下，探究属于本土的发展路径。他们指出当前"三农"问题的主因在于要素供给流向的制约，表现为劳动力的结构性不匹配与投入资本低端化倾向明显。乡村振兴应当着眼于此类问题，以产业兴旺为基石，加大技术的溢出效应与人力资本的投入，由点及面地发挥产业的带动能力，解决劳动力结构性不匹配的现实制约；在"创新、协同、绿色、开放、共享"发展理念的指导下，从协同动力、协同主体、协同引导、协同保障、协同基础五个方面进行路径探索，解决资本流向低端化倾向，完成高质量发展。[15]

蒋永穆（2018）从中国社会主要矛盾的演变出发，在时间维度上探讨了乡村战略的异同，指出新时代所强调的"乡村振兴"战略规划区别于以往乡村战略的主要特点与内涵。明确指出乡村振兴战略的内涵在于从城乡一体化发展转向坚持农业农村优先发展，从推进农业现代化转向推进农业农村现代化，从生产发展转向产业兴旺，从村容整洁转向生态宜居、乡风文明保持不变，从管理民主转向治理有效，从生活宽裕转向生活富裕的七大根本性转变。基于以上内涵研究，其认为当前的"乡村振兴"战略着力解决：城乡公共服务一体化问题，力争形成城乡发展新格局；农业农村已经成为当前发展的"短板"，新时代的矛盾在乡村层面更加突出；乡村应当强调高质量增长，处理乡村存在的"结构性"问题；乡村应当突破原有单一化目标的发展理念，探究人与自然共生的新局面；乡村文化应当在本土农耕文化的基础上完成创新；应当鼓励乡村自主探索自治新模式，显著提升自治能力；尽可能地让改革开放的红利被全民享受，解决利益分配问题。[16]

罗心欲（2018）从本体性的逻辑出发，探究了从"农村"到"乡村"的词义演变，"乡村"相较于"农村"更加具有综合性，"乡村"在范畴上包括了"三农"，与"城市"是相对性的区域实体，凸显了"乡村振兴"战略的全面振兴特点，强调"乡村"现代功能的全面发掘和彰显。其认为"乡村振兴"战略强调"振兴"二字，振兴的语义着眼于当前乡村发展的衰败现状，是对传统乡村依赖城市模式的突破与创新，是摆脱乡村"衰亡魔咒"的一场伟大实践，是最终实现乡村发展现代化的有效途径。"乡村振兴"战略在发展战略的语境之下，着眼全局、立足长远、面向多维，通过一系列的战略方针全面振兴乡村，实现城乡的融合发展，打造在新时代背景下的新型城乡关系。[17]

姜长云（2018）以《乡村振兴战略规划（2018—2022年）》为主线，从乡村演变分化态势与乡村振兴同新型城镇化的"双轮驱动"出发，提出在习近平新时代中国特色社会主义思想的指引下，新时代的乡村振兴应当注重增强系统性、整体性和协同性，并将其与抓重点、补短板、强弱项有机结合起来，借此努力实现乡村振兴的高质量发展，并将推进农业农村优先发展和城乡融合发展落到实处。他认为，实行"双轮驱动"的战略规划，首先需要统筹城乡发展空间与国土编排规划，明确主体功能区定位；其次应当在农业供给侧改革的主线上，推动农业转型发展，提升农业经济价值，探寻乡村振兴高质量发展路径；再次应当培育城乡发展特色鲜明、优势互补的发展格局，立足地区实际编制乡村发展具体规划，形成具有地区特色与地区优势的乡村发展"顶层设计"，有效推动乡村地区的高质量发展；最后培育乡村振兴战略还应当着力提升乡村发展的内生动力，在完善乡村发展平台的基础之上，激发乡村主体发展的积极性，推动发展成果的共享，从根本上形成和发挥乡村发展的内生动力。在有效推动乡村振兴的过程中还要注意乡村形态的演化，应当推动有效要素的流动，不回避部分乡村的衰败，实现对于财政资金与金融资源的优化配置，有效推动乡村的全面振兴。[18]

有效推动农村农业的可持续发展，实现城乡一体化，是乡村振兴战略在未来的主要发展任务。正确理解乡村振兴战略，明晰乡村振兴战略未来的发展方向，借鉴其他地区乡村发展实践经验，有利于推动甘肃省乡村振兴战略有效开展，抓住乡村振兴未来发展趋势，实现欠发达地区的乡村振兴，打造乡村区域增长新动能。

吴越菲（2019）认为，实体主义乡村发展观的关系转向为乡村关系的重构提供了一种理论框架，来帮助我们重新理解、描述与构建乡村。乡村的形成与发展经历了漫长的历史演化，在很长一段时间内，由于经济市场分裂明显，乡村发展多为文化的纵深发展，缺乏对于经济层面的改进，而当前的乡村振兴则是以产业振兴为出发点，但如若不改变厚植于乡村根源的文化脉络，则会导致乡村系统振兴出现畸形，所以如何重构乡村振兴的治理体系，如何实现乡村的全面振兴，他认为乡村振兴的关键在于重构一种关系型的乡村治理体系，对象不再简单是"人"或"物"，而是包含在城乡、本地与全球、人类活动与自然社会系统等不同空间尺度之间的空间关系。[19]

吴晓燕、赵普兵（2019）以乡村乡贤为切入口，提倡人才的振兴，主张发挥乡贤在乡村振兴中的作用，积极重构乡村。以历史的维度为切入口，阐述了在古代，乡贤作为皇权与基层社会之间的权力载体，皇权通过乡贤实现了对于基层社会的治理，实现了"家天下"的愿景。他们提出应当发挥乡贤在乡村振兴中的作用，创新传统"乡绅治村"的习俗，在主体范围、资格获取方式、发挥作用方式等方面对传统乡绅进行了传承与重塑，鼓励乡贤返乡推动农村产业转型与升级、建设文明乡风和实现治理有效。同时应当规范乡贤的合理参与，完善对乡贤反哺桑梓的激励方式，完善乡贤参与治理的方式，预防"劣绅"的现象。[20]

史晓浩、孙丽华（2019）根据调查研究结论提出，当前农村劳动力呈现出"低能化＋低转移意愿＋低劳动力价值"的稳定特征，他们将其称为"乡村劳动力价值萎缩"，并指出，出现此类问题的根源在于长期小农经济下所形成的低工资预期、劳动力与就业市场的双重隔阂（即企业对劳动力价值的极端压榨、家庭策略与村庄道德）。他们认为解决此类问题的关键在于实行渐进式的改革，并指出可以先从制度改革做起，特别是户籍、农地与司法等关键领域，尤其要注意改革过程中所产生的次级问题。[21]乡村劳动力价值萎缩是经济发展到一定程度的必然结果，这同本书所描述的关于"城乡发展同时不充分"的观点有相近之处，反映了劳动要素无限供给的"疲软"。出现这种问题主要是由于劳动力的不断转移，导致乡村劳动力在价值创造能力上发生了"天然分层"。

陈池波、孟权、潘经韬（2019）利用2012—2016年县（区）面板数据测算了湖北省农产品加工业集聚度，分析了湖北省农产品加工业集聚的县域分布，并实证分析了农产品加工业集聚对县域经济增长的影响。通过测算，他们发现，县域经济的发展符合一般区域经济学发展规律，县域经济发展的突破口是农产品加工业，而农产品加工业对于县域经济的发展的影响呈现出倒"U"的特征，即在产业聚集的前期会呈现出正向的"增长效应"，但如若要素过分聚集于某一产业中，则可能导致产业发展过程中产生"挤出效应"与市场容量所导致的"拥挤效应"。所以他们认为应当鼓励集聚发展，壮大县域经济、优化集聚分布、缩小发展差距、调控集聚规模，避免产业拥挤，通过以上方式避免"负向效应"的产生，有效推动县域经济的发展。[22]

于水、王亚星、杜焱强（2019）从异质性资源禀赋、村庄分类与乡村振兴三者之间关系出发，提出实施乡村振兴战略应当从各地区实际与特色出发，尤其是在社会转型和激变时期要结合社会资源禀赋对目标对象进行分类治理。[23]他们根据经济禀赋、政治禀赋、文化禀赋、社会禀赋和生态禀赋的不同将村落划分为优势型村庄、平庸型村庄、劣势型村庄三种，并提出以异质性为出发点，实行村庄分类治理，通过分类治理实现乡村振兴，并借此机会重构村庄的禀赋结构。资源禀赋、村庄分类与乡村振兴三者的关系并非是孤立静止的，而是一个有机整体，在此基础上，明确政府、市场与社会在乡村振兴过程中的作用边界，尊重村民自主意愿，从而激发其主体地位，探究乡村振兴的不同路径选择。[24]

1.3　乡村振兴实践经验

学术界对乡村振兴的基本认识较为统一，均认为它会影响我国未来"三农"发展的基本趋势，是实现城乡均衡发展的重要过程。但我们必须意识到，任何一个重要思想的产生，都不是孤立、静止的，其背后都蕴含了丰富的历史经验与思想沉淀，也是对历史实践的重要继承。如果想读懂当前的"乡村振兴"战略，就必须从丰富的历史事实中寻求线索。下面我们将通过对国内乡村发展实践与国际典型乡村实践活动进行梳理，探究乡村改革的历史演变规律，以期从中总结成功经验与失败教训，探究"乡村振兴"战略规划出台的历史遵循。

1.3.1　国内实践

中国曾为世界上最大的经济体，但由于封建王朝的高度集权，加上"制度惯性"的强大作用力，使得中国错失了发展的良机，到近代逐渐没落了下来。鸦片战争之后，众多知识分子从"天朝上邦"的美梦中觉醒，纷纷开始"睁眼看世界"，进行救亡图存的爱国运动。洋务运动与戊戌变法等自强运动强调引进科学技术、兴办军工工业以及开办工商业等，而对日益凋零的农村地区缺少关注。农村地区的"小农经济"在外来经济的冲击下，自给自足的状态被打破，在市场分裂的外在环境下，难以培育起完整的产业链条，在传统乡村治理模式的束缚上，难以探索更有效的乡村治理模式。民国初年，政权更迭的速度加快，国家对乡村地区的控制能力明显下降，乡村地区出现了相对的权力真空，加之西方思想的冲击，为乡村地区探索发展模式提供了良好的契机。但地方军阀连年混战以及对乡村地区的"无限掠夺"，导致乡村在农业、手工业、商业与金融、教育、城乡关系以及伦理和社会秩序等方面全面崩溃（王先明，2016）。在此状态下，众多接受了西方思想与怀抱救国热忱的知识分子纷纷投身乡村实践之中，期望能够破解中国"国弱民穷"的现实困境。

20世纪20至40年代，中国的乡村建设经历了由知识分子试验到政党推行的一般过程。此运动最早是由一批学成归国的留洋学子组织形成的，他们在对比了中国发展现状与欧美发展规律之后，认为近代中国落后的根源在于乡村的不发达。乡村的不发达导致城乡格局失衡，从而引起区域市场规模的不均衡扩大，继而造成区域内实际收入水平较低。此类现象的产生源于农村人口占比太大，与城市相比较，农村人口占比超过80%，且自然经济长期占据主导地位，投资水平与投资能力极差，公共设施不健全，乡村区域市场中间交易成本极高，交易效率极低，产品的商品化程度也比较低下，乡村人口文盲率和婴幼儿病死率非常高，劳动力和人口的人力资本素质和体能素质非常低（张军，2018）。由于技术水平的低下，资本投入能力较弱，劳动力的使用数量较多，致使大量人口被束缚在土地上，此种现象导致社会阶级固化程度较高，城乡间沟通交流渠道不通畅，社会整体缺乏内生改进的动力，大量劳动力存量难以被释放，经济的系统性协调性和发展能力较弱。梁漱溟曾言："挽回民族生命的危机，要在于此。只有乡村安定，乃可以安楫流亡；只有乡村产业兴起，可以广收过剩的劳力；只有农产增加，可以增进国富；只有乡村自治当真树立，中国政治才算有基础；只有乡村一般的文化能提高，才算中国社会有进步。总之，只有乡村有办法，中国才算有办法。""乡村建设，实非建设乡村，而意在整个中国社会之建设，或可云一种建国运动。"[25]理论探究之后便为实践活动，众多实践家对中国乡村问题的弊病开出了自己的"药方",其中梁漱溟先生在山东邹平县实行了政教合一的建设,其中为了促进农业与工业的发展实行农业合作社,又通过组建乡村自卫组织,使用乡村自发力量维护乡村安定。晏阳初则选择了河北省定县实行了启迪心智、培育民德与改善民生的一系列乡村建设工程。与其类似的是卢作孚在重庆开展的乡村建设计划,旨在通过修建铁路、开办矿山、设置银行等举措实现城乡融合的一体化建设。但可以发现此类乡村建设工程均为上层知识分子与精英阶层通过自身对乡村弊病的理解,利用其手中的权力开展的,缺乏广泛民众的参与,并未通过对制度的变革、利益的引渡激发人民群众对自身环境的内生改进动力。该时期,国民政府和中国共产党领导的革命根据地也通过向乡村输入科技、人才和资金等外部资源,实现改造乡村的目的(郜亮亮、闫坤,2018)。在此过程中,晏阳初利用其在定县的县政改革成果同国民政府进行合作,国民政府便于1932年在南京举行的第二次内政会议上,通过了各省设立县政建设研究院及实验县的计划(何建华、于建嵘,2005)。但国民政府的乡村改革规划,是以旧体制为基础所进行的改良运动,是以阻止共产主义在乡村蔓延为主要目标的。中国共产党所领导的"乡村革命运动"则是通过土地革命,以"耕者有其田"的理念为支撑,本着打破旧的统治和剥削体系的目的,从而实现农民的解放。由于中国共产党的改革直接击中了中国农民问题的根本,最大程度上满足了贫苦农民的根本需求,因此,中国共产党在根据地开展的乡村改造与建设运动得到了农民最坚决的支持、拥护和参与(郭海霞、王景新,2014)。

1949年新中国成立,中国共产党带领中国人民开始了关于乡村振兴的伟大探索。早期为支持重工业发展,政府建立了高度集中的计划经济体制,并实行了城乡分割的政策。这一时期乡村价值和乡村建设被定义为:农业为工业化和现代化提供积累,乡村为城镇发展提供服务,并逐步形成了工业主导农业、城市主导乡村的工农城乡关系和工农城乡不平等的利益交换格局(张军,2018)。这一格局让农村地区承担起为城市地区提供资本积累的角色,这种单向的资源转移,使得乡村地区自我积累能力薄弱,乡村建设能力被削弱。例如,1950—1980年,农业部门总共为国家工业化提供了大约10243.74亿元的积累,农业资源输出总额达到14508.77亿元(王伟光等,2014)。此种发展模式带来了全国层面上的完整工业体系，使得乡村长期成为城市繁荣与高集聚的要素输送地，但由于当时要素转移的体制限制，导致乡村发展潜力未被完全挖掘，出现了城乡发展极不协调的现象，虽在短期内带来了经济的快速增长，但实质上也给国民经济发展带来了不可持续性（张军，2017）。张元红（2009）认为若从交换分配的角度出发思考，城乡同属于国内统一的市场，城乡的协调发展一定是体现在城乡间要素的自由流动与商品的合理分配，从而带动城乡间收入、分配、消费、投资的差异化趋同化发展。林毅夫等（1998）则认为，传统的城乡发展战略的不对等性，直接导致乡村的价值定位更多是为服务城市发展，与此同时，为保证重点工程的实现与城市的快速发展，需要扭曲传统的价格体系，继而形成了服务城市的工农业产品价格剪刀差的现象与城乡发展要素配置的剪刀差现象。韩长赋（2012）认为，剪刀差价格的现实状况，加剧了不均衡发展现象，导致更多的农业资源流向城市区域与工业产业，乡村则面临发展缺乏后劲的问题，更加容易导致"负向循环累计因果链"，加剧两极分化的程度。韩俊（2013）对农业进行了价值定位，认为农业是国民经济的基础与安全保障，没有农业安全则国家安全无从谈起，更难以支撑工业的发展。但也应当意识到，中国共产党所领导的乡村改革，是区别于传统的精英式改革，通过生产资料的分配，调动了广大人民群众建设乡村的热情，使得乡村面貌发生了一定的变化，尤其是农田水利的建设，中国农业至今仍受益于此。

毛泽东领导的中国共产党人完成了"中国人民站起来"的历史使命（王伟光，2015）。共产党人在完成自己使命的过程中，逐步形成了一系列农村发展思想。作为社会主义工业化总体战略的重要组成，毛泽东认为，"实现农村工业化是农村伟大光明的前途"。[26]但由于中国乡村一家一户个体生产的内在缺陷不利于其自身的发展，而集体化是克服这一问题的唯一办法，因此，党在农业问题上的根本路线是"第一步实现农业集体化，第二步在农业集体化的基础上实现农业的机械化和电气化"。[27]毛泽东认为，人民公社作为集体化的高级形态，"使农村中原来的生产资料集体所有制扩大和提高了，并且开始带有若干全民所有制的成份。人民公社的规模比农业生产合作社大得多，并且实现了工农商学兵、农林牧副渔的结合，这就有力地促进了农业生产和整个农村经济的发展"。[28]虽然毛泽东充分考虑了人民公社的优越性，但是对人民公社集中经营和平均主义挫伤农民积极性的认识不足，再加之当时片面强调"以粮为纲"，严格实行计划经济，在实践中使广大农村经济发展不同程度地遭受了严重损失。

邓小平提出"中国经济能不能发展，首先要看农村能不能发展，农民生活是不是好起来"。[29]改革开放以来，我国农村实行以家庭联产承包责任所有制为标志的改革，以土地长期承包为基础条件，破除制度壁垒，确立工农产品市场化的交换新机制，促进乡村剩余劳动力的转移，激发广大农民群众自主创造性，城乡差距不断减小。在总体经济发展的过程中，市场容量与分工水平不断扩充，企业数量随之上升，企业纷纷选择适合的区位进行生产，农村地区丰富的资源条件吸引企业纷纷布局。与此同时，农产品定价市场化激发了农业生产者的生产热情，我国农业产出能力大幅上升，农业总产值由1978年的1018.4亿元增加到1984年的2295.5亿元，1979年到1995年这16年间，农村人均收入增长了13倍，[30]产出水平呈现农林牧副渔业多元化发展的态势，从而推动了农村地区其他产业的相应发展，打破了农村地区单一产业发展的状态。随之出现的还有大量乡镇企业的异军突起，邓小平曾言："农村改革中，我们完全没有预料到的最大的收获，就是乡镇企业发展起来了，突然冒出搞多种行业，搞商品经济，搞各种小型企业，异军突起。""乡镇企业的发展，主要是工业，还包括其他行业，解决了占农村剩余劳动力百分之五十的人的出路问题。农民不往城市跑，而是建设大批小型新型乡镇"。[31]但伴随着国家建设方向的转移，城市建设突飞猛进，乡村资本与劳动力不断外流，这种单纯依靠自身积累发展乡村的模式缺乏继续发展的动力，乡村与城市的差距持续拉大。

邓小平领导的中国共产党人担负起"让中国人民富起来"的历史使命，此后经过江泽民、胡锦涛接续领导的中国共产党人对其加以实现（王伟光，2015）。进入21世纪之后，中国经济持续高速增长，经济总量不断扩大，一跃成为世界第二大经济体，已经基本上完成了"富起来"的历史使命，此时，"以工补农，以城带乡"的战略基础不断夯实。为改变城乡二元结构的历史问题，国家再次将眼光对准"三农领域"。2005年，党的十六届五中全会启动了内容为"生产发展、生活宽裕、乡村文明、村容整洁、管理民主"的社会主义新农村建设。通过政策扶持、资金注入等形式支持乡村地区发展，乡村地区的基础设施、人居环境、生产条件和公共服务均明显改善。党的十八大以来，以习近平同志为核心的党中央在统筹城乡等问题上更是下了大气力,大力实施美丽乡村建设,推动乡村政治、经济、文化、生态和社会全面发展,更是在建设美丽乡村和社会主义新农村"二十字方针"的基础上,引入人与自然和谐的理念,提升了乡村建设中"美"的内容(闰坤、张海鹏,2017)。我国工农、城乡发展差距逐步缩小,乡村在国民经济发展和城乡居民生产生活中的价值不断提升,乡村发展迎来了前所未有的历史机遇(张军,2018)。

1.3.2 国际实践

"乡村振兴"旨在全面提振乡村,破解城乡二元结构,实现全面小康社会。但由于我国广阔的国土面积,全国各地乡村情况并不相同,并且缺乏足够的实践经验,所以本书将简要梳理欧美、日韩国家的成功经验与拉美、非洲等国家的失败经验,从中获取乡村能够实现全面振兴的国际经验,为我国,特别是欠发达区域乡村发展提供借鉴。

据国家统计局发布,1978年我国城市居民可支配收入为343.4元,与此对应的农村居民则为133.6元,到2017年,这两项指标相应上升至36396元与13432元。从可支配收入差距的角度看,1978年为209.8元,2017年为22964元。2017年中国城乡居民可支配收入比为2.71,较历史数据已经取得了较大的进展,比2007年下降0.43,较2012下降0.17,我们进入了城乡可支配相对收入不断缩小的阶段。从城乡可支配收入数据比值来看,20世纪40年代,美国非农业人口同农业从业者可支配收入比为1.66,50年代时扩大至2(曾国安、胡晶晶,2008);韩国1972年城乡居民收入比为3左右(张军、李勤,2010);日本1959年城乡收入比为1.67(区俏婷,2015)。农业增产和农民增收,是当前农业供给侧改革的重点,农业供给侧又是乡村振兴的动力所在。欧美、日韩地区通过相关政策推动,基本拉平了城乡收入差距,在一定程度上实现了乡村振兴。借鉴其他地区拉平收入差距的路径选择,可以为我国当前有效推动乡村振兴提供重要保障。

第二次世界大战结束之后,欧美国家纷纷进入"总需求管理"时代,通过财政政策与货币政策干预经济总体发展,欧美国家经济迅速从战后的阴霾中复苏,进入高速发展的时代,但新一轮的矛盾随之而来。在国家的强力干预下,现代工业化体系的不断发展，带来了经济上的繁荣，在 20 世纪中叶进入了城镇化高级阶段，但仍存在着乡村发展滞后于城市、乡村人口转移趋势未发生变化、农村居民收入水平落后于城市居民等现象。并由此带来了乡村地区产业空心化、房屋空置、土地耕种效率低下、人口老龄化以及乡村地区发展活力与动力逐渐减弱的趋势。此阶段呈现出繁荣城市与落后乡村并存的现象，大都市人口拥挤导致生活成本上升，生活水平下降，而乡村却存在大量闲置土地，本可承接城市人口与产业的转移，但乡村地区发展长期滞后于城市发展，相应的基础设施建设不充分，城乡间的双向流动不畅通，容易引发一系列社会问题。在经济层面，乡村地区长期以来被当作城市地区发展的要素提供者，伴随着发展的退化，乡村地区提供的要素静态总量影响较小，但若放置于较长的时间周期，此种发展路径终将受制于乡村地区要素总量不足而被迫中断，出现经济的全面衰退。在政治层面，由于历史问题使得城乡发展现实差距不断拉大，且形成循环累计的短期不可逆现象，导致城乡在基础设施建设以及公共服务水平等方面的差距不断拉大，从而导致改革意愿强烈。在此状态下，由于民众心理因素与制度惯性，容易激发国内矛盾，诱发政治动荡，引发更深层次的危机。为应对乡村衰退有可能带来的负面效应，美国对农村地区的基础建设加强投资，改善教育、文化与卫生等公共服务，加大农业补贴，鼓励农业规模经营，推动农业产业多元化发展；针对农村地区人力资本投资较差的现实问题，实施了"工读课程计划"，提升农民技能，推动乡村地区快速发展。法国及一些西欧地区则针对本地的"城市病"现象，制订了相应的城市职能的分散方案。例如，巴黎对市中心区域征收"拥挤税"，对主动搬迁且占地规模达 500 平方米以上的工厂，政府给予 60％ 的拥挤税；与此同时，其确定了"保护旧市区，重建副中心，发展新城镇，爱护自然村"的相应方针政策，通过城郊资源的整合，确定了由农业、林业、自然区和中小城镇等构成的乡村绿化带，通过基础设施建设与加大公共服务投入，实现乡村发展方式与生活方式收敛于城市区域，使乡村拥有跟城市同等的生活条件（张军、李勤，2010）。总而言之，欧美国家应对乡村衰退，实现乡村振兴的举措为：通过立法或战略规划，完善基础设施建设，发展农村特色产业或推动产业扩散以及增强人力资本投入，提升农村地区产出质量与收入水平，形成符合本区域的乡村发展战略，遏制乡村衰败，实现乡村振兴。

　　同我国临近，且同属于东亚儒家文化圈的韩国、日本在推进"造村运动""农村再生计划"的过程中，制定了关于乡村振兴的一系列相关政策，且取得了显著的成果。因此，这两个国家在推进工业化与城镇化进程中的关于乡村振兴的经验，对我国实现乡村的高质量振兴具有借鉴作用。日本工业化和城市化过程中也出现了乡村"过疏化"现象[32]和城市发展高度极化现象，1975年26.9%以上的工业产品出厂额和24.2%的人口聚集在占国土面积3.53%的东京都市圈（张季风，2004）；韩国在20世纪70年代中期出现了类似现象，首尔都市圈聚集了40%以上的人口与48%的制造业工人，但首尔都市圈只占全国面积的11.8%（李恩平，2006）。城市极化现象的出现，在较长时间维度上，容易诱发一系列的社会经济问题，诸如人口减少、收入下降、乡村活力的丧失、人口老龄化、村庄公共性衰退（田毅鹏，2011），国家经济发展将逐渐丧失"缓冲地"与生产要素的长期供应地。为解决此类问题，日本进行了三轮"新农村建设"历程（刘松涛等，2018）：1955年提出了"新农村建设构想"，标志着第一轮"新农村建设"的兴起，此阶段明确了推行区域、组织机构、政府财政补贴力度与专门法律的出台；1967年提出了"经济社会发展计划"，标志着第二轮"新农村建设"的兴起，此阶段成立了专门的推行机构，提出"魅力农村"的目标，开展针对生活环境改善的相关活动，在制度层面保障农村劳动力就地转移，颁布了《农村工业引进法》的法律规范；20世纪70年代的"造村运动"标志着第三轮"新农村建设"的兴起，此阶段重点开发地域农特产品、增加农产品附加值，发展农业全产业链、重视农协作用、完善农村金融体系，围绕农协大力发展农村合作金融、重视人才培养。通过以上途径，打造乡村地区的拳头产品，推动乡村地区错位竞争，极大地提高了乡村地区的竞争力，促进了乡村的持续发展。韩国为振兴乡村，提升乡村发展水平，缩小城乡差距，在1970年发起了"新村运动"，通过政府加大资本投入，解决公共品供给问题，从而吸引社会资源在乡村区域产生不断的集聚效应。历经了数十年的"新村运动"，韩国已经基本实现了其国土范围内的城乡一体化协调发展，城乡居民收入差距从1972年的3：1左右缩小到2004年的1：0.84（张军、李勤，2010）。

　　缓解城乡对立矛盾，实现城乡间协调发展，有助于推动总体经济的可持续发展。但在上文关于区域非均衡力与循环累积因果律的论述中，城市极化状态一旦形成，"核心—边缘"结构的内在约束力便会不断自我加强，只有强有力的外在冲击才能打破这一状态。日本虽然实行了"新农村建设"运动，在短期内取得了一定成效，但并未从根本上缓解乡村"过疏化"现象，2000与1970年相比，日本过疏町村数占当年町村总数的比重从27%增加至45.8%，过疏町村面积占比从31%上升到51%（饶传坤，2007）。由此可知，"新农村建设"运动并未从根本上扭转要素流动趋势。发达国家如此，发展中国家在解决乡村衰败上的举措则更显乏力，城市繁荣与乡村衰败并存，在既有的发展结构中难以改变，国家从而陷入发展"陷阱"。例如：以巴西、阿根廷为主的拉美国家片面重视城市发展，疏于发展乡村；以埃及、莫桑比克为主的非洲国家采取单一的农业发展政策，对外依赖程度过高，经济体系不健全；以马来西亚、菲律宾为主的亚洲国家不重视制度改革、城乡关系、技术创新、官员治理等因素，致使由传统要素密集型产业发展向创新驱动发展转型困难，从而使国家经济发展长期停滞，进一步导致了矛盾尖锐，最终演化为国内政治环境动荡，继而陷入死循环，进而丧失发展的可能。我国在长期的城镇化建设过程中取得了举世瞩目的成绩，但城乡二元结构失衡，部分乡村地区衰败也是不争事实（张海鹏等，2018），从国际经验来看，中国必须从根本上解决乡村衰败问题，实现城乡协调发展与乡村高质量振兴。

第 2 章

政策演进和规划理念

2.1　中国农村改革的基本脉络

农业、农村、农民问题自古至今都是关系国计民生的根本性问题。1978 年开始的中国农村改革已经历时 40 余年，改革的深度、广度也随着时间的推移和实践的推进而不断拓展。早期的农业农村改革更加注重转变农业经营制度和引入市场机制，针对性和操作性较强，释放的生产力和产生的积极效应十分显著。随后的农业农村改革逐步全面化，覆盖领域也逐步多元化，包括了农村政治、经济、社会、文化、生态等各个方面，改革进一步深化，更加关注城乡协调发展。

40 多年的农村改革过程具有显著的阶段性、渐进式特征，改革措施由点及面、从试点到推广、从单领域到全方位，取得巨大的成效。各阶段的农业农村改革呈现出不同的特征，根据改革背景、目标以及重点任务的不同，我们可以把改革的过程分为四个阶段，即家庭经济地位重新确立、资源配置方式的转变、城乡关系的转变与协调、农村改革全面深化四个阶段。[32] 本节将对我国农村改革的历史脉络进行归纳和梳理，为乡村振兴奠定政策基础。

2.1.1　1978—1984 年：家庭经济地位重新确立

1978 年冬，安徽省凤阳县小岗村开始实行集体土地"包产到户，包干到户"，这是中国农村土地制度改革的开端。在这个阶段，通过建立家庭联产承包责任制、废除农业集约化经营和人民公社制度等改革，"大包干"的家庭承包经营体制的确立，以家庭为单位的经济主体地位凸显出来，为以家庭承包经营为基础，统分结合、双层经营的农村基本经营制度的建立奠定了基础，也构成了十一届三中全会以来整个农村基本政策的核心内容,实现了对农村计划经济的突破。

改革前的 20 多年中,我国经历了农业合作化时期和人民公社时期,效仿苏联模式推行的集体农庄极大地制约了生产力与农业农村发展。改革开放前,农民过度贫困、农产品供给严重不足、农业生产效率处于停滞甚至倒退状态已成为中国农村的主要问题。

1978 年,已经经历过"三起三落"的"包产到户"冲破政治、理论和思想障碍又一次在安徽崛起。从极大地调动广大农民的生产积极性,到充分释放了由于长期受到束缚而被抑制的巨大生产潜力,政策的转向和实施推助了家庭联产承包责任制的建立和推广,"包产到户"改革之初就展现出其卓越的成效。1982 年初,我国历史上第一个关于农村工作的"一号文件"《全国农村工作会议纪要》正式出台,文件指出"包产到户,包干到户"均属于社会主义集体经济的范畴,家庭联产承包责任制"可以恰当地协调集体利益与个人利益,并使集体统一经营和劳动者自主经营两个积极性同时得到发挥"。1983 年 10 月 12 日,中共中央、国务院正式发布《关于实行政社分开建立乡政府的通知》。1985 年春,农村人民公社政社分开、建立乡政府的工作全部结束,农村人民公社体制正式终结。1983 年底,全国有 1.75 亿农户实行了包产到户,占农户总数的 94.5%。1984 年的一号文件强调继续稳定和完善家庭联产承包责任制,并指出将农村土地承包期限延长至 15 年以上,这项举措更加完善了农村市场经济体制,得到广大农民的热情拥护。至此,以家庭联产承包责任制为主要形式的各种农业生产责任制就成为中国农业的主要经营形式。

该阶段改革的实质是家庭承包经营制的建立和推广,调整了计划经济体制下农民与土地的关系,改革了传统的农民与集体的关系,在一定程度上给予了农户经营自由权,创新了农业生产的核算机制和激励机制,修正了新中国成立以后农业经营体制上的弊端。同时,家庭经济地位的确立,农民自主经营,也推进了基层政府对农村经营活动的管控,进一步提高了农业经营的自由度。

2.1.2 1985—2000 年:资源配置方式的转变

该阶段的重点是资源配置机制实现从计划向市场的逐步过渡,主要包括农产品以及生产要素的流通和流动机制以及配套机制的改革。

(1)农产品和农业生产要素流通和流动制度的改革

农产品流通方面。农产品流通机制改革的标志是 1985 年初中共中央发布了

《关于进一步活跃农村经济的十项政策》，自此，中国的农产品购销体制从统购统销向"双轨制"发展，开启了以商品经济为特征的农产品流通体制，解放了对农产品价格的计划性束缚，理顺了价格与供求之间的互动关系，进一步释放了生产力，激发农户生产经营的积极性。这项改革首先体现在粮食供求和价格关系上，经过波动性发展，我国实现了粮食供需完全按市场需求来调节，农民及多种形式的市场中介组织作为独立的市场主体在农产品流通过程中的地位日益提高，收购经销主体日益多样化。同时，农产品流通和价格体系的改革为工农关系、城乡关系、国家与农民的利益格局的完善奠定了坚实的基础。

劳动力要素流动方面。农业生产要素流动机制的改革主要体现在劳动力方面。传统计划经济时期，我国实行严格的户籍管理制度，形成了人口和经济发展的城乡二元结构，这种对劳动力要素流动的限制不利于资源的优化配置，造成了整体国民经济发展的滞后性。大量的人口滞留在农村，边际生产力极低，劳动积极性不高；城市工业发展存在劳动力不足、就业结构不合理、要素产出水平不高、城镇化严重滞后于经济发展水平的问题。相应的改革从两方面展开：一方面是逐步放开对城乡人口流动的限制，1985年7月，公安部制定实施《关于城镇暂住人口管理的暂行规定》，同年9月6日，居民身份证制度的正式实施，放松了农村劳动力向城市流动的限制，农村人口进城也有了基本保障。另一方面是户籍制度的城乡人口转化进一步放松，即"农转非"的改革，基本形成了从集镇到县级市和小城镇的逐步放松的户口政策。1984年10月，开始实施允许农民自理口粮进集镇落户政策，随后县级市和小城镇的户口政策也开始逐步放松。2000年6月，《关于促进小城镇健康发展的若干意见》明确规定符合要求的农民可根据本人意愿转为城镇户口，并且保留其承包土地的经营权。截至1993年，国家对"农转非"累计实施了23个政策。从2000年起，浙江、江苏和广东等省份宣布取消农业户口与非农业户口，并废除"农转非"计划指标。

资本要素投入和配套方面。农村金融体制改革为农业农村资本要素投入和社会经济发展做出了较大的贡献。长期以来，资本要素投入不足、利用效率低下是困扰农业农村发展的主要原因，除了国家和政府以项目形式和扶持方式的资本投入以外，引入市场机制，发展农村金融业务的需要逐步显现，因此，该阶段多项农村金融体制改革被推行，一系列政策制度出台，如1995年的《中华人民共和国商业银行法》、1993年12月国务院发布的《关于金融体制改革的决定》以及1996年8月国务院出台的《关于农村金融体制改革的决定》，等等，农村金融体系初步建立。标志性的改革包括农村信用社从中国农业银行脱离，中国农业银行从专业银行向商业银行体制转变，农村信用社成为基层信用社的联合组织，突出其合作金融性质。同时，该阶段清理整顿了农村合作基金会，截至 1999 年初，全国范围内的农村合作基金会被依法取缔，规避了相应的风险和违规行为。

（2）乡镇企业的崛起与发展

乡镇企业是农村非农产业的主要载体，对农村产业多元化、农民收入水平的提高及农村经济发展作用巨大。乡镇企业的崛起以改革开放为起点，迅速成为国民经济的重要组成部分，尤其是到 1985 年底，中国农村乡镇企业数量迅猛增长，比上年增长了 641.1%。乡镇企业的崛起一方面完成了农村剩余劳动力就地解决，将劳动力资源转化为现实的经济优势，另一方面促进了生活资料等轻工业的发展。但乡镇企业发展中出现的无序性也带来了诸如农民的权利不能得到保障、农村生态环境被破坏等不良后果。随后又开始了乡镇企业的股份合作制改革，注重考虑政企分开以及兼顾所有者、经营者、劳动者利益。如：1993 年我国全面推广乡镇企业股份合作制改革。1997 年 3 月的"采取多种形式，积极支持和正确引导乡镇企业深化改革，明晰产权关系"改革以及财产权利和分配关系的调整，等等。

2.1.3 2001—2012 年：城乡关系的转变与协调

从新中国成立到 20 世纪末的半个世纪，中国的城乡关系经历了改革开放前的城乡隔绝模式和改革开放后的城市优先发展模式，客观上拉大了城乡发展差距，城乡关系和工农关系严重失衡。21 世纪以来，国家综合实力不断增强，农业农村成为发展短板，制约了国民经济全面发展的脚步。乡村发展和城乡关系问题开始被重点关注，"城乡协调""城乡融合""城乡一体化"等关键词不断出现在各级各类政策体系和学术研究中，相应的改革也开始不断推进和实施。

（1）农业农村税费改革

通过税费制度的改革逐步降低了农业农村农民的经济负担，激活了发展动力。2000 年 3 月，中共中央、国务院发出《关于进行农村税费改革试点工作的通知》后，在安徽省开启了农村税费改革试点，此次改革以规范税费征收、减轻农民负担、增加农民收入为重点，逐步从税费降低向取消农业税的方向转变，截至 2003 年 9 月，改革基本上全面推开。2004 年中央"一号文件"《中共中央国务院关于促进农民增加收入若干政策的意见》提出当年农业税税率总体上要降低 1 个百分点。自 2006 年 1 月 1 日起实施的废止《中华人民共和国农业税条例》的决定，标志着中国延续了 2600 多年的农业税完全退出了历史的舞台。这从根本上体现了传统城乡关系的彻底转变，即工业反哺农业、城市反哺农村、城乡差距不断缩小、城乡一体化发展的新阶段拉开了帷幕。

（2）户籍制度改革深化

该阶段户籍制度以及相关的改革都基于两个现实状况：一是户籍制度的持续性束缚，二是乡村人口向城市流动过程中出现的新问题，即农民工问题。因此，2001 年以来，一方面，国家继续推进户籍制度的改革。2001 年的《关于推进小城镇户籍管理制度改革的意见》正式统一小城镇的城镇常住户口登记，取消小城镇常住户口的计划指标管理；2011 年的《关于积极稳妥推进户籍管理制度改革的通知》提出解决中小城市和建制镇外来人口落户问题。另一方面，对农民工权益保障的改革不断推进。2006 年的《国务院关于解决农民工问题的若干意见》提出"中小城市和小城镇要适当放宽农民工落户条件"；2004 年的《关于进一步做好改善农民进城就业环境工作的通知》、2006 年的《关于印发统筹城乡就业试点工作指导意见的通知》，均在保障农民工权益方面作用巨大。随后，2008 年和 2011 年实施的《中华人民共和国劳动合同法》和《中华人民共和国社会保险法》，进一步为农民工权益提供了法律保障。

（3）农业农村发展制度改革

在充分认识农业农村发展的困难和瓶颈后，新阶段农业农村改革政策多集中在对农业农村的"输血"和"造血"工作上，从保护到支持、从支持到促进，为农业农村发展注入了强大的动力。一是农业发展方面。该阶段的农业发展改革主要体现在国家层面加大农业投入，逐步建立起包括农业补贴制度、最低收购价制度和临时收储制度等在内的农业支持保护政策体系，实现了对农业发展的保护、支持和促进。2001—2007 年国家推出种粮农民直接补贴、农作物良种补贴、农机具购置补贴、农资综合补贴和能繁母猪补贴，2004 年中央财政支持农业保险试点工作，2005—2007 年先后启动和实施了稻谷和小麦最低收购价执行预案、玉米临时收储制度、奶牛标准化规模养殖专项投资，等等。分别从提高农业收入、降低生产和价格风险以及提高技术水平等方面予以制度和资金的支持。二是农村发展方面。该阶段对农村发展的支持主要反映在农村社会事业改革方面，即关注农民平等享受社会基本公共服务与社会保障的权利。首先，大力支持农村义务教育，主要政策文件包括 2005 年的《关于深化农村义务教育经费保障机制改革的通知》和 2006 年修订的《中华人民共和国义务教育法》，明确义务教育不收学费、杂费，农村义务教育事业改革取得了突破性进展。其次，发展新型农村合作医疗制度和农村社会养老保险制度。2003—2009年，新型农村合作医疗制度从试点运行发展成为全面覆盖。2009—2012年，新农保覆盖范围从试点县区扩大到全国所有县级行政区，农村居民养老保险全覆盖成为现实。再次，建立农村最低生活保障制度。2007年7月，国务院发布《关于在全国建立农村最低生活保障制度的通知》，决定当年在全国建立农村最低生活保障制度，到年底时，这项制度已经在全国范围内普遍建立。

2.1.4 2012年以来：全面深化的农村改革

党的十八大以来，我国进入新的发展阶段，农业农村改革也进入了全面性、系统性的深化阶段，以全面建成小康社会和乡村振兴为目标，注重抓住主要矛盾，注重整体谋划，改革的侧重点较为明确。

（1）农村集体产权制度改革

该阶段土地产权制度的深化改革以"三权分置"为主要特征。承包地以"落实集体所有权，稳定农户承包权，放活土地经营权"为改革思路，宅基地以所有权、资格权、使用权"三权分置"为改革思路，推进土地确权登记颁证工作，延长土地承包年限，鼓励盘活土地资产，加大土地流转和提高经营效率。在农村集体经营性资产改革方面，重点是开展清产核资、确定集体经济组织成员、明晰产权归属、推进股份合作制、完善集体资产股份权能和集体经济运行机制等工作。2014审议通过的《积极发展农民股份合作赋予农民对集体资产股份权能改革试点方案》于2015年5月在全国29个县（市、区）启动试点，并在2017—2018年逐步扩大试点。

（2）精准扶贫体制机制的建立和发展

面对长期困扰中国农村发展的贫困问题，本阶段改革创新性建立和发展了精准扶贫体制机制，为反贫困工作贡献了巨大力量。自2012年我国农村扶贫开发进入以精准扶贫为中心的扶贫新阶段，国家制定和实施了一系列政策措施，从2013年11月习近平总书记在湘西考察时作出的"实事求是、因地制宜、分类指导、精准扶贫"总指示，到2014年初中共中央办公厅、国务院办公厅印发的《关于创新机制扎实推进农村扶贫开发工作的意见》，到2015年6月和10月习近平总书记先后提出的"六个精准"要求和"五个一批"思路以及同年11月中共中央、国务院发布的《关于打赢脱贫攻坚战的决定》，再到2016年11月国务院印发的《"十三五"脱贫攻坚规划》和 2016 年 4 月中共中央办公厅、国务院办公厅联合印发的《关于建立贫困退出机制的意见》，精准扶贫工作从贫困识别、建档立卡开始，形成了精准识别、精准帮扶、精准管理和精准考核的工作机制和"省市县乡村五级书记一起抓扶贫，党政一把手同为第一责任人"的责任机制，并随着脱贫攻坚的推进，建立和完善了贫困退出机制，丰富和完善了扶贫的手段与实现途径。这些从整体上构建了中国特色的脱贫攻坚制度体系，为打赢脱贫攻坚战奠定了制度基础。

（3）农业供给侧结构性改革的推进

随着我国经济由高速增长阶段逐渐步入中高速增长，农产品供给过剩和供给不足现象并存，制约了农业自身的发展，同时也束缚了农业后续产业发展的脚步，农业供给侧问题逐渐显现。2016 年中央"一号文件"首次提出农业供给侧结构性改革；2017 年中央"一号文件"提出深入推进农业供给侧结构性改革；十九大报告要求进一步深化供给侧结构性改革，提升农业供给侧质量，助力乡村振兴；2018 年中央"一号文件"提出要以农业供给侧结构性改革为主线，全面推动农业产业兴旺，实现由农业大国向农业强国转变；2019 年中央"一号文件"要求落实高质量发展要求，抓重点、补短板、强基础，围绕"巩固、增强、提升、畅通"深化农业供给侧结构性改革，全面推进乡村振兴。农业供给侧结构性改革从调整和优化农业供给结构、积极发展农业适度规模经营、完善农产品价格形成机制和健全农业绿色发展体制机制三个方面展开，出台了实施了一系列改革措施，取得了较为显著的成效。具体包括"粮改饲"试点和种养结合循环农业示范工程建设，2014 年 2 月农业部发布的《关于促进家庭农场发展的指导意见》，2017 年 5 月中共中央办公厅、国务院办公厅发布的《关于加快构建政策体系培育新型农业经营主体的意见》，2017 年 3 月和 9 月，国务院分别发布《关于建立粮食生产功能区和重要农产品生产保护区的指导意见》和《关于创新体制机制推进农业绿色发展的意见》，以及大豆目标价格政策，等等。

2.2 社会治理现代化政策思考

十九届四中全会，我们党在历史上第一次着重强调："社会治理是国家治理的重要方面。"也可以说，社会治理现代化是整个国家治理现代化的重要方面。

这个重要论断，具有十分重大的政治意义、理论意义和实践意义。

从社会治理的功能作用看，社会治理是多元社会主体共同参与的，旨在规范和维持社会秩序、预防和化解社会矛盾、维护社会稳定、保障国家和社会安全、促进社会公平正义、协调社会关系、增进社会和谐、激发社会活力、推动社会进步的活动。社会治理有效，社会才能有序的运转、国家才能安宁、人民才能安居乐业，才能为经济、政治、社会等各方面的发展提供良好的环境和条件。否则，会造成社会混乱，甚至发生社会危机和倒退。社会治理是社会建设的重要组成部分，既是国家整个现代化建设的重要构成，也为其他方面现代化建设提供保障和基础。

从我们党的奋斗目标看，在坚持和完善中国特色社会主义制度基础上，实现国家现代化，全面建成社会主义现代化国家，必须推动中国特色社会主义制度更加成熟、更加定型，为党和国家事业发展、为人民幸福安康、社会和谐稳定、为国家长治久安提供一套更加完善科学的制度体系与充分反映中国特色、民族特点、时代特征的价值体系。而推进社会治理现代化、不断提升社会治理水平，则是全面实现社会主义现代化的重要内容和重要保障。

从新中国成立70年的历史进程来看，坚持推动社会治理领域变革和发展，不断推进社会治理现代化，坚决维护社会稳定和国家安全，是中国特色社会主义事业不断发展和取得伟大成功的重要经验。正是70年来我们党根据不同历史时期的客观条件和任务，采取相应的社会治理理念、体制、制度、手段和方法，才使我国长期保持政治稳定、社会团结、国家安宁，各个方面积极性得到充分发挥，创造了人类发展史上罕见的"经济快速发展和社会长期稳定"这两个伟大奇迹。当然，70年社会治理变革和现代化道路是不平坦的，经历了艰辛探索、甚至挫折，走了一些弯路。

从我国的发展形势来看，新中国成立尤其是改革开放以来，我国经济社会取得了举世瞩目的成就。同时，在前进中也出现了一系列新的社会矛盾和社会问题，存在着不少影响社会稳定和国家安全的因素，今后的道路还是会有很多的挑战。目前正处于世界百年未有之大变局，国际国内环境愈益错综复杂，给我国社会治理增加新压力。以信息化为代表的科学技术迅猛发展，既为现代化建设带来新机遇，也给社会治理增加新难度。我国社会主要矛盾转化，人民群众向往更加美好的生活，给社会治理提出新要求。需要重视的是，我国社会建设和治理还是一个不容忽视的"短板"。所以，重视社会治理，大力推进社会治理现代化，不仅是更好地解决现实社会矛盾和问题的迫切需要，也是应对今后国家现代化建设的过程中所面对的种种矛盾和严峻挑战的战略选择。

从党的初心和使命看，实现国家富强、民族振兴和人民幸福，是我们党的初心和使命。坚守初心、担负使命，需要从经济、政治、文化、社会、生态等各个领域全面推进建设和改革创新。持续推进社会治理现代化，是社会建设与社会变革的重要内容。社会稳定和国家安全、民主和法治、公平和正义、社会充满活力与和谐有序运行，提高现代社会文明程度，是人民大众的美好之梦、幸福之梦，是实现中华民族伟大复兴的重要保障，也是党和国家的初心所在、使命所在。只有切实加强社会治理，社会矛盾才能够更好地处理、社会关系才能更好地调节、社会行为才能更加规范，我国在深刻变革中才能更加生机勃勃又井然有序，使整个社会安定团结、和谐相处、国家长治久安、经济社会持续健康稳定发展，使广大人民群众更多地享受获得感、安全感与幸福感，更好地实现中华民族伟大复兴的"中国梦"。

党的十九届四中全会在科学总结以往理论创新、实践创新、制度创新的基础上，全面把握坚持和发展中国特色社会主义制度的基本要求，深刻认识中国特色社会治理现代化建设的特点和规律，与时俱进地丰富了推进社会治理现代化的内涵，做出了许多新决策新部署，特别是在社会治理制度、社会治理体系方面，提出了重大的创新性要求。

2.2.1 在社会治理制度方面，十九届四中全会首次明确要求"坚持和完善共建共治共享的社会治理制度"

党的十九大明确提出"打造共建共治共享的社会治理格局"，这深刻表明了推进社会治理创新发展的切入点和聚焦点在一个"共"字上，凸显了社会治理的公共性、多元性和共同性，这是治理理念和治理体制的重大创新。此次全会将"共建共治共享社会治理格局"，又上升为"共建共治共享社会治理制度"。"格局"一般为认知范围、布局、结构，而"制度"则是全社会必须共同遵守的价值标准和行为规范。制度问题带有根本性、全局性、稳定性和长期性。由"格局"上升到"制度"，既鲜明地体现了"坚持和发展中国特色社会主义制度"的本质要求，又彰显了中国特色社会治理制度特征和运作模式。所谓"共建"，就是社会多元主体参与建设；所谓"共治"，就是社会多元主体共同参与治理；所谓"共享"，就是社会多元主体共同参与分享成果。"共建共治共享"

之间相互交融，又互相促进。实现"共建共治共享"不仅要有思想共识，还必须建章立制，使之制度化、规范化、程序化，这为推进社会治理提出了更新更高的要求。

2.2.2 在社会治理体系方面，十九届四中全会首次明确要求"加强和创新社会治理，必须完善党委领导、政府负责、民主协商、社会协同、公众参与、法治保障、科技支撑的社会治理体系"

这个决策将以往的"社会治理体制"上升为"社会治理体系"，并进一步丰富了内容，提出了新要求。党的十七大报告在加强社会建设的部署中，首次提出"要健全党委领导、政府负责、社会协同、公众参与的社会管理格局，健全社会管理体制"。党的十八大报告则提出：必须加快形成"党委领导、政府负责、社会协同、公众参与、法治保障的社会管理体制"，强调了法治在社会治理中的作用。党的十九大报告进一步提出："完善党委领导、政府负责、社会协同、公众参与、法治保障的社会治理体制，提高社会治理社会化、法治化、智能化、专业化水平。"将"社会管理体制"变更为"社会治理体制"，并强调了社会治理的社会化、法治化、专业化、智能化。此次中央全会更加强调了"民主协商"和"科技支撑"的作用，明确将这两个方面作为"社会治理体系"的重要组成部分。这从更新视野、更深层次反映了我们党对中国特色社会治理的理论创新和实践创新，更科学、更准确地揭示了新时代社会治理的运行特点和规律。把"民主协商"和"科技支撑"作为完善社会治理体系的重要内容，更好地体现了习近平新时代中国特色社会主义思想，更好地顺应了当代科技进步对社会治理变革提出的新要求。有事好商量，众人的事情由众人商量，是人民民主的真谛。民主协商是我国社会主义民主政治的特有形式和独特优势。将"民主协商"纳入社会治理体系不仅将人民民主渗透到社会生活的全过程、全领域，更重要的是在国家意志和人民意愿间架起了"桥梁"。人民的愿望可以通过民主协商的方式，能够得到合理、及时的表达；国家的意志通过民主协商更易于转化为人民的思想共识与行动自觉。因此，将"民主协商"作为社会治理体系的构成部分，既是坚持和发展中国特色社会主义制度的内在要求，也是加强和创新社会治理的必然要求，有利于提高社会治理现代化水平。

2.2.3 在社会治理境界方面，十九届四中全会首次明确要求"建设人人有责、人人尽责、人人享有的社会治理共同体"

我国文献中首次使用了构建"社会治理共同体"的概念。在以往的历史文献中，对动员和组织人民群众投入社会治理有过多种不同的表述。党的十七大报告对建设社会主义和谐社会的总要求，提出"和谐社会要靠全社会共同建设"，"努力形成社会和谐人人有责、和谐社会人人共享的生动局面"。党的十八大报告在"加强和创新社会管理"的总要求中，提出"全党全国人民行动起来，就一定能开创社会和谐人人有责、和谐社会人人共享的生动局面"。党的十九大报告进一步提出"坚持人人尽责、人人享有"，努力形成人人参与、人人尽责的良好局面。此次全会，更加明确提出"建设人人有责、人人尽责、人人享有的社会治理共同体"。这是开拓社会治理新境界的重大创新要求。所谓"共同体"，一般是指人们在共同条件下，以特定形式和纽带联系起来的组织体。马克思在多部经典著作中，提出了"社会共同体"的思想，并阐述了这一共同体形成演进的逻辑过程，指明人类社会发展的趋向。"社会治理共同体"思想的提出，进一步凸显了人民的国家主体地位，有着共同的社会规范、价值理念、责任担当和利益追求。这样，新时代社会治理就会更好地调动一切积极因素，开拓社会治理更加有效的新局面新境界。

2.3 新时期乡村改革的政策理念

社会主义新农村建设同乡村振兴战略一脉相承，同属于统筹城乡发展的关键性战略，其背后反映了对我国经济发展水平的时代研判。长期以来的工农业剪刀差价格，有效推动了我国经济的高速增长，但伴随改革开放在各领域的展开，宏观经济区域化倾向不断加强，经济正向极化现象不断累积，农村农业问题成为破解城乡二元结构，实现城乡统筹发展的关键命题。张海鹏等（2018）对我国农村改革划分了四大阶段，其认为2005年后，社会主义新农村建设推动中国乡村振兴探索迈入第四阶段，阶段性标志为：中国共产党十六届五中全会推动了以"生产发展、生活富裕、乡风文明、村容整洁、管理民主"为要求的社会主义新农村建设，在当时的历史背景中，新农村建设是指在社会主义制度下，按照新要求，对农村进行经济、政治、文化和社会等方面的建设，最终实现农村的经济繁荣、设施完善、环境优美和文明和谐，这是以全新理念指导的一次农村综合变革的新起点，极大地促进农村的发展和建设。[33]

自此以来，我国农业农村发展战略经历了三次政策变动的关键节点，即新农村建设—农业供给侧结构性改革—乡村振兴战略。三次政策变动中农业供给侧结构性改革聚焦农业产业与农业产出，对前后政策起到了串联的作用，这表明农业农村政策变迁聚焦于我国农村产业的做大做强，鼓励农业产出的多元化与特色化。新农村建设提出后国家按照相应的规划要求对农村进行了针对性的投入，推动了我国农业农村建设的进一步发展，但由于政策的需求侧改革导向，导致农村经济发展水平同整体产出质量出现了矛盾积压的现象。2015年提出了农业供给侧结构性改革规划，强调从供给端发力，推动产出质量与产出结构的不断优化，提倡特色产业的发展，鼓励多元化产业的发展，补充丰富了农村产业发展的内涵，从而拓展了原有的新农村建设中"生产发展"的内涵，为乡村发展的现实条件与逻辑起点提供了更为多元化的选择方向。党的十九大后，中国社会主要矛盾发生了重大变化，党中央对经济发展的时代研判发生了重大变化，从而对农业农村发展做出了战略性调整，提出了乡村振兴战略，包括"产业兴旺、生态宜居、乡风文明、治理有效、生活富裕"二十字要诀。

纵观农业农村自党的十六届五中全会到现阶段的农业农村改革路径，发现改革的逻辑主线没有变，即在经济发展的过程中，区域极化现象不断显著，农业农村的总体占比不断下降，城乡差距不断拉大，农业农村的"短板"不断突显，若不对其问题做出合理解决，将会影响总体战略的实现与发展。通过将新农村建设同当前乡村振兴战略对比，发现中央层面的表述发生了重大变化。蒋永穆（2018）认为，当前的乡村战略规划同之前的发展战略相比较，发生了三个层面的变动，即基本方向、发展目标、总体要求发生了重大变化。本书将沿用蒋永穆的划分标准，对新农村建设与乡村振兴战略的异同做出解读。

在基本方向上政策由"城乡一体化发展"转向"坚持农业农村优先发展"，此处的优先发展，笔者认为不是简单的政策倾向发展，而应当是分类、分区，坚持合理规划的优先发展，即依托城市发展与区域发展战略，推动乡村的优先发展，提倡特色发展，促进城乡间的深度融合。战略倾向的转变更多地是强调政策制定与扶持重点倾斜乡村。

在发展目标上由农业现代化转变为农业农村现代化，传统的农村发展目标在原有的工业化、信息化、城镇化、农业现代化的基础之上加入了农村现代化的内容。笔者认为这反映出了两层政策取向与深刻内涵：第一，农业成了产业结构中的短板，农村成了城乡发展与建成全面小康社会的短板，亟须进行补短板的相应举措，提升社会整体发展能力与经济增长的相应活力；第二，农村现代化代表了以乡村为独立单位进行现代化建设，代表了对城乡关系中乡村作为依附关系的一种重大变革，为农业农村提供良好的政策承载平台，以及更加关注农村的建设状态，打造"人的"乡村，而非经济意义与行政区划意义上的乡村，这对适应我国当前破解区域发展不均衡的现状具有积极意义。

在总体要求的目标上，实现了对应的转变。即由原先的"生产发展、生活富裕、乡风文明、村容整洁、管理民主"转变为"产业兴旺、生态宜居、乡风文明、治理有效、生活富裕"。笔者认为重大转变的背后蕴含着重要的政策倾向与战略布局要求，新农村建设中的"二十字"要诀反映的是生产活动引起的生活富裕到乡风与村容的改善，继而对政治权利进行进一步要求，亦可将乡风文明、村容整洁、管理民主看作相并列的外部条件的逐步改善，这反映了对乡村的要求侧重对于产业的发展与经济生活的富裕。乡村振兴针对新农村建设的内涵与发展次序进行了大幅调整。在内涵方面：在农业生产活动由总量性矛盾转化为结构性矛盾后，在农业供给侧结构性改革的背景下，实现了由生产发展向产业兴旺的转变；在新农村建设不断开展的背景下，村容整体建设取得巨大进展，但人与自然和谐发展的现实矛盾更加突出，继而提出了生态环境保护理念下的绿色发展，即实现了由村容整洁转向生态宜居，实现了内涵的突破；管理民主在新农村建设中被放置于最后的位置，但在乡村振兴战略中不仅对次序进行了调整，更是对管理民主实现了全方位内涵突破，提升到治理有效的地位，表明了对治理权限的下放与政治权利的充分保障。发展次序则是此次调整的另一重大创新，即在新农村建设过程中强调生产发展，并在此基础之上实现对生活富裕的保障，从而追求其他层面的创新；而在乡村振兴战略规划中，则更加突出了"二十字"要诀的有机结合，提倡在发展产业兴旺的基础之上追求生态文明、乡风文明、治理体制的不断完善，继而实现更高水准的生活富裕，对乡村建设要求的重大转变则暗含了对当前社会矛盾转变的重大研判，体现了更高水准的、以人为本的乡村建设的实际需求。

第 3 章

乡村振兴发展水平评价

乡村振兴战略提出和实施以来,各级政府层面不断尝试政策创新,着力发挥支撑和服务的作用,各个区域的农村基层也不断大胆实践,摸索乡村振兴的新模式和新路径,学术界则从政策内涵理念、乡村振兴现状和困境、战略实施路径和措施等方方面面开展了丰富的研究和讨论。其中,关于乡村振兴战略的实施成效是各界共同关注的重要话题,它直接反映了政策的有效性以及农业农村农民问题能否在乡村振兴战略的推动下得到有效解决。对乡村振兴战略实施效果进行科学的评价必须要与定性定量的方法相结合,一方面,深刻理解乡村振兴战略的内涵和要求,另一方面,要构建科学、有效的乡村振兴评价指标体系,选择适当的方法进行测度和评价。准确的水平测度和效果评价是推进战略实施的基础保障。

关于乡村振兴水平测度和评价,已经形成了较为丰富的研究成果,主要包括指标体系的构建、测度方法的选择和评价结果的解读三个方面。乡村振兴评价指标体系的构建在此类研究中是重要的部分也是难度较大的部分,大多数学者以《乡村振兴战略规划(2018—2022 年)》为依据,从总要求的"二十字方针"入手,从 5 个方面构建指标体系。评价方法主要包括熵权法、KMO 检验和因子分析法、投影寻踪模型,等等。评价结果的解读主要围绕乡村振兴战略实施过程中存在的问题、困境以及改进措施展开。张挺等(2018)构建了包括 5个二级指标,15 个三级指标,44 个四级指标及对应目标值的乡村振兴评价指标体系,涵盖了经济、产业、环境、基础设施、教育、卫生以及制度体系等领域,运用熵值法和层次分析法确定指标权重,抽样分析了全国 35 个样本村并推断总体,对乡村振兴战略实施效果和模式选择进行了评价,并提出了新思路和新方案。郑兴明(2019)构建了基于分类推进的乡村振兴潜力评价指标体系,并运用 AHP 与 Delphi 法相结合的权重确定方法以及福建省 3 县区 6 村庄的调研数据进行实证分析。郭豪杰等（2019）构建了包含 5 个一级指标，24 个二级指标的乡村振兴评价指标体系，选用基于实数编码的加速遗传算法（RAGA），以全国 34 个省、直辖市、自治区为样本进行水平评价，分析指出中国乡村振兴发展水平存在三大特征，即区域性差异、非均衡性、与经济发展水平的相关性，并提出进一步推进乡村振兴需要注意的关键问题和政策建议。学术界关于乡村振兴水平评价研究取得一定进展，但还存在一些不足，主要表现为：有的评价指标体系构建尚不能全面、科学地反映乡村振兴的内涵特征；有的综合评价方法在指标权重设计上还不甚合理；有些评价指标和方法的可操作性有待进一步完善。

科学有效的评价指标体系、方法和结论是部署乡村振兴各要素有效聚集、流动，推进乡村振兴战略实施的重要基础。一方面有利于科学度量乡村振兴的进展，为分类指导各地及各部门乡村振兴进程提供量化管理依据；另一方面，可以利用评价指标体系对不同乡村地区进行动态监测、横向对比和综合评价，有利于总结发现乡村振兴进程中的实践经验和存在问题，并提出具有针对性和可行性的对策和建议。

3.1 乡村振兴水平评价指标体系

乡村振兴是一项系统性工程，涵盖了乡村发展的方方面面，因此，其水平评价指标体系的构建也应该遵循综合性、全面性的原则，科学地选取能够涵盖乡村产业、经济、社会、文化、生态等方面的具体指标。不论是国家层面还是地方政府层面，都在乡村振兴战略规划中提供了指导性指标体系，而在具体研究和实践工作中，也根据目标和重点的差异性形成了各类大同小异的指标体系，都具有参考和借鉴意义。

3.1.1 战略规划中的指导性指标体系

《乡村振兴战略规划（2018—2022 年）》提供了包括 5 个一级指标和 22 个二级指标的评价体系（见表 3 - 1）。具体主要包括五个方面：第一，产业兴旺，主要从粮食生产能力、农业科技水平和生产效率、三产融合程度等方面测度；第二，生态宜居，主要从农村人居环境、垃圾处理和绿化水平等方面测度；第三，乡风文明，主要从教育水平、文化服务能力和乡村文明程度等方面测度；

第四，治理有效，主要从乡村规划管理、农村基层组织状况等方面测度；第五，生活富裕，主要从农民收入消费水平、城乡收入差距、农村基础设施等方面测度。该指标体系虽然具体指标不多，仅有22个，但其方向性和指导性较强，其他指标体系都是在此基础上进行了补充、衍生和调整。

表3-1 乡村振兴战略规划主要指标

一级指标	序号	主要指标	单位	属性
产业兴旺	1	粮食综合生产能力	亿吨	约束性
	2	农业科技进步贡献率	%	预期性
	3	农业劳动生产率	万元/人	预期性
	4	农产品加工产值与农业总产值比	—	预期性
	5	休闲农业和乡村旅游接待人次	亿人次	预期性
生态宜居	6	畜禽粪污综合利用率	%	约束性
	7	村庄绿化覆盖率	%	预期性
	8	对生活垃圾进行处理的村占比	%	预期性
	9	农村卫生厕所普及率	%	预期性
乡风文明	10	村综合性文化服务中心覆盖率	%	预期性
	11	县级及以上文明村和乡镇占比	%	预期性
	12	农村义务教育学校专任教师本科以上学历比例	%	预期性
	13	农村居民教育文化娱乐支出占比	%	预期性
治理有效	14	村庄规划管理覆盖率	%	预期性
	15	建有综合服务站的村占比	%	预期性
	16	村党组织书记兼任村委会主任的村占比	%	预期性
	17	有村规民约的村占比	%	预期性
	18	集体经济强村比重	%	预期性
生活富裕	19	农村居民恩格尔系数	%	预期性
	20	城乡居民收入比	—	预期性
	21	农村自来水普及率	%	预期性
	22	具备条件的建制村通硬化路比例	%	约束性

资料来源：《乡村振兴战略规划（2018—2022年）》。

3-2 甘肃省乡村振兴战略规划指标体系

分类	序号	主要指标	单位	2017年基期值	2020年目标值	2022年目标值	属性
产业兴旺	1	粮食综合生产能力	万吨	1140.6	>1000	>1000	约束性
	2	农业增加值年均增长率	%	5.4	5	5	预期性
	3	农业科技进步贡献率	%	56	57	58	预期性
	4	农产品加工转化率	%	52.5	55	57	预期性
	5	休闲农业和乡村旅游接待人次	亿人次	0.7	1	>1.5	预期性
生态宜居	6	畜禽粪污综合利用率	%	68	75	80	约束性
	7	村庄绿化覆盖率	%	16.13	16.4	16.58	预期性
	8	对生活垃圾进行处理的行政村占比	%	37	52	62	预期性
	9	农村卫生厕所普及率	%	14.85	30	45	预期性
乡风文明	10	村综合性文化服务中心覆盖率	%	98	99	100	预期性
	11	县级及以上文明村和乡镇占比	%	35.89	50	60	预期性
	12	农村居民教育文化娱乐支出占比	%	12.4	12.6	13.6	预期性
治理有效	13	村庄规划管理覆盖率	%	80	90	100	预期性
	14	建有综合服务站的村占比	%	32	50	53	预期性
	15	村党组织书记兼任村委会主任的村占比	%	1.3	10	50	预期性
	16	有村规民约的村占比	%	98	100	100	预期性
	17	有集体经营收入的村占比	%	51.4	100	100	预期性
生活富裕	18	建档立卡贫困人口	万人	189	全部脱贫	—	约束性
	19	贫困县数量	个	75	全部退出	—	约束性
	20	农村居民恩格尔系数	%	30.4	30.2	29.2	预期性
	21	城乡居民收入比	—	3.44	3.4	3.3	预期性
	22	农村自来水普及率	%	86	90	90	预期性
	23	具备条件的建制村通客车	%	95.6	100	100	预期性
	24	具备条件的建制村通硬化路比例	%	96.7	100	100	约束性

资料来源:《甘肃乡村振兴战略实施规划 (2018—2022年)》。

甘肃乡村振兴战略实施规划中构建了指标体系并且预期了各项指标的目标值（见表3-2）。从表中我们可以看出，该指标体系基本遵循《乡村振兴战略规划（2018—2022年）》，并根据甘肃具体情况在细节部分进行了调整。由于甘肃经济发展落后，脱贫攻坚是近几年乡村发展的主要工作重点，因此，指标体系中补充了相关内容，即建档立卡贫困人口、贫困县数量以及具备条件的建制村通客车比率三个指标，同时归类于"生活富裕"一级指标下。"乡风文明"一级指标调整取消了农村义务教育学校专任教师本科以上学历比例。该指标体系共24个主要指标，更贴合甘肃发展的实际情况。

3.1.2 相关研究中的参考性指标体系

关于乡村振兴水平评价的实证分析都会根据自身的研究内容和研究范畴首先构建评价指标体系。

3-3 省级乡村振兴对比分析参考指标

一级指标	二级指标	序号	主要指标	单位
产业兴旺	农业效率化	1	人均农林牧渔业产值	元
		2	节水灌溉耕地面积比	%
	农产品品质化	3	农产品区域公用品牌价值	亿元
		4	省级以上农产品企业品牌数量	个
	农业机械化	5	亩均农业机械动力	万千瓦/亩
	农民组织化	6	国家农民专业示范合作社数量	个
		7	农业产业化国家重点龙头企业数量	个
	农业科技化	8	研发经费投入/地区生产总值	%
	农业融合化	9	农产品加工业规模以上企业主营业务收入	亿元
		10	中国最美休闲乡村数量	个
生态宜居	乡村规划率	11	已编制村庄规划的行政村占比	%
	道路通达率	12	人均村庄道路面积	平方米/人
	生活宜居率	13	农村卫生厕所普及率	%
		14	农村自来水供给普及率	%
		15	农村绿化率	%
	医疗配套率	16	农村每万人卫生人员数	%
		17	每万人养老服务机构数量	%

续表

一级指标	二级指标	序号	主要指标	单位
乡风文明	家庭之风	18	农村居民平均受教育年限	年
		19	每万人文化技术培训教学点数量	个
	民俗之风	20	全国文明村占行政村的比重	%
		21	村社邻居社交频繁程度	分
	社会之风	22	每万人村文化活动场所数量	%
		23	农村居民人均文化娱乐消费支出	%
治理有效	民主自治	24	村委会成员获专科及以上文凭的比例	%
		25	村支书、村委会主任非一肩挑比例	%
	基层法治	26	全国民主法治示范村占行政村的比例	%
		27	农村居民治安满意度	分
	社会德治	28	弱势群体的关照度	分
		29	村社邻居信任度	分
生活富裕	农民收入	30	农村居民可支配收入	元
		31	农村人均收入增长率	%
	收入差距	32	城乡居民收入差距比	倍
		33	恩格尔系数	%
	生活品质	34	每百户汽车拥有量	辆
		35	人均年食品消费蛋白质含量	千克

资料来源：贾晋，李雪峰，申云. 乡村振兴战略的指标体系构建与实证分析 [J]. 财经科学，2018 (11)：70 - 82.

3-4 村级乡村振兴对比分析参考指标

一级指标	二级指标	三级指标	序号	四级指标	单位
乡村振兴	产业兴旺	农村产业结构	1	特色产业产值占总产值比重	%
			2	非农值占总产值比重	%
			3	非农产业从业人员占总劳动力比重	%
		农业科技水平	4	农业机械化综合水平	%
			5	每万人口农业科技人员数	名
			6	农业科技创新成果转化率	%

续表

一级指标	二级指标	三级指标	序号	四级指标	单位
乡村振兴	产业兴旺	农村市场化程度	7	农产品商品率	%
			8	农户信用贷款不良率	%
			9	农户参加经济合作组织比重	%
	生态宜居	自然环境宜居	10	环境污染综合指数	%
			11	村庄绿化覆盖率	%
		人工环境宜居	12	安全饮用水普及率	%
			13	旱厕改造率	%
			14	生活垃圾无害化处理率	%
			15	农村道路硬化率	%
			16	家庭信息化覆盖率	%
		社会环境宜居	17	每千人口专职教师数	名
			18	每千人口卫生技术人员数	名
			19	新型农村合作医疗参合率	%
			20	农村养老保险参保率	%
			21	农村人口平均预期寿命	岁
	乡风文明	文化教育建设	22	学龄儿童净入学率	%
			23	农村人口平均受教育年限	年
		公共文化发展	24	家庭文教支出占总支出比重	%
			25	人均公共文化设施面积	平方米
			26	"星级文明户""文明家庭"所占比重	%
			27	党员乡贤在农村基层党组织中的比例	%
		优秀文化传承	28	保护发展地方优秀特色文化的农村财政投入比例	%
			29	地方优秀特色文化的市场转化率	%
	治理有效	乡村法治建设	30	万人刑事案件立案	起
			31	每千户民事纠纷发生数	起
			32	每万人口平均信访量	起
		村民自治实践	33	选举等重大决策事项村民参与率	%
			34	村务公开率	%

续表

一级指标	二级指标	三级指标	序号	四级指标	单位
乡村振兴	治理有效	村民自治实践	35	村民大会等自治制度普及率	%
		发展均衡程度	36	农村基尼系数	%
			37	农村贫困人口发生率	%
	生活富裕	农民收入水平	38	农民人均纯收入	元
			39	农民人均纯收入实际增长率	%
			40	农村家庭恩格尔系数	%
		农民收入结构	41	工资性收入占总收入比重	%
			42	财产性收入占总收入比重	%
		农民生活质量	43	人均合格住房面积	平方米
			44	拥有私家车的家庭占比	%

资料来源：张挺，李闽榕，徐艳梅. 乡村振兴评价指标体系构建与实证研究 [J]. 管理世界，2018（8）：99-105.

从研究内容来看，不同的指标体系都在参考指标的基础上补充了更为详尽的具体评价指标，具有内容更为完整丰富、应用性更强的特征。从研究范畴上来看，有些指标体系是在省级层面上构建的（见表3-3），有些指标体系是在村级层面上构建的（见表3-4），因此，在具体的指标选取上有一定的差别，如省级对比指标体系在基本量化指标的基础上，会包括以村镇为单位的核算指标，如中国最美休闲乡村数量、全国文明村占行政村的比重、全国民主法治示范村占行政村的比例等，而村级对比指标体系中的指标更微观更具体，必须是在村镇内部核算体系范围内选择。

3.2 乡村振兴现状调查分析

以甘肃为研究对象，通过数据收集和问卷调查，分别从省级层面和村级层面对乡村振兴的水平现状做整体和局部分析，从中探索欠发达地区乡村发展的基本状况。

3.2.1 乡村振兴总体现状分析

根据甘肃省乡村振兴战略规划指标体系，分别对 2019 年甘肃调查年鉴、2019 年甘肃及各地市州国民经济与社会发展公报等统计数据以及互联网公开数据进行收集、整理，得到了 2017—2019 年度甘肃部分可获取的乡村振兴指标数值，参照 2020 年目标值，对甘肃乡村振兴发展水平和总体现状进行评价。

从产业兴旺的 5 个指标来看，粮食综合生产能力 2017 年已经超过 2020 目标值，且呈现逐年增长的态势，2017—2019 年分别为 1140.6 万吨、1151.4 万吨和 1163 万吨，年均增长率 0.97%，农业增加值年均增长率保持 5% 的目标水平。2017 年的农业科技进步贡献率和农产品转化率均低于 2020 年目标值，2018—2019 年数据缺失，因此，农业科技和农产品加工是乡村产业发展中应该重点关注的问题。休闲农业和乡村旅游方面，2019 年，甘肃发展旅游专业村 271 个，建成示范村 121 个，其中 12 个示范村被文旅部列为首批全国乡村旅游重点村，接待人数不断增加。

从生态宜居的 4 个指标来看，2019 年甘肃全省处理转化畜禽粪污 5484 万吨，综合利用率达到 75%，提前达到 2020 年的目标水平；村庄绿化覆盖率为 16.31%，与 2020 年目标值 16.4% 相差 0.9 个百分点，该指标的达标是需要进一步重点推进的任务；2019 年甘肃对生活垃圾进行收集、运输的行政村有 15217 个，占全部行政村总数的 95%，对生活垃圾进行处理的行政村有 12834 个，占全部行政村总数的 80%，该指标远远超过 2020 年的目标值 52%，也超过 2022 年的指标值 62%，属于提前完成的生态宜居指标。2019 年，农村卫生厕所普及工作也在全面推进，通过多种渠道，如资金补助、污水管网覆盖、分区域标准等措施，完成了 50 万户以上的农村户用卫生厕所改造，实现 70% 的建制村有 1 座卫生公厕，并将 2020 年该指标目标值由 45% 提高到 50%，有利于进一步提升工作效率。

从乡风文明的 3 个指标来看，2019 年甘肃村镇综合性文化服务中心覆盖率基本实现 100%，已完成 2022 年目标任务，下一步要重点考虑综合性文化服务中心在乡风文明建设中如何发挥更好的作用。2018 年甘肃深入开展了以农村精神文明建设"八个一"示范工程为重点的陇原乡村文明行动，推动建立 267 个省级"八个一"示范点，夯实了农村精神文明建设的基层基础，县级及以上文明村和乡镇占比数据缺失，需进一步了解和加强相关工作。农村居民教育文化娱乐支出占比逐年增加，2017—2019 年分别为 12.4%、13.2% 和 13.7%，已经超过 2022 年目标值 13.6%，农村居民教育文化娱乐消费水平不断提高的同时要关注消费质量的升级。

治理有效的 5 个指标除 2017 年规划基期值，2018 年和 2019 年省级数据未获取，故在问卷调查分析中重点讨论。值得注意的一点是，乡村治理是乡村振兴工作中最薄弱的一个环节，不论从量化评价方面还是从措施推进方面，均处于起步阶段。

生活富裕的 7 个指标反映了以下状况：第一，脱贫攻坚成效显著。2017 年甘肃建档立卡贫困人口 189 万人，2018 年减少到 111 万，2019 年减少到 17.5 万，2017—2019 年共有 67 个县退出了贫困县行列，全省仅剩余 8 个贫困县，预期 2020 年能够顺利完成全面脱贫的目标。第二，农民收入水平不断提升。2017—2019 年甘肃农村居民恩格尔系数分别为 30.4%、29.7% 和 29.2%，已经达到了 2022 年目标值；城乡居民收入比 2018 年为 3.4，2019 年为 3.36，超前完成 2020 年目标值 3.4，但需要继续降低该指标，向 2022 年指标值 3.3 靠近。第三，农村基础设施配备进一步完善。2018 年甘肃农村集中供水率和自来水普及率分别达到 91% 和 88%，2019 年这两个指标分别为 92% 和 89%，其中，虽然农村自来水普及率尚未达到 2020 年 90% 的目标值，但农村整体饮水安全性提升显著；2018 年甘肃 98% 的建制村通客车，2019 年通客车率已达 99.83%，基本达到 2020 年 100% 全面通客车的目标；具备条件的建制村通硬化路比例指标已经达到 100%。

3.2.2 乡村振兴局部现状调查分析

以行政村为研究单元，通过问卷调查获取一手数据，对乡村发展现状进行剖析。问卷以乡村振兴"二十字"方针为基础，参照乡村振兴战略规划和已有研究构建的指标体系，考虑村级研究单元特征进行设计，共包括 35 个具体问题，涵盖农业产业、乡村自然和文化环境、乡村治理和农民生活等方面（见专题 3-1）。同时，由于调查区域重点在甘肃东部，未覆盖全省，因此本部分研究具有局部性特征。

专题 3-1

村级乡村振兴问题调查问卷（样卷）

1. 你村共有农户数量为_____户，人口数_____人，外出务工人员有_____人。

2. 2018 年你村的农业总产值为_____元。

3. 2018 年你村生产粮食（谷类、薯类、豆类）总量_____吨。

4. 耕地面积为_____亩，其中节水灌溉耕地面积为_____亩。

5. 你村共有农民专业合作组织_____个，包括_____类型。

6. 你村共有农业产业化企业_____家，2018 年企业产值_____元。

7. 你村拥有农业生产机械_____台，包括_____类型。

8. 2018 年你村休闲农业和乡村旅游接待人次_____人。

9. 2018 年你村的农业研发投入经费_____元。

10. 你村是否编制了村庄规划？_____A. 是；B. 否。

11. 你村的绿化覆盖面积是_____平方米。

12. 你村对养殖业的畜禽粪污如何处理？综合利用率是多少？_____

13. 你村是否对生活垃圾进行处理？A. 是；B. 否。

14. 你村现有的卫生厕所有_____间，普及率_____％。

15. 你村有医疗卫生人员_____人，养老机构_____家。

16. 你村是否建有综合性文化服务中心？A. 是；B. 否。如果是，有_____处。

17. 你村是否是县级及以上文明村？A. 是；B. 否。

18. 你村义务教育学校专任教师_____人，其中本科以上学历_____人。

19. 请你对村社邻居社交频繁程度进行评价。

A. 非常频繁；B. 比较频繁；C. 一般频繁；D. 比较少。

20. 2018 年你村居民人均消费支出_____元，其中教育文化娱乐支出_____元。

21. 你村是否建有综合服务站？A. 是；B. 否。

22. 你村的村委会共_____人，其中大专及以上文凭_____人。

23. 你村是否制定有村规民约并正在执行？

A. 有，在执行；B. 有，未执行；C. 没有；D. 不清楚。

24. 你村的党组织书记是否兼任村委会主任？A. 是；B. 否。

25. 你村是否是集体经济强村？A. 是；B. 否。

26. 你村是否按照村庄规划实施管理？A. 是；B. 否。

27. 请你对你村的居民治安进行评价。

A. 非常满意；B. 比较满意；C. 一般满意；D. 不满意。

28. 你村是否是全国民主法治示范村？A. 是；B. 否。

29. 请你对农村邻里之间信任度进行评价。

A. 非常好；B. 比较好；C. 一般；D. 不好。

30. 请你对你村照顾弱势群体的情况进行评价。

A. 非常好；B. 比较好；C. 一般；D. 不好。

31. 你村 2017—2018 年的农村居民人均可支配收入分别为 _____ 元和 _____ 元。

32. 你村的自来水是否普及？A. 是；B. 否。如果不是，大概普及率为 _____ %。

33. 你村居民食品支出总额占个人消费支出总额的比重是 _____ %。

34. 你村是否实现硬化路全覆盖？A. 是；B. 否。

35. 你村共拥有家庭汽车数量是 _____ 辆。

通过对 102 个样本数据汇总和分析发现，所调查区域的乡村发展现状和存在问题如下：

（1）农业产业发展方面

调查结果显示，第一，粮食生产能力较好，但农业产值水平偏低。2018 年样本村庄粮食生产总量平均水平为 1702 吨，但农业总产值平均水平仅为 418 万元，农业生产对粮食作物的依赖较大，农业生产结构不合理，农产品附加值较低。第二，农业生产能力差异大，村与村之间分化严重。部分样本村庄农业产值高于 2000 万元，而部分样本村庄农业产值低于 100 万元，数据离散程度较大。第三，农业生产条件较差，科技投入不足。样本村庄耕地绝大部分为旱作地，节水灌溉耕地面积仅占总耕地面积的 5.1%，且 88.2% 的村庄完全没有节水灌溉耕地；农业生产机械占有量平均水平 89 台，种类主要为拖拉机、覆膜机等，但村与村之间的差异比较显著，11.8% 的村庄完全没有农业机械；对农业研发投入经费的村庄仅占 6.8%，且投入金额少。第四，农业产业化发展落后，农民专业合作组织功能单一。2018 年，样本中仅有 13.7% 的村庄拥有农业产业化企业，总体产值不高；农民专业合作组织平均数量不足 3 个，且大多为传统种植、养殖类合作社。第五，乡村旅游业尚未起步。2018 年样本中有休闲农业和乡村旅游的村庄仅占 5.9%，总接待人数仅有 19400 人。

（2）农村人居环境方面

调查结果显示，第一，村庄规划工作有序推进，覆盖率需进一步提高。2018 年 102 个样本中只有 47% 的村庄编制了村庄规划，比重较低。第二，村庄绿化覆盖率存在明显的地域差异。样本中各个村庄之间的绿化覆盖面积差别较大，一是源于实际绿化水平差异，二是源于统计口径差异，需进一步调查研究。第三，养殖业的畜禽粪污循环利用效果较好。2018 年，样本村庄养殖业的畜禽粪污综合利用达到 85.4%，超过全省平均水平 75%，主要利用途径为处理后作为有机肥料还田还果园，其中，43.1% 的村庄该指标为 100%，实现完全循环利用。第四，生活垃圾处理覆盖面较广。样本中对生活垃圾进行处理的村庄占比 87.3%，高于全省平均水平 7.3 个百分点。第五，卫生厕所的改造和普及需要继续推进。样本中仍有 25.5% 的村庄没有卫生厕所，已有卫生厕所的村庄普及率偏低，且村与村之间差异较大。第六，医疗人员缺乏，养老服务严重不足。2018 年，102 个样本中 86.3% 的村庄仅拥有 1 名医疗卫生人员，72.5% 的村庄没有养老机构。

（3）农村社会文明方面

调查结果显示，第一，县级及以上文明村镇占比偏低，2018 年样本村庄中该指标仅有 25%，与省级 2020 年目标值 50% 相差较远。第二，乡村义务教育师资力量薄弱，同期样本村庄义务教育学校专任教师平均 7 人，本科以上学历不足 4 人，且教育资源分配不均匀。第三，综合性文化服务中心基本覆盖。第四，有 62.7% 的被访村支书认为本村邻里社交比较频繁。第五，农村居民教育文化娱乐支出占比超过全省平均水平。

（4）农村治理基本方面

调查结果显示，第一，村委会成员较少，学历水平偏低。2018 年样本村庄村委会成员平均人数 4 人，其中 40.2% 的村委会没有大专及以上文凭的成员。第二，村规民约覆盖面较大，执行程度较高。在被调查的 102 个样本中，有 70.6% 的村庄制定了村规民约并在执行，有 11.8% 的村庄制定了村规民约但未执行，有 17.6% 的村庄未制定或不清楚。第三，党组织书记兼任村委会主任的比例较高，达到 25.5%，超过省级 2020 年该指标的目标值 10%。第四，集体经济强村占比低，仅有 9.8%。第五，制定乡村规划的样本村中，有 55.9% 的村庄按照规划实施管理工作。第六，乡村居民治安满意度较高，有 91.2% 的被访村支书认为本村的居民治安非常好或比较好；但样本村中全国民主法治示范村比较少，仅占12.7%。第七，乡村邻里之间的信任度较高，样本村中89.2%的村支书认为本村邻里之间的信任度非常好或比较好。第八，村里照顾弱势群体的情况良好，满意度89.2%。

（5）农民生活水平方面

调查结果显示，第一，样本中农村居民人均可支配收入偏低，2018年为4852元，低于全省平均水平。第二，农村居民食品支出占比偏高，2018年样本村恩格尔系数平均31.3%，比全省水平高出1.1个百分点。第三，供水设施普及率较高，2018年样本村自来水普及率为97.2%，其中83个村庄自来水100%普及。第四，硬化路全覆盖水平较低，同期样本中实现硬化路全覆盖的村庄占比只有43.1%。第五，样本村家庭汽车平均拥有量为69量，按照每家拥有1辆汽车核算，拥有汽车的家庭占比仅有4.7%。

3.3　县域乡村振兴现状案例分析

以甘肃宁县为典型案例，基于问卷调查，通过现状分析、问题导向和专题评价，深入探讨宁县乡村发展现状和乡村振兴战略实施中存在的问题，并具有针对性地提出对策建议，为其他乡村发展提供借鉴。

3.3.1　宁县乡村振兴基本现状

近年来，宁县严格按照乡村振兴战略的总要求，从农业产业发展、农村自然与人文面貌改善、农村基层组织结构和治理水平优化、农民生活质量提升等方面发力，不断推进乡村振兴战略的实施，取得初步的进展成效，但也存在不足之处（见表3-5）。

表3-5 2018年宁县乡村振兴主要指标值

一级指标	二级指标	主要指标	单位	指标值
产业兴旺	农业效率	人均农业产值	元	3472.21
		节水灌溉耕地面积比	%	10.13
	农民组织	农民专业合作组织数量	个	1985
		农业产业化企业数量	个	21
	农业融合	农产品加工产值与农业总产值之比	—	1.35
		农产品区域品牌数量	个	4
生态宜居	乡村规划	已编制村庄规划的行政村占比	%	100
	生活宜居	村庄硬化路覆盖率	%	100
		农村自来水供给普及率	%	100
		对生活垃圾进行处理的村占比	%	100
		农村卫生厕所普及率	%	4
		畜禽粪污综合利用率	%	30
		农村绿化率	%	50
	医疗配套	农村每万人卫生人员数	人	30
		每万人养老服务机构数量	个	2.57
乡风文明	教育水平	农村居民平均受教育年限	年	9
		农村义务教育学校专任教师本科以上学历比例	%	75.0
	文明水平	县级以上文明村占行政村的比重	%	61.1
		村社邻居社交频繁程度	分	90
	文化水平	村综合性文化服务中心覆盖率	%	100
		农村居民人均文化娱乐消费支出占比	%	11.5
治理有效	乡村自治	村委会成员获专科及以上文凭的比例	%	0.3
		村支书、村委会主任一肩挑比例	%	100
		有村规民约的村占比	%	100
		村庄规划管理覆盖率	%	100
		建有综合服务站的村占比	%	100
		集体经济强村比重	%	5.8
	乡村法治	全国民主法治示范村占行政村的比例	%	33.5
		农村居民治安满意度	分	90

续表

一级指标	二级指标	主要指标	单位	指标值
治理有效	乡村德治	弱势群体的关照度	分	90
		村社邻居信任度	分	90
生活富裕	农民收入	农村居民可支配收入	元	8800
		农村人均收入增长率	%	10.2
	收入差距	城乡居民收入差距比	倍	3
		恩格尔系数	%	33.7

数据来源：根据问卷调查计算所得。

(1) 农业产业发展方面

近年来，宁县以构建现代农业产业体系为目标，着力健全和完善"龙头企业＋合作社＋农户"的利益联结机制，通过新型农业经营体系的发展、龙头企业的培育以及特色农业品牌的打造，在一定程度上提高了农业产业效率和组织化程度。其中，形成了横穿7个乡镇的苹果产业示范带，引进培育了海升公司、大禹种羊场、陇牛乳业等农业龙头企业，发展了苹果、肉羊、瓜菜等特色农业，注册了4个苹果产品商标，等等。结合乡村振兴战略规划指标体系，通过实地调研，分别从农业效率化、农民组织化、农业融合化三个方面对宁县乡村"产业兴旺"做出评价。第一，农业效率提升较快，但仍然处于较低水平。2018年，宁县农业人口人均农业产值3472.21元，低于庆阳市平均水平，节水灌溉耕地面积占全县耕地面积比重仅有10.13%，农业生产设施不足，机械化程度较低。第二，农民组织数量较多，但组织化程度不高。2018年底，宁县共有农民专业合作社1985个，其中达标520个，达标率仅为26.2%，大部分农民合作组织形同虚设，并未在农业产业化发展中发挥作用，反而加大了管理的难度。同时，宁县共有农业产业化公司21个，除个别企业综合实力较强，多数企业规模小、实力弱、抗风险能力不强。第三，农业融合化程度较低。宁县农业融合化程度低主要体现在农业产业链较短、农村三产融合度低、农产品品牌效应不强等几个方面。2018年，宁县农产品加工产值与农业总产值之比仅为1.35，远低于全国2016年该指标的基准值2.2，农产品加工水平较低，农业发展仍然以种植业为主，产业链有待延伸，附加值有待提高。同时农产品品牌较少，截至2018年仅有4个苹果产品商标，影响了农产品的市场拓展。

（2）农村人居环境方面

针对生态宜居的总要求，宁县致力于全面改善农村人居环境，从垃圾处理、厕所革命、村容村貌提升、生态环境改善以及农民生活便利等方面展开行动，总体来说取得了良好的效果。结合乡村振兴战略规划指标体系，通过实地调研，分别从乡村规划、生活宜居、医疗配套三个方面对宁县乡村"生态宜居"做出评价。第一，乡村规划全覆盖。截至2018年底，宁县257个行政村已全部完成村庄规划的编制，用以指导村庄合理发展。第二，乡村基础设施较完善，绿化率高，但卫生环境有待提高，且村与村之间差别较大。截至2018年底，宁县村庄硬化路与自来水覆盖率均达100%，对生活垃圾进行处理的村庄占比也已经达到100%，建立了"户分类—村收集—乡转运—县处理"的垃圾处理基本模式，但存在执行不到位的情况。农村卫生厕所普及率仅有4%，远低于2016年该指标的全国基准值80.3%，畜禽粪污综合利用率30%，低于2016年该指标的全国基准值60%，厕所革命与农业农村循环经济有待加速发展。同时宁县在村容村貌的提升、生态保护、绿色发展方面成效较显著，针对乡镇街区开展"六乱"整治，针对村庄开展了"三堆"清理，大力推进乡村美化绿化，村庄绿化覆盖率达50%，高于2016年该指标的全国基准值20%，更高于2022年预期值32%，已经建成乡镇污水处理设施5处，制定了污水处理设施全覆盖的建设目标任务。第三，医疗配套服务能力进一步提升。2018年，宁县农村每万人卫生人员30人，每万人养老服务机构数量2.57个，乡村养老机构主要以"日间照料中心"为主。

（3）农村社会文明方面

乡风文明是乡村振兴的软实力，宁县通过加强思想道德建设，开展形式多样的学习教育活动，持续推进乡村精神文明建设；通过指导各个行政村成立红白理事会、道德评议会、禁黄赌毒会、村（居）民议事会等"四会"群众自治组织，修订完善《村规民约》和制定相关活动规则，大力开展移风易俗。农村社会文明水平有了显著的提升。结合乡村振兴战略规划指标体系，通过实地调研，分别从教育水平、文明水平和文化水平三个方面对宁县乡村"乡风文明"做出评价。第一，农民受教育程度不断提升，农村教育水平偏低。通过调查发现，宁县农村居民平均受教育年限为9年，总体来看基本完成义务教育，但受教育程度存在区域差别和年龄差别。农村义务教育学校专任教师本科以上学历比例为75%，该指标高于2022年国家预期平均水平，说明宁县农村义务教育学校师资力量较强，但是，由于农村学校生源较少，造成了教育资源与教育需求不匹配的现象。第二，农村文明程度较高，乡里乡邻和睦融洽。2018 年，宁县县级以上文明村占行政村的比重为 61%，已达到 2022 年国家平均预期值大于50% 的要求，文明村建设力度较大，同时，走访发现农村邻里关系和睦，村民评价普遍较高。第三，农村文化服务丰富多样。截至 2018 年底，宁县 257 个行政村实现综合性文化服务中心全覆盖，文化服务形式多样，主要包括文化广场、农家书屋、新时代文明实践所等等，全县建有村史馆 7 家，民族文化馆 2 家，极大地满足了村民的文化及精神需求。2018 年，宁县农村居民人均文化娱乐消费支出占比 11.5%，高于 2016 年国家基准值，接近 2020 年预期值，农民文化娱乐消费不断提升。

（4）农村社会治理方面

治理有效作为乡村振兴的固本之策，为推进乡村振兴各项任务提供基础保障。营造稳定的乡村社会环境既是保障乡村生态宜居的首要前提，也是推进乡村产业兴旺的重要基础。宁县通过加强基层党组织建设、创新基层管理体制机制以及健全村务监督机制等方面不断推动乡村有序发展，致力于构建平安和谐乡村，在乡村民主化管理、便民服务、扫黑除恶专项斗争等方面取得了良好的效果。结合乡村振兴战略规划指标体系，通过实地调研，分别从乡村自治、法治和德治三个方面对宁县乡村"治理有效"做出评价。第一，乡村治理制度比较健全，自治水平有待提高。宁县 257 个行政村均实现村党组织书记和村委会主任一肩挑和制定村规民约的目标要求，村庄规划管理和综合服务站建设也实现全覆盖，高于 2022 年国家预期值，乡村组织建设和自治硬件软件基本具备，但人才缺乏限制了自治水平，宁县各村委会成员获专科及以上文凭的比例仅有0.3%，集体经济强村比重 5.8%，只比 2016 年全国基准值高出 0.5 个百分点，与 2020 年全国预期值 8% 尚有一定差距。第二，乡村法治规范有效，农村居民治安满意度较高。宁县 257 个行政村中全国民主法治示范村占比 33.5%，村民对农村治安水平非常满意。第三，乡村德治水平进一步提高。通过走访发现，宁县乡村道德文明氛围较好，村社邻居信任度高，对弱势群体的关照度明显提升，村民相处融洽。

（5）农民生活水平方面

生活富裕是农村居民最关心的利益问题，是乡村振兴战略的最终评价标准。乡村振兴的立足点和出发点，就是要通过振兴乡村社会经济发展，让农民过上生活富裕的好日子。农民只有在基本满足衣食无忧的生理需求后，才有足够的闲暇去继承发展乡村优秀传统文化，协助实现乡村治理有效。宁县通过全力推进扶贫攻坚、不断促进农民增收等途径提高乡村民生保障水平，为农民生活富裕做出努力。第一，扶贫力度大，农民收入稳步提升。2018 年，宁县扶贫工作精准到位、效果显著，农村居民人均可支配收入 8800 元，虽然低于全国平均水平，但增长率 10.2%，高出全国 1.4 个百分点。第二，城乡收入差距依然较大。2018 年，宁县城乡居民收入差距比为 3 倍，高于 2016 年全国基准值 2.72，与 2022 年全国预期值 2.67 差距较大。同时宁县居民恩格尔系数 33.7%①，小幅高于 2016 年全国基准值，更高于 2022 年预期值，居民食品支出占总支出的比重依然偏大，农民整体生活水平和质量有待提高。

3.3.2　宁县乡村振兴进程中存在的主要问题

宁县乡村振兴存在几个关键性的问题，从根本上制约了"五位一体"目标任务的完成，需要对其深入剖析。

（1）农业产业发展以点为主，辐射带动力不强

宁县农业产业的发展多呈现出离散化的特征，由于政府强有力的政策推进，促使部分区域农业产业水平实现跨越式发展，但由于地方政府在选择示范区域时多倾向于特色明显、要素禀赋较强的天然优势区域，加之强力政策的推动与促进，使得区域出现跨越发展成为现实。此类原因所打造的样板区域并不具备较强的复制性，加之由于农业产业长期离散式的发展现状，农地区域分割现状较为严重与缺乏完善的区域空间联通渠道，所以农业产业发展多呈现出多点并存的离散性特征，产业链延伸效果不显著，更没有形成农业产业由点及线、由线到面的趋势，严重制约了农业产业化和农业现代化发展。

（2）县域经济发展滞后，城乡融合受限

宁县与所有欠发达地区一样，存在着比较严重的区域市场主体携带资本跨区消费的情况，多将资本用于区域中心的商品购买。由此所导致的区域中心发展水平不断提高，形成一种非良性的循环累积链条，极化现象不断显著，而与此相对应的区域次级中心，发展水平却普遍呈现出滞后的状态，并且这种极化现象短期内不会消失。此类经济问题所呈现出的表征便是区域主体在区域次级

---

① 由于数据获取较困难，取庆阳市恩格尔系数予以替代。

中心获取货币收入，然后将其花费在区域中心，导致县域经济发展滞后，不能有效连接城市与乡村，制约了城乡融合的进程。安虎森（2004）在分析区域极化现象时曾论述劳动力携带资本跨区流动的现象，并指出此种现象会带动工作区域产业的发展与消费区域消费市场的不断扩大，但最终会导致工作区域要素在消费区域进一步聚集，区域极化现象更加明显。部分欠发达区域所存在的跨区消费同安虎森（2004）所提出的区域极化的概念略有不同，由于部分欠发达地区的区域次级中心产业发展水平相对落后，所以区域主体的工作实际对区域次级中心产业发展的带动力量相对较弱，部分市场主体的货币来源主要是政府对于购买服务的支付，对于当地产业的带动能力非常有限。此种情况所导致的原因可以大致划分为以下三类：第一，乡土习俗所导致的"丈母娘消费"促进了区域活动主体携带资本跨区购买行为的产生；第二，区域中心同区域次级中心的基础设施建设与公共服务水平的不一致（居住环境、医疗教育、交通便利程度）；第三，区域通达度差异性与消费中心极化程度较为严重。

（3）人力资源短缺，人才振兴基础薄弱

长期以来，城乡二元结构的存在，导致城市的快速发展和农村的滞后发展形成了巨大的反差，农村劳动力习惯性单方向地流向城市，大量青年农民工群体积极向城市进军，以求得更好的发展，大规模大学生群体在毕业后积极投身于城镇，导致农村对人才的吸引力越来越弱。虽然国家制定了很多相关政策，鼓励人才进入农村工作，但实际效果并不理想。农村地区不论是在普通劳动力数量方面，还是技术性人才、管理性人才以及乡村发展带头人等方面都存在极大的不足，严重制约了农村经济发展与农业现代化进程，同时也造成了空心村、土地荒芜、留守儿童、空巢老人等严重的负面社会效应。宁县共有农村人口56万人，统计数据显示其中11.257万人以各种形式离开乡村外出务工，占比20%以上，乡村发展劳动力缺乏，动力不足。同时，具有远见和领导能力的乡村带头人比较稀缺，各级各层管理人员数量少、工作压力大、分工不明确，工作效率受到影响，这也在一定程度制约了乡村发展。

3.3.3 宁县农业产业化发展的"海升模式"

"海升模式"作为宁县县域经济的典型模式，以"产业兴旺"为总体要求，结合地方实际完善了"331＋"的利益联结机制，基本建成了现代农业产业体系。其中苹果全产业链条基本形成，带动了仓储、加工、运输、劳务、电商、旅游、文化、水利、电力、建材、农资、餐饮、保险、税收等十几个相关行业的发展，不仅填补了部分产业空白，有效地推动了宁县相关产业链条的发展，还为农特产品的产业发展提供了良好的路径遵循。但需要考虑如何进一步提升"海升模式"的活力，实现带动欠发达区域发展的主要目的，实现"龙头企业"对乡村扶贫的带动作用，推动宁县农业产业的整体高质量发展。

第一，宁县政府应当深入贯彻落实土地延长承包期的部署安排，深入推进农地"三权分置"的改革，进一步鼓励农地的连片承包，实现区域规模经济，稳定农户与企业预期，鼓励其自发改进区域土壤肥力，实现持久耕种与合理规划利用；第二，宁县政府应当以财政资金为主，有效融合社会资本，进一步改善基础设施建设，完善区域内水利设施、抗灾害设备、仓储环境等基础设施，有效解决在产业发展过程中公共品供给的问题，提高公共品在区域经济发展过程中的溢出效应；第三，农特产品企业在进行商品生产与企业建设的过程中，应当多采用成熟技术与成型经验，减少因技术的盲目应用所导致的试错成本，获取由于技术溢出所带来的发展红利；第四，依托当地高校资源与科研资源，完善产学研链条，提高新品种培育能力，缩短新品种培育到种植的周期，以品质赢得市场，以市场带动产量，以产量提高要素回报率，有效吸引高素质人才的投身建设，打造训练有素的"新型职业农民"；第五，龙头企业应推动营销与经营体制的创新，在满足乡村扶贫基本需求的基础上，引入职业经理人机制，以成熟的商业理念来指导企业的进一步发展，有效深化企业内部分工，打造专业化人才；第六，以市场需求为导向，在产业发展初期借鉴优秀经验，模仿优秀商品形式与种类，与大型平台建立合作，积极推动商品进入市场，通过先期模仿降低消费者的选择成本。在产业发展后期，可以根据市场需求，培育商品新形式与新类型，进一步巩固市场地位，拓宽商品销售渠道。

3.3.4 宁县乡村振兴的路径选择和对策建议

（1）增强农业产业的辐射带动效应

首先，应当合理分析所辖区域的不同发展实际，针对发展具体情况进行总体规划安排，在充分征求农户意见的基础上进行区域总体规划，合理规划区域农业产业布局，并鼓励农户自发探索，争取形成区域产业间的优势互补；其次，应当制定合理的农业产业发展示范区名录，选取可复制性强、具有普遍性的区域进行示范发展，从中寻求普通区域的发展困境并予以解决，节约不同区域进行产业探索发展的中间费用与时间成本，通过渐进式发展推动产业总体水平的提高；最后，为形成区域统一市场与统一耕种区域，应当进一步加强基础设施建设与信息平台建设，针对区域实际完善和提升公共服务水平，减少因市场分裂所造成的交易费用与信息不对称所带来的信息成本。

（2）提升城乡融合式发展能力

首先，进一步提升本地的道路交通建设，减少本地工作人员的日常通勤成本，提升区域间的通达程度，推动消费市场的自发分级，避免由于交易费用过高所导致的消费市场分级受阻，以及难以有效实现从区域中心到区域次级中心的消费市场层级划分；其次，应当进一步推进"乡风文明"建设，破除不符合新时代、高质量发展的乡风陋习，稳定青年人的预期，减少其未来的可预见性负担，并且通过对租房、住房等相应的政策补贴，促进年轻人在区域次级中心购房的欲望；最后，公共服务水平的一体化在短期内是很难实现的，但是通过交通条件的便利、订单式人才的培养等方式，可有效缓解相关问题。

（3）实施人才振兴发展战略

从根本上来看，乡村发展与人才吸引相辅相成，互为条件，因此，要实施人才振兴发展战略，必须形成"乡村发展—人才吸引—乡村发展"良性循环过程。第一，准确识别剩余劳动力的基本情况，有计划、合理地开展规模化的人才输出；第二，鼓励部分距离城市较近的农村区域发展市场趋近型的规模化农业产业，稳定且持续地满足城市需求，在此基础上逐渐扭转对农业产业发展的偏见，由点带面改善观念的误区，从思想上逐渐解决外出务工相关人员回乡创业的偏见；第三，先鼓励技术性人才回流，在相关政策的扶持下，率先带动相关产业的发展，在产业发展的基础上，拓宽乡村就业渠道，发掘乡村空白产业的资本边际回报率，实现对于普通外出劳动力的回流吸引；第四，在农村地区产业发展的中前期，由于产业分化效果不明显，对于产业管理的相关要求处于初级水平，应当秉持着最简最优的原则，通过聘请职业团队实现管理水平的提高与管理模式的进一步优化。

3.4.5 欠发达地区乡村振兴战略的一般实施路径

欠发达地区由于长期发展水平的滞后，要素的跨区流动程度较大，呈现出城市发展不充分与乡村发展滞后的双重局面，此处借鉴安虎森（2004）提出的突破点与平衡点之间的"中间区域"的观点。在此阶段，城市发展不充分，乡村缺乏发展的后劲,城乡关系处于"半隐性"的发展状态。此时传统增长路径已经不能满足,应当寻求新突破,打造本地特色产业,加强区际交流合作,形成跨区的产业优势互补。

所以在欠发达地区实行乡村振兴战略的逻辑起点为"产业兴旺",但应当注意的是乡村治理模式与乡村整体规划的同步跟进,否则整体发展轨迹又会陷入"先发展再治理"的传统发展路径。所以,欠发达地区的乡村振兴战略应当以"产业兴旺"为发展主线,拓宽区域发展空间,实现"生态宜居、治理有效、乡风文明"协同发展的新规划。第一,地方政府应当结合地区自然特点与种植实际,明确农村地区总体规划,确保发展路径与发展规划在时间上的连续性与可持续性,稳定区域主体的未来预期;第二,学习其他同类型区域乡村振兴的发展规划与实施方案,为避免经验的"水土不服",还应当鼓励农户结合经验,自发探索适合的生产模式与经营模式,打造符合本地区实际的特色发展路径;第三,根据区域发展实际,合理规划乡村空间,优化乡村居住环境,在人居环境上补足乡村发展的短板,形成要素流动的吸引动力;第四,进一步推动乡村"扫黑除恶"专项斗争,整治乡风中不文明的部分,在尊重传统乡俗的基础上,破除不符合发展实际与发展预期的不文明乡村习俗,为有效实行乡村振兴战略做好精神层面的保障。

第 4 章

乡村振兴模式分类和案例剖析

中国改革开放起始于乡村，乡村振兴的实践更是早于乡村振兴战略的提出。长期以来，广袤的乡村地区在宏观引导和微观需求的驱使下，不断尝试新的发展路径和发展模式。从新农村建设、美丽乡村到乡村振兴，在国家政策和发展战略的支持下，在"产业兴旺、生态宜居、乡风文明、治理有效、生活富裕"二十字方针的指导下，新时代乡村画卷不断铺展在希望的田野上。

在乡村不断发展的四十多年间，基层实践亮点多多，形成了多样化的乡村发展模式，成功案例源源不断地涌现出来。2014 年，国家农业农村部科教司发布了中国美丽乡村建设十大模式，具体包括产业发展型、生态保护型、城郊集约型、社会综治型、文化传承型、渔业开发型、草原牧场型、环境整治型、休闲旅游型、高效农业型。新农村建设、美丽乡村建设都是乡村振兴的主要途径和基本方式，每种建设和发展模式，分别代表了某一类型乡村在各自的自然资源禀赋、社会经济发展水平、产业发展特点以及民俗文化传承等条件下促进乡村振兴的成功路径和有益启示，为其他地区的乡村振兴实践提供了很好的范本和借鉴。本章通过选取国内外具有代表性的几种乡村发展模式进行深刻剖析，发掘和总结成功案例经验，取长补短，从实践层面思考乡村振兴的路径和方式。

4.1　产业振兴型乡村

产业振兴型乡村立足"产业兴旺"的要求，从乡村产业发展入手，寻求乡村振兴之路。该类模式大多以积极发展优势和特色产业为基础，注重把产业发展落到农民增收上来，注重产业基础设施建设，注重消除乡村贫困，致力于奠定坚实的乡村振兴的经济基础。具体特征表现为：首先，具有显著的产业优势和特色;其次是良好的农民专业合作社以及实力较强的龙头企业;再次,产业发展基础好,产业化水平高,初步形成了"一村一品""一乡一业"的产业布局;最后是农业生产聚集化和农业经营规模化。同时此类乡村实现了农业产业链条不断延伸,产业带动乡村振兴效果比较明显。产业振兴型乡村大多分布在经济相对发达地区,如我国的东南沿海地区和相对较发达的省份。

产业振兴型乡村因主导产业的差异而具有多样化的模式,包括工业产业、科技产业、乡村旅游业、现代农业以及生态康养产业等都是乡村产业振兴的突破方向。国内外在乡村产业振兴方面有许多值得借鉴的成功案例。

4.1.1 工业带动乡村振兴

工业带动乡村振兴的典型成功案例当属江苏省苏州市张家港市南丰镇的永联村。改革开放以来,永联村历经以工兴村、轧钢富村、并队扩村、炼钢强村等阶段,从张家港市面积最小、人口最少、经济最落后的村,发展成为苏南地区面积最大、人口最多、经济实力最强的行政村之一。

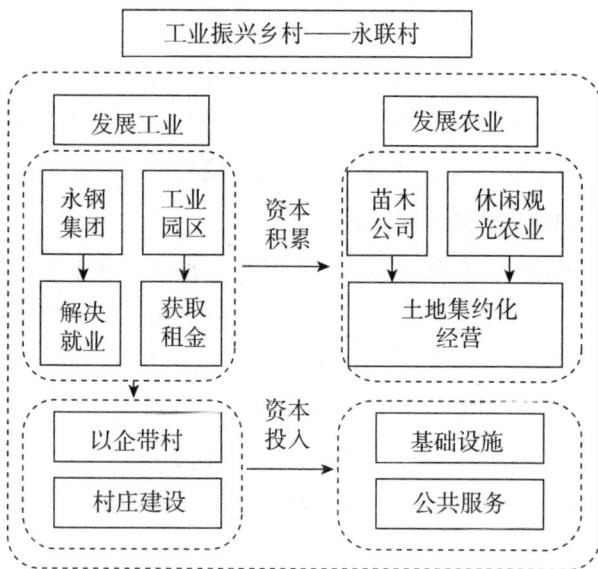

图4-1 工业振兴乡村模式

早期,以无工不富理念为指导,永联村组织村民开办村属小工厂,主要包括从事水泥预制品、家具、枕套等的生产和加工;随后,永联村以市场需求为导向，以村集体为主体开办轧钢厂，短短一年时间取得巨大的盈利，快速实现脱贫和富裕。在之后的十几年间，永联村不断抓住发展机遇，不断投资改造、新建高效高能的生产线，开发相关重大工业项目，逐步建立起著名的大型钢铁企业——永钢集团，创立了建筑钢材的著名品牌，在全国钢材生产领域具有一定的地位。村办企业的成功和集体经济的壮大为永联村的振兴发展奠定了坚实的基础，村集体在村庄建设方面具有强大的经济投入实力，促使基础设施及社会公共事业建设都得到快速发展。包括幼儿园、小学、医院、商业街、农贸市场、休闲公园等的系列配套工程，以及图书馆、健身房、棋牌室、歌舞厅、篮球场、文化广场和影剧院等文化体育设施和社区服务中心一应俱全。新农村建设中，永联村为村民建设现代新村，改善了居住条件又节约了土地。在不断发展的过程中利用产业优势大力解决村民就业，创办了多家劳动密集型企业，有效吸纳了村里剩余劳动力。同时，通过建设工业园区和生产厂房出租给私人业主获取租金收入，利用充分的外来劳动力条件，鼓励和引导村民发展餐饮、卫生、娱乐、房屋出租等服务业。

永联村最值得推介的发展经验不仅仅是工业兴村，更是以工业反哺农业，强化农业产业化经营，以及可耕地的全部流转和土地的集约化经营。其中"永联苗木公司"的建立和经营获得了巨大的经济和社会效益，既扩大了农民就业渠道，又增加了农民收入，且苗木基地绿色防护和生态功能显著。同时建立高效农业示范区、设立农业发展基金、提供农业项目启动资金、补助特色养殖业等措施，也极大地促进高效农业发展。

永联村是工业振兴乡村的典型代表，其乡村振兴的基本思路和发展措施主要体现在以下几点：首先，村企合一的发展思路为乡村振兴奠定了坚实的经济基础，即通过发展钢铁工业极大地壮大了集体经济；其次，工业反哺农业的措施手段为乡村振兴开辟了新的发展路径，即通过建设规模化、集约化、现代化的农业园区，解决了村民的就业问题，村民的社会保障也得到了保证；再次，大力开展村庄建设是乡村振兴全面推进的标志，即利用发展工业的资本积累支持村庄建设，改善村庄的人居环境，完善了公共服务体系；最后，科学的决策和规划为乡村振兴提供了保障，即村企重大项目统一决策和规划，村企资源统一共享，村企干部统一调配使用、报酬待遇统一考核发放等措施实现了治理有效的目标。

4.1.2 高科技产业振兴乡村

20世纪后期，日本出现经济停滞甚至衰退，社会老龄化加剧，年轻人口流失。地处偏远山区的神山町，在人口过度减少问题日益严重的背景下，顺应科技革命的大趋势，以优势的光纤网络基础设施吸引了高技术人才以及高科技产业的转移，实现了高科技产业支撑的乡村振兴。

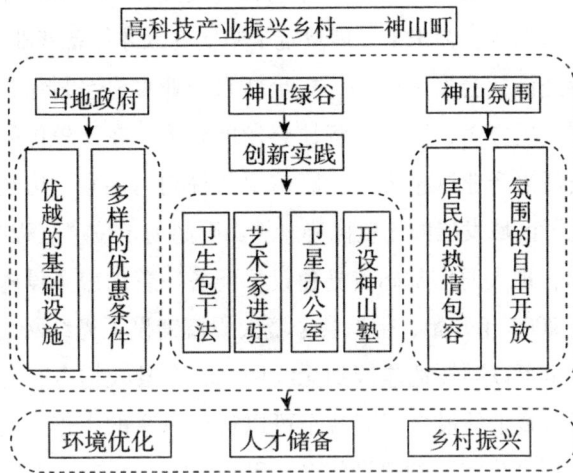

图4-2 高科技振兴乡村模式

神山町的乡村振兴具有其独特性和借鉴意义，在顺应互联网经济发展的背景下，各方力量的共同努力，发展理念具有一定的前瞻性、国际性和多元性，包括政府、社会团体以及当地民众在内的多方通力合作，共同促成了偏远山区的跨越式进步。通过梳理神山町的发展过程，我们可以总结出以下几点经验启示：

第一，准确深刻地剖析了乡村发展的薄弱之处和制约因素。神山町位于日本德岛县东北部。一方面，该区域自然条件一般，地势不平整，陡坡较多，建筑零散，发展受限。早期，神山町通过林业发展获得短暂的繁荣，但随着木材价格走低重新陷入低谷。另一方面，神山町人口稀少，尤其是发展不景气导致年轻人口流失严重，是一个备受少子化和老龄化困扰的山区，进一步加大了发展阻力。同时，当地并没有具备发展潜力的自然及人文资源，乡村振兴困难重重。基于人口结构和资源禀赋存在的问题，神山町准确识别发展瓶颈，跳出资源约束，以吸引人才、改善人口结构和人才结构为根本推进乡村振兴，取得了显著的成绩。首先，以较低的生活成本吸引外来人口，包括廉价房屋租金和装修费；其次，社会公益组织为移居者和艺术家提供帮助、对空置房屋再利用，并开展人才培养、道路清扫等工作；再次，开展艺术家进驻项目，提供便利让国内外艺术家们在此开展创作活动，吸引艺术家来到神山，用新的想法与创意，孕育并留下新的作品；最后，卫星办公室实现远程办公，吸引高科技人才的入驻。通过努力，神山町吸引了大量年轻人和科技人才的到来，克服了资源禀赋约束，优化了人口结构，为未来发展奠定了坚实的人才储备基础。

第二，洞悉经济社会发展趋势，立足新兴产业推进乡村振兴。神山町的崛起在于准确把握发展方向，洞悉经济社会发展趋势，在比较优势不显著的情况下，紧盯高科技新兴产业这个方向，跨越了各种制约因素，构建了一个未来社会的模板，造就了区域发展的比较优势。神山町超前定位"远程办公""卫星办公室"发展方向，加大通信基础设施建设，配备完善的服务设施，吸引产业和人才的到来。从 2005 年开始，德岛县全境大规模铺设了光纤网络，包括神山町这样的小农村，也可以顺畅地连接到无线网络，全县人均占有的光纤长度排到了全国第一，当地宽带的最高网速甚至可以达到东京的十倍。高配置的通信基础设施以及"卫星办公室"的建设使得远程办公成为可能，对 IT 产业尤其是影像制作产业等高新技术类公司极具吸引力。

第三，多方力量共同作用，促进乡村振兴稳步向前。神山町发展的多方力量包括政府、社会组织和当地民众三个主体。其中，政府充分发挥服务功能，配置基础设施和优惠条件。如大规模铺设光纤网，使神山町拥有日本首屈一指的通信基础设施，同时，德岛县政府出面与东京、大阪的风险投资企业洽谈，提供各种优惠条件，为卫星办公室招商，等等。在神山町的成功中发挥重要作用的是社会团体"绿谷"的创新实践。绿谷是一个以"开放和自由"为特质的公益组织，也是缔造神山奇迹的原动力，它本着"让日本的乡村华丽变身"的使命，从细节入手，开展了许多卓有成效的创新实践项目，如"卫星办公室""神山艺术家进驻项目""开设神山塾"等均取得巨大成功，引领了神山町的快速发展，该组织为移居者和艺术家提供各种帮助，开展空置房屋再利用、人才培养、道路清扫等工作。当地居民开放包容的态度也是神山町振兴发展的重要因素之一。神山町具有独特的"接待文化"，对于每一个移居者，当地居民都会慷慨地给予他们帮助，热情的接待、交流和对外来人员的认可，让每一个移居者都有归属感。

第四，创新思路促进发展环境的全面优化。自由、开放、包容的"神山氛围"对世界打开大门，接纳各种各样的人。为此，神山町从自然环境、文化环境、工作和学习环境方面打造属于自己的世界形象。首先，开展卫生包干项目，即社会团体和沿路居民分区域开展承包打扫工作，并依次扩展到道路、公园、河流等，逐渐培养村民良好的环境意识和习惯，神山町的环境品质不断提升。其次，启动艺术家进驻项目，即招募国内外艺术家们的到来，在神山町开展创作活动，让他们自由地与当地居民交流，创造并留下新的作品。艺术家进驻项目的实践使得神山逐渐走向国际舞台，拥有国际文化艺术氛围，符合神山倡导的国际交流的目的，也为神山吸引更多富有创造力的年轻人才。最后，开展工作进驻项目，形成卫星办公室，尝试新的、高效的工作方式。卫星办公室是在不断实践在任何地方能否办公的工作方式，并不断试验如何提高工作效率，为高效的远程办公开创了很好的先例。同时，开设神山塾，针对无法领取就业保险的求职者办讲座、策划活动，以使他们掌握自立的本领和技能，并通过培训，使得参加培训的年轻人明确了自己的目标，积累了相关经验，完成学习后可进行自主创业或者找到一份自己喜爱的工作，这也给神山町的未来注入了不可估量的活力。

综上所述，在远程办公技术兴起的大背景下，政府积极为神山的转型创设了优越的基础设施及多样的优惠政策。而神山居民的开放与包容，绿谷多样的创新与尝试，为神山创造性人才的储备奠定了重要的基础。在多方的摸索和实践中，神山渐渐成了未来社会的模样，艺术家的创作给村庄带来了创意与活力，卫星办公室的入驻引发了移居和投资的热潮，梦想和热情在神山扎根破土，每个村民都在自己的目标中，走出了人生的新方向。

4.1.3 旅游业助力振兴乡村

随着乡村旅游业在农村区域的兴起，很多地方依托资源禀赋，包括对独具特色的自然资源、丰富灿烂的文化遗产等关键要素的开发和利用，不断推出丰富多彩的旅游项目和旅游产品，乡村振兴取得了迅速的发展和巨大的成功。乡村旅游业不仅给当地政府增加了财政收入，也为村民带来实实在在的就业机会，是一条行之有效的乡村振兴之路。在旅游业助力乡村振兴的实践过程中，产业规模化和产品多样化的特征逐步显现，其中有许多值得借鉴的发展思路和操作逻辑。

安徽宏村被誉为中国顶级美丽乡村，它位于黄山风景区附近，是古徽州历史遗存的村落。由于具备天然的独具特色的文化旅游禀赋，作为世界遗产的宏村本身极具吸引力，同时，对文旅资源的有效保护和合理开发推广，使得其成为国宝级的乡村旅游项目。

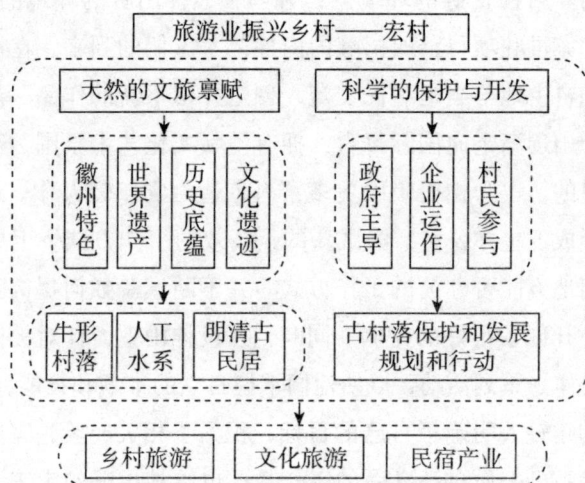

图4-3 旅游业振兴乡村模式

宏村的成名来自老祖宗的馈赠，历史底蕴和文化遗迹的完美结合，构建出具备徽州特色的世界遗产。古宏村人开"仿生学"之先河，规划并建造了堪称"中华一绝"的牛形村落和人工水系，其选址、布局以及美景都和水有关联，是一座经过严谨规划的古村落。村落中的水系设计，不仅为村民生产、生活用水和消防用水提供了方便，而且调节了气温和环境。同时，宏村现保存完好的明清古民居有140余幢，有民间故宫之称的"承志堂"，有特色鲜明的层楼叠院，有保持历史温度的街道走廊，一砖一瓦都保持着最原始的古村落状态。村内村外人文景观与湖光山色交相辉映，为旅游开发提供了极佳的天然禀赋。

宏村的成功则来自对天然禀赋的准确识别和有效开发。首先，在乡村旅游发展迅速的大背景下，宏村的文旅资源具有巨大的开发潜力，是旅游业不可多得的天然禀赋，准确识别被低估的村落资源是成功的第一步；其次，对于具有历史沉淀的文旅资源，比开发更重要的是保护，宏村对宝贵的文旅资源的态度首先是科学的保护和修复，在"政府主导、企业运作和村民参与"的操作方式下，开展了古村落的保护、修葺和整治行动，取得了良好的效果，也为后期的旅游开发奠定了基础；再次，在保留最原始的历史遗迹的基础上，宏村启动了一系列发展规划，保护与开发并行，保护核心区域，开发周边区域，大力发展乡村旅游、文化旅游和民宿产业，成绩显著。

4.1.4 高效农业推进乡村振兴

乡村振兴的实践中也不乏有依靠农业发展获得成功的案例，但是众所周知，传统农业发展具有生产周期长、回报率较低的特征，因此，它并不是促进乡村振兴的有效路径。随着农业生产技术的不断提升，现代化高效农业成为很多地区促进发展的选项之一，尤其是适宜农业发展的农作物主产区，自然条件较好，人均耕地资源丰富，农田水利等农业基础设施相对完善，农产品商品化率和农业机械化水平高，具有高效农业发展天然优势，也能够通过高效农业发展促进乡村振兴。

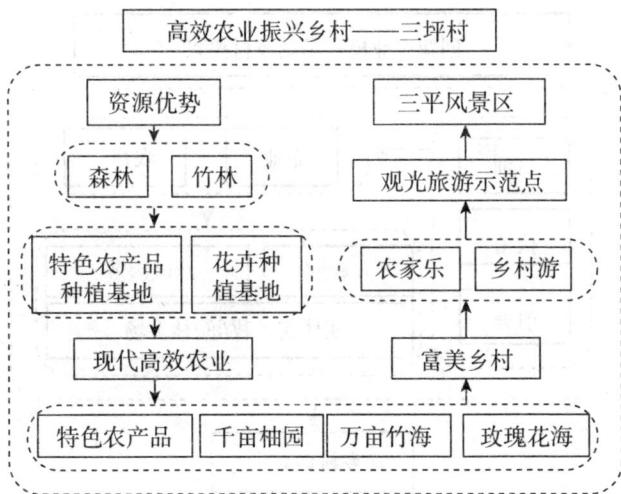

图4-4 高效农业振兴乡村模式

福建省漳州市平和县三坪村就是一个高效农业促进乡村振兴的成功案例。三坪村并不是传统意义上的农业优势区域，耕地资源少，自然禀赋优势主要表现在山地较多，森林和竹林资源丰富等方面。该村的成功之处在于能够充分发挥自身优势：一方面，打造山地适宜性种植业，如毛竹、蜜橘等品种，并进行林药间种，建立金线莲、铁皮石斛、蕨菜种植基地；另一方面，以玫瑰园建设带动花卉产业发展，建立现代高效农业基地。在基础性种植业发展的基础上，出产特色农产品，并建立千亩柚园、万亩竹海、玫瑰花海等特色观光旅游点，将现代高效农业与乡村旅游业有机结合。

在高效农业和旅游产业并行发展的过程中，三坪村不忘改善当地村民居住环境，打造乡村生态文明，提升环境品位，实施"美丽乡村建设"工程，这不仅有利于吸引游客，更为当地村民提供了优良的生活环境。同时，三坪村是国家 AAAA 级风景区——三平风景区的所在地，借助景区的影响力和辐射力，三坪村的发展潜力巨大，也具备了吸纳、转移、承载三平风景区游客的能力。

4.1.5　创新产业模式带动乡村振兴

近年来，电子商务、"互联网＋"等新业态的兴起和迅速发展，也为乡村振兴开辟了发展路径，它不仅使得传统农业高度商业化成为可能，同时也将乡村和城市这两个差异悬殊、相对独立的区域通过网络紧密地联系起来。一方面，

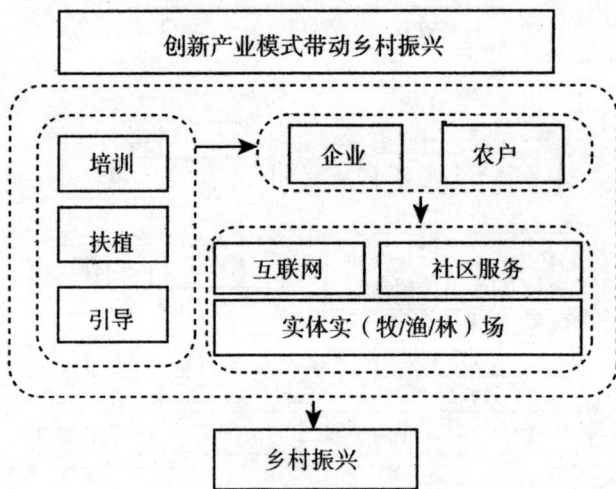

图 4-5　创新产业振兴乡村模式

创新产业模式为乡村旅游、乡村农产品打开了更广阔的市场，促进了当地村民就业，带动了农村经济发展，改善了乡村基础设施，大幅度提升了村庄面貌。另一方面，城市居民通过互联网更加直接地获取了绿色健康的农产品，也便捷地获取和掌握乡村旅游、康养等信息，让乡村更加直观地被广大消费者所熟悉，打通了乡村快速发展的通道。但是，这种乡村振兴模式适合具有一定基础和发

展条件的乡村，比如邻近主要城市的郊区，村庄信息相对畅通，受城市影响较大，村民整体素质相对偏高，对新事物容易接受。

创新产业模式带动乡村振兴的常见思路是通过专业的培训、扶植和引导，帮助有基础的乡村建立"互联网＋农业"的创新模式，形成商业发展闭环产业链。其中"企业＋农户"是比较常见的形式，即通过互联网企业将乡村的土地、农产品、休闲农业资源整合起来，在实体农场和社区服务的基础上，打造优质特色的产品，通过互联网技术传递给全国各地消费者，再通过网络技术把全国各地的消费需求进行整合，反馈给乡村和农户，以销定产。这种形式将供给和需求有效对接起来，既保证了农产品的销路，减少了滞销的风险，也给消费者带来满足既定需求的产品。这种发展模式符合国家数字乡村发展战略，具有一定的创新性和推广意义。

4.2 三产融合型乡村

三产融合型乡村振兴模式对自然禀赋和比较优势具有一定的要求，主要强调通过挖掘和利用当地的自然生态、文化等方面的资源和优势，打造核心主题产业，以此为中心布局建设包括第一产业、第二产业与第三产业各相关门类，如配建农产品加工区、农产品仓储区以及综合配套服务区，形成村庄景区化、农业园区化、村民产业工人化的转变，形成具有鲜明特色的三产融合发展的理想模式，从而实现乡村振兴。这种模式主要适用于规模相对较大、具有发展潜力的乡村。

4.2.1 三产联动振兴乡村

浙江省湖州市安吉县鲁家村的乡村振兴突破时点是2011年，以创建中国美丽乡村精品示范村为目标，鲁家村开始大力建设基础配套设施，完善乡村各项功能，成功打造了家庭农场集群模式，成为全国首批示范性田园综合体项目之一。鲁家村以自身的不断实践为中国乡村振兴之路提供了最前沿的思路和方向。

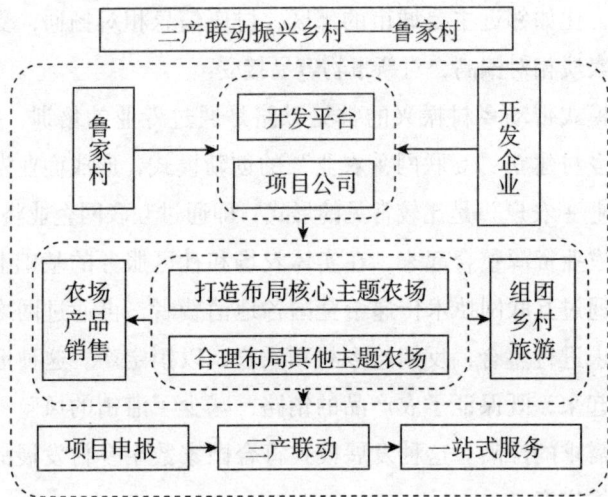

图 4 – 6　三产联动振兴乡村模式

鲁家村作为三产联动振兴乡村的典型代表，其"主题农场集聚区"模式取得了巨大的成功。发展过程中村委会与开发企业扮演了重要主体作用，即两大主体建立合作关系，构建开发平台，成立项目公司，科学化开展鲁家村各类产业和开发项目的策划、推进和管理。在此基础上，打造乡村旅游主题产品以及核心主题农场，并从功能分区的角度出发合理布局其他主题农场，充分流转土地，统一营销推广，诚邀商业加盟，形成独具特色的乡村旅游产业。同时发展农场特色产品生产、加工和销售，促进一产和二产的联动，解决农民就业问题、社会保障问题与村庄人居环境建设问题，从而形成了三产联动促进的乡村振兴模式。鲁家村的发展对其他地区乡村振兴具有以下启示，值得借鉴。

第一，规划先行，科学管理。鲁家村启动乡村振兴之初，就深刻认识到发展定位和规划设计的重要性，在统一规划的基础上，设计了差异定位的 18 家主题农场，为乡村发展勾勒出独具特色的蓝图。同时，为打造高端的"主题农场集聚区"，建设美丽乡村，发展家庭农场，鲁家村与高端专业团队、开发公司、旅游企业深度合作，按照 4A 级景区标准对全村进行规划设计，根据区域功能划分，量身定制，分别以野山茶、特种野山羊、蔬菜果园、绿化苗木、药材等产业为主，并设计了环村观光线，将分散的农场串点成线，使之成为一个整体。村委会和企业协议构建的开发平台与项目公司也持续性地对乡村振兴过程进行动态管理，科学的管理也是鲁家村乡村振兴的重要因素。

第二，资源整合，优势利用。鲁家村的乡村振兴有效地整合了各类资源，人才和创新方面通过高薪聘请专业团队，建立平台吸引管理人才的方式，资金方面采取众筹的方式，引入外部资本对农场进行项目投资和运营管理，借助社会化的力量，突破了乡村发展在人才、资金和创新等方面的瓶颈。同时，发展过程中能够充分利用当地的自然禀赋，如地势平坦、土地集中、基础设施较好等均适宜发展乡村旅游，资源条件为家庭农场集群的打造奠定了良好的基础。

第三，创新运营，合理配套。鲁家村采用"公司＋村＋家庭农场"的创新运营模式，各主体分工协作，除旅游产品创新打造、营销宣传和接待服务等基本任务以外，还为鲁家村民、村干部、创业者、就业者提供乡村旅游方面的培训。同时，鲁家村建立了一套完整的利益分配机制，使得村集体、旅游公司、家庭农场主和村民都能从中获得相应的收益，调动了各方的积极性。此外，鲁家村更加注重生态圈的建设，主题农场周围分布着村民自主经营的农家乐、民宿、农副产品销售点，为农场提供配套服务。

4.2.2 "康养＋农业"的乡村实践

成都多利桃花源是一个值得学习的经典的产业融合类项目。基于对大城市郊区度假需求和养老市场的认识和洞察，选择具有优势的地段市场，投资兴建新型农村度假康养基地，是一个既能够满足市场需求又能有效促进产业融合、乡村振兴的项目。不论是发展定位还是发展过程，都有许多值得借鉴之处。

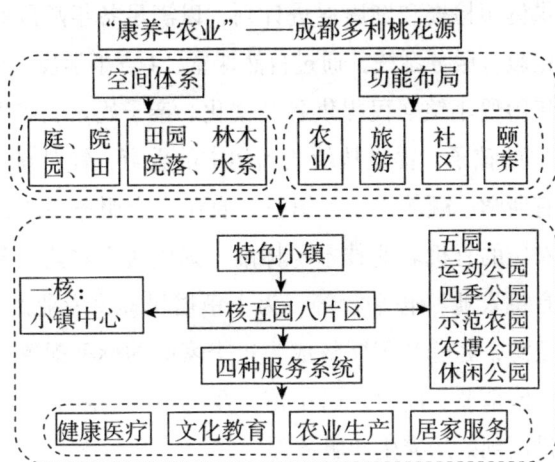

图4-7 产业融合振兴乡村模式

　　一方面，定位多元，空间内容丰富，发展前景良好。多利桃花源位于成都市郫都区红光镇白云村，此处地势平坦，土地肥沃，它是依托专业的科技农业从而衍生出的新型农业社区小镇。作为田园综合体聚落中的示范项目，多利桃花源具有定位多元化、空间内容丰富的特征，发展前景良好。首先，坚持农业农村农民发展的原则，以绿色有机农业为本底，持续投入资金大力发展有机农业和智慧农业，并利用新媒体等形式推广有机蔬菜品牌，通过线上线下的双重渠道促进农业增收，不断发展和壮大现代农业产业；其次，针对城市人口对休闲旅游的需求，在科技农业发展的基础上，结合小镇当地特色自然资源、区位条件、历史民俗和文化积淀，针对不同的群体，推出了不同主题的旅游活动，整合体验、运动、娱乐、民宿等业态资源，聚集形成休闲度假目的地；再次，针对城市人口对田园度假的需求，多利桃花源打造了独具特色的乡村酒店及层次丰富的绿色景观，由田园、林木、院落、水系组成的社区院落化田园生态结构，让人们拥有"舍、庭、院、园、田"的雅居生活；最后，针对大城市人口对养老的需求，多利桃花源构建了老年颐养生活体系。

　　另一方面，功能齐全，多产业融合，服务系统全面。多利桃花源具备农业、旅游、社区、颐养等多项功能，实现了乡村振兴中的多产业融合和互补，尤其是第一产业和第三产业的完美结合激发出乡村发展的无限潜力。同时，多利桃花源建立了四种完备的服务系统，为产业发展、当地居民以及外来消费者提供良好的服务：第一，健康医疗服务系统，为每一个入住者建立完备的家庭健康档案，并定期提供健康检查和健康促进计划，以满足各年龄段业主的健康护理需求；第二，文化教育服务系统，通过自然课堂、4点半学校、动物牧场、颐乐学院等平台为全年龄段小镇居民提供各类文化、亲子娱乐、养生休闲服务。针对小镇里 0~16 岁的孩子，提供从幼儿到初中的教育，针对 60 岁以上的老人，可以在小镇里老有所学，颐养天年；第三，农业生产服务系统，居家生活服务系统，依托多利农庄的有机农业技术与标准，提供居家农艺服务，搭建农夫市集、农业硅谷、有机农业科普平台等，为小镇居民提供专业的农业顾问服务；第四，在多利桃花源，庭院和田园将成为每个家庭的标准配置，极大满足目标客群诗意栖居的田园情节。同时，以小镇、业主餐厅、慢生活街区等配套为每一位小镇居民提供周到的居家生活服务。

　　同时，多利桃花源以乡村振兴为引领，带动附近村民致富创收。在社区建立的基础上，进行多种基础配套，包括公共医疗、通信网络、文化、卫生、体育和教育等，引导农民回乡发展。除了民生改善，通过多元化的产业链接机制，让农民获得各种新收益：一是以农地经营权出租人的身份获取土地流转收益；二是以合作社股东身份获取的合作社利润分红；三是以产业工人身份获得的劳动报酬；四是出租安置新区房子，以房东身份获得的租金收益；五是以农业创客身份获得的创业收益。

4.3 生态环保型乡村

乡村振兴既包括对产业发展的要求，也包括对生态文明的要求。"生态宜居"强调良好的生态环境是农村的最大优势和宝贵财富，主张推动乡村自然资本的保护和增值。乡村振兴实践中，很多生态优美、环境污染少的地区，利用其自然条件良好、水资源和森林资源丰富等优势，致力于传统的田园风光和乡村特色的打造，突出生态环境优越性，尝试把生态环境优势变为经济优势，发展潜力大，尤其适宜发展生态旅游。也有些地方扎扎实实地实施农村人居环境整治，推进农村"厕所革命"，完善农村生态设施，提升村民生活便捷度和舒适度，在"生态宜居"方面下功夫等等。这些乡村实践本着"尊重自然、顺应自然、保护自然"的理念，不断促进"乡村美丽"和"乡村富裕"的统一。

4.3.1 生态立村振兴乡村

高家堂村位于全国首个环境优美乡——浙江省安吉县山川乡境内，是一个竹林资源丰富、自然环境保护良好的浙北山区村。高家堂村在保护生态环境的基础上，充分利用环境优势，把生态环境优势转变为经济优势，以生态农业、生态旅游为特色发展生态经济，很好地诠释了"生态立村"的基本理念。

高家堂村实现了自然生态与美丽乡村的完美结合。一方面，利用当地自然生态优势，即丰富的竹资源，积极鼓励农户进行竹林培育、竹类产品开发、竹林生态养殖、开办农家乐、开展竹生态观光等活动，打造内容丰富的竹产业；另一方面，利用环境优势开展美丽乡村建设，先是投资修建了环境水库——仙龙湖，对生态公益林水源涵养起到了很大的作用，随后配套建设了休闲健身公园、观景亭、生态文化长廊等，为休闲旅游业奠定了基础。高家堂村"生态立村"的理念和发展实践值得我们借鉴。

```
                  ┌──────────────────────┐
                  │  生态立村——高家堂村  │
                  └──────────────────────┘
        ┌─────────────────────────────────────────────┐
        │   ┌──────────┐            ┌──────────┐      │
        │   │ 自然生态 │◄──────────►│ 美丽乡村 │      │
        │   └──────────┘            └──────────┘      │
        │        ▼                        ▼           │
        │   ┌──────────┐   ┌──────┬──────┬──────┬──────┐
        │   │竹资源丰富│   │环境  │休闲  │观景  │文化  │
        │   └──────────┘   │水库  │公园  │亭    │长廊  │
        │  ┌────┬────┬────┐└──────┴──────┴──────┴──────┘
        │  │竹生态│竹林│竹产品│                         │
        │  │观光 │养鸡│开发 │                          │
        │  └────┴────┴────┘                            │
        │        ▼                        ▼           │
        │   ┌──────────┐            ┌──────────┐      │
        │   │打造竹产业│            │ 休闲旅游 │      │
        │   └──────────┘            └──────────┘      │
        └─────────────────────────────────────────────┘
                         ▼
                  ┌──────────────┐
                  │  生态经济村  │
                  └──────────────┘
```

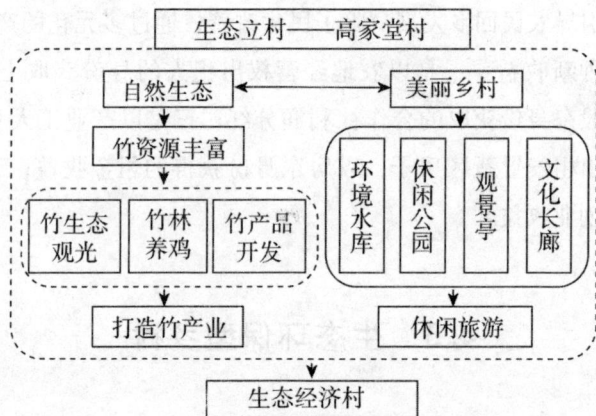

图 4-8　生态文明振兴乡村模式

第一，生态经济促进乡村振兴的特色鲜明。高家堂村山林资源和水田资源比较丰富，其中，竹资源优势成为高家堂村的立村之本。围绕"生态立村—生态经济村"这一核心，高家堂村发展形成了生态型观光型高效竹林基地、竹林鸡规模养殖和富有浓厚乡村气息的农家生态旅游等生态经济，成为经济增长支柱。同时，高家堂村着力开展竹产品开发，将竹材应用到住宅的建筑和装修中，开发竹围廊、竹地板、竹栏栅等产品，取得了一定的效益。在生态经济发展过程中，高家堂村注重科学规划，聘请专业团队进行设计，把乡村现有产业通过节点串联，形成了"一园一谷一湖一街一中心"的休闲产业带，将生态经济的效果充分发挥出来，特色鲜明。

第二，提升村容村貌打造生态文明良好形象。高家堂村以生态经济为基础，在建设生态文明休闲旅游设施的同时，也强调和注重村庄的建设规划，一方面主要开展了村庄房屋改造和道路建设，主要包括对农户房屋立面改造及庭院改造，结合村庄整体建设，将其融入山水风情；完成了村庄主要干道柏油硬化工程，并建成开通村庄旅游环线 3 公里。另一方面，大力提升村容村貌，强调村容整洁，注重生态文明建设。全村积极保护生态环境，保持生态原貌与建设的融合；分类建设污水处理池，集中处理生活污水；开展厕所革命，实现全村卫生厕所覆盖率100%；实行垃圾按户收集后分类管理，进一步提升环境质量。

4.3.2 环境保护振兴乡村

生态环保型乡村振兴还有一种更为纯粹的模式，即在不具备生态优势的条件下，完全注重农村环境的综合整治，促进绿色、清洁和循环发展，提倡环保的生产和生活方式，优化村容村貌，建立"生态宜居"的乡村，进而吸引农民返乡或产业投资。

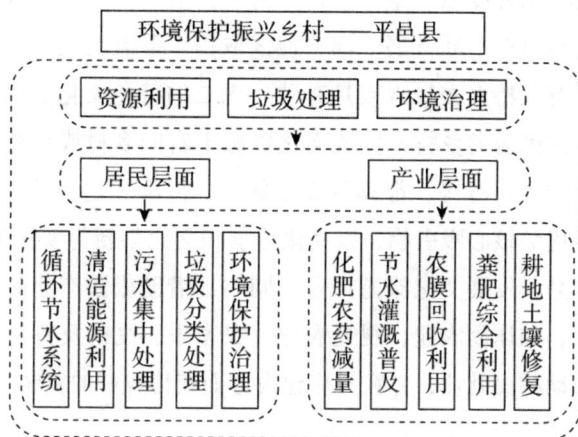

图4-9 环境保护振兴乡村模式

环境保护型乡村振兴模式一般考虑从农业生产（产业端）和农村生活（居民端）两个方面来关注三个主要问题，即资源利用、垃圾处理和环境整治。山东省平邑县在这种模式上进行了实践。

农村居民生活方面：一是注重水资源保护、环境和流域治理以及清洁能源利用，如科学建立管网系统和循环利用装置，充分利用电能、太阳能和生物能等，改造传统能源利用设施；二是注重生活垃圾的科学处理和循环利用，如开展"厕所革命"，建立标准化污水处理厂集中处理污水，实行垃圾分类和无害化处理等。

农业生产方面：一是化肥、农药使用的减量化，提高利用效率；二是推广和普及喷灌、滴灌等节水灌溉方式，配备相应的水利设施；三是注重农膜的回收处理和循环利用；四是提高畜禽粪污的治理能力，实现秸秆"五料化"；五是防止耕地污染，加大耕地修复，提高土壤肥力等。

4.4 文化振兴型乡村

乡村振兴对"乡风""文化"的发展也提出要求，培育文明乡风、良好家风、淳朴民风，传承优良的传统文化、弘扬现代文明、培养创新意识等等，对于提高乡村社会文明程度意义重大，是乡村振兴的人文因素。以文化为基础开展乡村振兴的实践也在不断开展，部分地区取得了显著的成效。文化振兴型乡村往往分布在具有独特人文景观或具有独一无二的特色文化资源的区域，如古村落、古建筑、古民居类乡村，传统文化资源丰富的乡村或具有优秀民俗文化以及非物质文化的乡村等等，都具备文化展示、传承和创新潜力大的特点。此类乡村通常凭借优势核心吸引物，以文化传承和文化创新为乡村振兴的原动力，进而开发文化产品，发展文化旅游产业。同时，借助旅游产业的带动作用，发展周边相关产业，如休闲农业、观光农业、农家乐、民宿及特色文化产品销售业等等，进而带动村民就业，并在村庄建设方面获得较好的发展。

4.4.1 文化传承振兴乡村

平乐村隶属河南省洛阳市孟津县平乐镇，地处汉魏故城遗址，文化底蕴深厚。平乐村的乡村振兴主要依托于其所拥有的三大特色传统文化，即农民牡丹画创作文化、平乐水席和平乐郭氏正骨。其中，凭借着洛阳牡丹的名气与影响力，平乐村农民牡丹绘画产业发展迅速、势头良好，吸引了大量牡丹画爱好者及其他游客，是当地的基础性文化产业。随着乡村振兴不断推进，将牡丹绘画、平乐水席、乡村旅游融合为一体的平乐村，现在已成为旅游观光的胜地，其发展模式为乡村以文化产业振兴经济提供了借鉴。

第一，充分挖掘文化资源，利用文化优势发展产业。平乐村自古就有种植牡丹花、牡丹绘画的传统和风尚。随着洛阳牡丹文化影响力的不断提升，平乐村充分发挥了村民人人都会画牡丹的优势，逐渐形成了以农民画师为主的牡丹画创作队伍，并在牡丹画创作具有一定的规模后，开始加强整体规划，建设平乐牡丹画创意园区和产业园区，打造集培训、绘画、装裱、销售、接待、外联于一体的产业链。牡丹画产业实行市场化运作，采取"公司＋园区＋画师"的经营管理模式，人才和创意创作实施标准化，绘画作品呈现规模效应，画作销售市场不断扩大。在牡丹画产业不断壮大的过程中，平乐村开始挖掘"平乐水席"和"郭氏正骨"这两大文化遗产，致力于提高"平乐水席"的品牌质量，成立"平乐水席"服务协会，提高从业人员服务品质，扩展服务辐射范围，打造了"平乐水席"特色品牌。同时，利用"平乐郭氏正骨"的悠久历史和中医药影响力，向外推广平乐村，吸引有需求的游客和外来人口。在文化产业发展的基础上，平乐村大力推进文化旅游和乡村旅游，形成较为完整的乡村产业体系。游客可以现场观赏牡丹，观看农民画师作画，参观牡丹画装裱过程，观看平乐民间艺人印章篆刻艺术表演，也可以现场购买画作和印章，品尝平乐水席，平乐村的发展潜力不断被挖掘。

第二，借助周边旅游胜地的辐射作用打开更为广阔的旅游市场，文化旅游产业发展促进村民就业和村庄建设。平乐村利用周边白马寺等旅游胜地的影响力和辐射力，加大宣传，吸引了更多的游客前来旅游，同时积极开展牡丹画文化交流活动和会议会展，让更多的人认识和熟悉平乐村和它的文化特色。以牡丹画产业发展为龙头，不断扩大的乡村旅游产业规模和完善的乡村产业体系解决了村民的就业问题，并带动了村民致富，为乡村人居环境建设和改善提供了资金支持，独特的文化传承型乡村振兴模式取得了巨大成功。

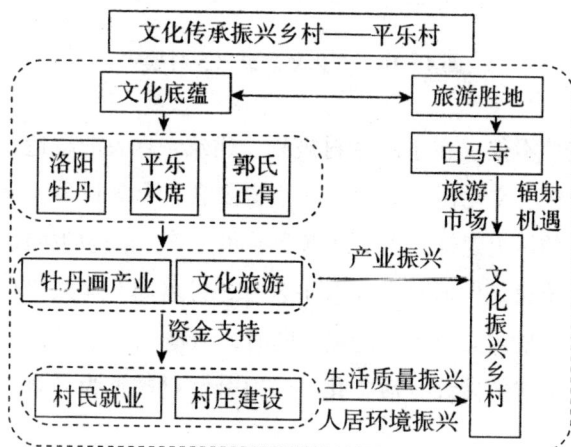

图4-9 文化传承振兴乡村模式

4.4.2　文化复兴振兴乡村

国外也有许多关于文化乡村的案例值得我们学习，日本的合掌村就是其中之一。文化代表了一个乡村的生长、发展的灵魂，主要包括民俗文化、历史文化和传统乡土文化，文化乡村非常具备改造和振兴的价值。合掌村在文化传承和振兴乡村方面实施了很多有效措施，成功被列为世界文化遗产。

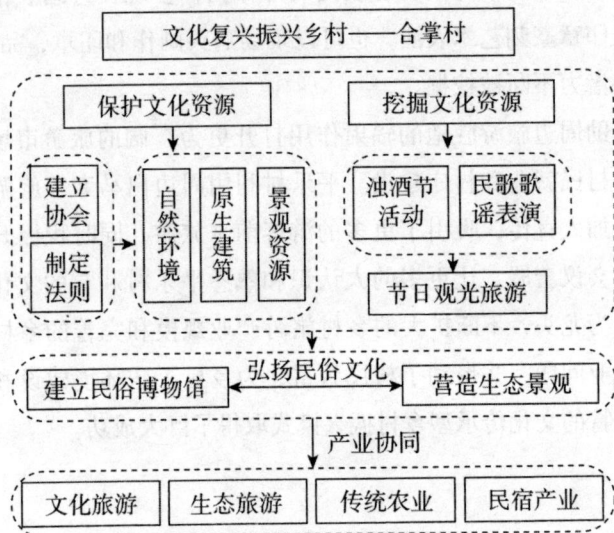

图4-10　文化复兴振兴乡村模式

合掌村的成功不仅仅在于对乡村规划、建筑、景观的改造，更是关注了当地居民、生活习俗、文化传统等关键的历史要素。合掌村最为外界所津津乐道的是其独具特色的历史建筑，为了抵御严冬和大雪，早期的村民创造了有60度急斜面屋顶的传统建筑，形状有如双手合掌，村名因此而来，合掌屋也被称为最合理、最理性、最天人合一的建筑。同时，当地也保留了合掌造房屋的古老习俗，继承了互助式的传统生活文化，使得合掌村被誉为日本传统风味十足的美丽乡村。

合掌村在文化遗产保护和传承上具有世界领先水平，沿袭并创造出一系列独特的乡土文化保护措施。当地居民为保护家乡的原生建筑、地域文化和生态环境付出了巨大的努力，他们通过成立保护协会，制定《住民宪法》《景观保护基准》等，一是规定了严格的保护措施，二是制定了开发改造的具体要求，让乡村在保护的基础上被合理开发利用，保证了乡村整体建筑风貌和景观环境一直保存完好。同时，对移居者的空房屋进行规划设计，建设成为展现当地古老农业生产和生活用具的民俗博物馆，很好地保存了历史遗迹。

合掌村一方面挖掘传统民俗文化，大力发展文化旅游，另一方面对农业生产也没有放松，着力生产特色农产品，发展农业观光和体验式旅游，这两者的有机结合极大地促进了产业融合发展。为增加旅游的项目，合掌村从传统文化中寻找具有本地乡土特色的内容，如：以祈求神来保护村庄、道路安全为题材的"浊酒节"，富有当地传统特色的民歌歌谣表演，都成为文化旅游的切入点，成为吸引游客观赏的重要内容。同时，当地的农业生产项目也被打造为旅游区中的观光点，农产品也可以就地销售，为农业发展助力。此外，旅游业也带动了民宿产业的发展，为游客感受自然、感受农家生活提供了便利。

4.5 其他模式与案例

乡村振兴创新模式不仅仅包括以上所述几种，实践中还有许多其他类型值得我们学习和借鉴。乡村振兴模式的选择一方面与区域比较优势息息相关，另一方面与发展理念的创新也有重要关系，这为我们提供了模式选择的出发点和思路。

4.5.1 乡村振兴其他实践模式

除了以高效农业推进乡村发展的模式以外，我国牧业和渔业资源丰富的地区往往也会借助自身的禀赋优势，选择适合的发展模式。如内蒙古自治区的大部分牧区，草原畜牧业是其经济发展的基础产业，草原牧场型作为主要的乡村振兴模式，改变了这些牧区的落后面貌。通过整合各类建设资金、改善牧民的生产生活条件、夯实基础设施建设、科学规划布局生活区和生产区，这些牧区成为新牧区建设示范点，率先走上乡村振兴之路。再如我国沿海的传统渔业区域，通过集体鱼塘发展高附加值水产养殖，以渔业发展促进就业，增加渔民收入，并进一步发展乡村旅游业，促进三产融合，繁荣农村经济。

同时，还有一些位于大中城市近郊的乡村地区，与城市具有比较密切的经济联系和较高的产业融合度，交通便捷，公共设施和基础设施较为完善，可选择作为大中城市重要的蔬菜、蛋奶供应基地,有较高的农业集约化、规模化经营水平,土地产出率高。这些乡村能够借助城市的经济优势促进自身发展,农民收入水平相对较高,属于城郊集约型发展模式。还有一类乡村地区,区位条件好,基础设施相对完善,经济基础强,人口数比较多,村镇规模较大,居住较集中,这类乡村通常选择社会综治型模式,即利用综合优势及辐射带动作用,从产业发展、人居环境和条件、社会治理等多方面综合推进发展。此外,破除人才瓶颈制约,实现人才振兴乡村也是比较重要的一种发展模式。如山东部分乡村通过政策创新,吸引外出求学、打工、创业的年轻人回归故里,带回新的理念和技术,发展成为新型职业农民,为乡村振兴贡献力量。

4.5.2 乡村振兴与脱贫攻坚相辅相成

贫困的农村地区首先要实现脱贫的目标,进而走向乡村振兴之路,因此,脱贫攻坚与乡村振兴具有一定的接续性。为了在 2020 年实现全面脱贫的战略目标,多年来很多贫困地区创新和实践了乡村发展模式,为乡村振兴奠定了坚实的基础,这些创新模式也成为乡村振兴的有效途径。宁夏回族自治区海原县就是一个比较成功的案例。海原县地处宁夏中部干旱带,是苦瘠甲天下"西海固"地区贫困的第一县,曾经贫困发生率达 36%。为了帮助海原县走上脱贫之路,一种"贫困地区 + 帮扶企业"的脱贫攻坚模式得以创新并付诸实践。这种创新模式的成功得益于两点:一方面,准确识别了贫困地区的潜在优势。海原县为回族聚居区,养牛作为当地的一种长期传统和主要产业,是农民获得收入和农村发展的主要途径,也是该地区的比较优势。另一方面,企业对贫困地区的帮扶具有针对性。华润集团是海原县的帮扶企业,其对海原的定点帮扶聚焦在当地优势突出的肉牛养殖产业上,通过科学周密的谋划和布局,创新工作模式,建立"基础母牛银行",用赊销母牛的方式打破资源瓶颈,用回收牛犊的方式破解销售难题,将肉牛养殖产业培育成为当地最大的支柱产业,进而提高了农民收入,促进了农业农村发展。

第5章

产业兴旺——乡村振兴的动力

《中共中央国务院关于实施乡村振兴战略的意见》明确指出：乡村振兴，产业兴旺是重点。中共十九大报告中将产业兴旺作为乡村振兴的基础放在了二十字方针的首位。习近平总书记提出，实施乡村振兴战略要从"产业振兴、人才振兴、文化振兴、生态振兴、组织振兴"5个方面着手，产业振兴同样被放在首位。农业部产业政策与法规司郭永田充分肯定了乡村产业兴旺的重大意义，提出"产业兴旺为乡村振兴提供良好的生活保障，为乡村振兴提供可靠的收入来源，为乡村振兴汇聚人才和人力资源，是乡村振兴可持续发展的重要保证"。中国社会科学院任常青教授认为，产业兴旺是乡村振兴的基础和保障，是农村经济增长的源泉。综合国家高层的政策导向和各级专家学者的观点，不难看出，产业兴旺对实现乡村振兴至关重要、意义非凡。

乡村要振兴，人民生活水平、生活质量要再上新台阶，粮食安全不容忽视，更优质、更安全、更健康的高品质农产品不可或缺，农民追求美好生活的迫切需求和强烈愿望必须重视，农业的基础性地位不能有丝毫松懈，农村政治、经济、社会、文化和生态文明建设缺一不可，而这些三农工作的开展离不开农业产业的兴盛。因此，农业兴旺是乡村产业兴旺的根基。一方面，粮食安全关系国计民生和发展大局。民以食为天，我国是有着14亿人口的超级人口大国，粮食安全关系到国计民生，关系国家经济社会的稳定，中国人的饭碗任何时候都要牢牢掌握在自己手上。另一方面，乡村产业兴旺是加快农业转型升级的必然要求。当前我国乡村经济发展面临诸多问题，突出表现在农产品结构性问题严重，供过于求和供给不足同时并存，供给质量急需提高；农业小生产与大市场的矛盾突出，农民适应生产力发展和市场竞争的能力不足；农产品附加值低，深加工严重不足，农业整体效益低；农业多功能拓展不够，与二、三产业融合不深。推动乡村产业发展，有利于调整和优化农业产业结构、转变农业发展方式、加快农业转型升级，有利于推进农业市场化、产业化、规模化，有利于推动质量兴农、绿色兴农、品牌强农，有利于拓展农业多功能性、促进农村三产融合发展，有利于提供乡村全面振兴的财力保障，夯实乡村全面振兴的经济基础，更好适应和满足居民消费升级的需求，不断提高农业农村经济效益，加快向农业强国进军的步伐。同时，乡村产业兴旺是农民增加收入的主要途径。实现产业兴旺的最终目标是增加农民收入，实现生活富裕。近年来，全球经济不景气指数有增无减，尤其是本次突然爆发的新冠肺炎，更是加剧了经济的不确定性，务农收入和工资性收入不是农民增收的最可靠渠道，必须开拓新的农民增收渠道。所以，促进乡村产业发展，加快农村新产业新业态发展，可以拓宽农民就业渠道，增加农民创收机会。可以说，只有产业兴旺了，才能不断激发乡村发展活力，增强乡村振兴内生动力，实现乡村全面振兴和可持续发展。

归纳现有研究成果，要实现乡村产业兴旺，其实现路径主要包括深化农村土地产权制度改革、推动一二三产融合发展、培育新型农业经营主体及农业专业人才队伍建设、加快农业科技进步和农村信息化进程、优化农业农村经济结构、完善财政支农政策机制等。可见，农村土地制度改革、三产融合是社会各界关注的重点和焦点，本节就此展开论证。

5.1 土地制度改革和创新

土地是乡村最基本的生产资料，是农民最宝贵的资源财富，是乡村振兴的物质基础，也是推动乡村产业发展不可缺少的重要支撑。改革开放以来，农村发生了翻天覆地的变化，取得了举世瞩目的辉煌成绩，以"家庭联产承包责任制"为基础的土地制度无疑在改革开放的一段时间里带动了农村经济的繁荣发展。但是随着经济的进一步发展，这一制度也已经明显不能适应农村产业发展的新趋势。当前，世界农业规模化、现代化、科技化、信息化的趋势正在冲击着中国以"家庭"为单位的农业经济，以"家庭联产承包责任制"为基础的农村土地产权制度已经不能完全适应世界农业发展的大趋势，亟须改革与创新。因此，我们必须深化农村土地制度改革，优化农村土地资源配置，实施农村"三变"改革，在实现农民增收的同时，提高农村有限土地综合利用效率，激活土地要素潜能，促进集体资产保值增值，激发农村经济发展活力。要进一步完善承包地"三权分置"改革，坚持农民集体所有权，保护农户承包权，放活土地经营权，赋予农民对家庭承包地的占有权、使用权、流转权、收益权、担保抵押权和投资入股权；重视农村土地征收、集体经营建设用地、农村宅基地制度改革，保障农民公平分享土地增值收益；合理规划乡村发展用地，制定新增建设用地向农业新产业、新业态及农业产业化、规模化、科技化、信息化倾斜的政策，鼓励土地入股，提高农业土地综合利用效率。

5.1.1　土地制度改革在推动乡村振兴中的主要价值

一定程度上说，农村的土地制度改革有助于推动农村社会保障制度的改革与完善，实现城乡社会保障体系一体化和社会公平，有助于推动农村土地市场规范化运作，实现乡村振兴和农村经济可持续发展。

（1）土地制度改革在推动农村土地经营体制市场化、规范化运作方面功不可没

在现阶段中，我国的农村土地制度尚不完善，对政府依赖程度较严重。因此，必须有计划地推进农村土地流转市场化运营，让农村土地运营面向市场，接受市场洗礼，推动土地经营管理更加规范，通过各部门组织协调和通力合作，引导农村土地流转市场规范化运行，进一步明确农村土地制度改革与发展的方向。同时，在市场化过程中，各部门必须深入调研，明确工作职责，做好本职工作，注意提高各职能部门工作人员工作的积极性。

（2）土地制度改革在健全农村社会保障制度方面功不可没

完善的农村社会保障制度是农村土地制度改革的基础条件。从农民自身利益来看，如果放弃土地使用权，比如随着城市化进程的推进，大量农民土地被征用，这时农民会考虑到居住、生存、养老等一系列问题。为了提升农民群体的安全感，亟须采取积极措施，不断优化和完善现有的农村社会保障制度，必须重视失地农民利益，使失地农民不因失去土地而担心"幼无所依，老无所养，住无所居"，千方百计提高农民群众在土地流转过程中参与的积极性，保障农民群众在土地流转过程中利益不受损失，调动农村一部分不具备规模化、现代化、信息化、科技化生产条件的农民解放思想，将土地流转到农业种植大户、新型农业经营主体、农业科技组织中，从而使有限的土地发挥出最大的经济效应。

（3）土地制度改革是发展现代农业、实现兴村振兴的必由之路

土地制度改革要求我们进一步推进土地流转市场化规范化运作，而土地流

转有利于实施产业化经营，实现产业兴旺。产业兴旺是发展农村生产力的根本要求，是乡村振兴的重点与关键。十九大报告提出"构建现代农业产业体系""发展多种形式适度规模经营"，农村土地流转是发展规模化经营和实现农业现代化的基础，是转变农业发展方式，促进生产发展的需要，也是解决农业、农村长期发展的关键手段。只有引导和鼓励农户在自愿的前提下，采取租赁、入股等多种形式，将分散的闲置土地、小规模土地适度向种田能手、专业大户、农民合作社等新型农业经营主体集中，实行农业规模化、产业化、集约化经营，才能提高土地产出率和劳动生产率，才能促进农业产业向大规模、高品质方向发展，从而构建现代农业产业体系，实现农村产业兴旺。

土地流转还有利于农村规模化布局，实现生态宜居。为提高土地综合利用效率，土地流转规模较大的村庄一般会进行土地连片整治和农业综合项目的科学布局，这不仅改善了农村基础设施条件，同时对农村的山、水、田、林、路进行综合治理，进一步改善了村容村貌；有些土地流转项目需要实行土地增减挂钩政策，将分散的农户集中居住，重新规划居民集中区，统一规划建设住房，从而大大改善农民居住环境；土地流转还可以广泛吸纳社会资金、工商资本，大力发展休闲农业和观光农业，着力打造集生态、康养、旅游、休闲为一体的乡村旅游文化基地，推进了美丽乡村建设；通过土地流转的方式实现集约化和标准化经营管理，不仅提高土地资源的使用效率，降低土地污染，而且将在一定程度上改善农村生态环境。

土地流转进一步加快城乡一体化，实现乡风文明。土地流转吸引社会资金参与农村经济、社会、文化建设的同时，也吸引了大量企业家、技术人员、行业专家、农民工返乡创业，这不仅可以解决美丽乡村建设的资金、技术、人才等要素矛盾，而且带回了城市文明、先进的经营管理理念和价值观念，带回了各种文化元素，它们与农村文化交互融合，有助于促进乡风文明程度的提高。

土地流转有利于推动乡村治理有效。土地流转过程中，农民的维权意识会由懵懂无知到豁然开朗，这一逐渐形成并持续增强的过程，在一定程度上促进了乡村管理民主化和乡村治理科学化。突出表现在农民会将涉及农村土地产权流转问题提交村民议事会讨论决策，重视重大决策、决定的公开、公平和公正，关注自身知情权、参与权和监督权，开始通过村民监督委员会参与到土地流转、规模经营等重大决策的全程监督中；农民会对涉及土地流转、征收过程中的补偿、纠纷与矛盾问题，积极寻求民间协商、乡村调解、县级仲裁、司法保障等法律途径，这在一定程度上助推了县（市）区、乡镇、村三级土地流转纠纷调解仲裁机构等民间法律援助体系的建立，有效地推进了乡村治理更趋法制化。

土地流转有利于拓宽农民增收渠道，实现生活富裕。生活富裕是乡村振兴的落脚点。土地流转已经成为农民增收、实现生活富裕的重要途径之一。通过转包、租赁、入股等多种方式进行土地流转，增加了农民财产性收入，农民获得了土地流转租金、股权和红利等土地流转资金；通过土地流转，使得参与土地流转的农民可以从土地上解放出来，充分利用农闲时间外出务工，获取非农收入，或就近成为土地流转项目的农业产业工人，获得土地收益之外的工资收入，增加了农民工资性收入；通过土地流转，使种植大户和其他农业经营主体通过流转获取了相对集中的土地，有利于建设规模化、集约化、标准化、专业化、高效益的农业园区，提高了农业整体效益；通过土地流转，农民并未因此丧失国家的种粮直补、农资补助、水稻补贴、小麦补贴、油菜补贴等各项政策，政策补贴收入依然享受。

5.1.2　现阶段农村土地制度存在的问题分析

（1）土地产权主体不够清晰

由于我国农村长期以来实施的家庭联产承包制度，老百姓惯性认为农村土地是自己的财产。实际上，农村土地所有权一般归国家或集体所有，农民群体主要利用承包的方法来获取土地的使用权，但是这样的方式使得土地的使用权问题越来越不清晰。虽然我国在这方面有相应的政策以及法律法规要求，根据法律规定的国家所有的土地之外，其他的都是农民的集体所持有，但是这里很容易产生问题，"集体"仍旧缺乏明确的说明，甚至地方管理条例也没有对"集体"进行明确的指示，导致农民群体对土地的所有权的法律归属问题是模糊的，并没有明确的概念。这也导致农民群体在土地上的使用权以及财产权受到侵害时，无法将侵害的主体明确下来。

（2）土地承包经营权转移频繁

在传统的农民群体家庭联产承包制度中，土地的使用权与所有权其实是分离开的，并且不少的农村地区一直都是根据当地的农民群体的人口变化来对土地的使用权进行着调整，虽然这种调整方式一直都是最常使用的办法，但是却极大地损害了土地承包在经营上的稳定性的。而且，从实际角度出发，过于频繁地进行土地承包者的变更，让农民群体开始对土地的所有权产生了较大的质疑，也使得农民群体无法在承包的过程中对自己的合法权益进行保护。另外，现有的不少土地承包仍旧只是口头上的承诺，并没有书面上的承包合同，因此农民群众与当地政府之间的矛盾也逐渐严重起来。

（3）在土地的征用制度上仍旧缺乏一定的公平性

随着城市化建设不断推进，大量农村以及郊区土地被征用，但是在土地的征用问题上还是没有将农民群体的利益考量进去。一些地区，为了加快城市化进程，大量耕地被征收，少数地方补偿上强拆强征现象时有发生，甚至出现官商勾结现象，对失地农民群体只是象征性地发放了一定的补偿，某些地方政府在强制征收了农民的用地之后，又将土地高价卖给了开发商，以获取中间的暴利。

（4）农村土地流转制度不够健全完善

农村土地流转是否能够有效实施，在很久的一段时间里，都是将健全的承包关系作为核心内容，并且在这个基础条件之上进行了适当的土地使用权流转，希望借此来实现对农村土地资源的高效利用，但是在现实中的实施阶段，还是缺乏了科学合理的管理制度以及较为灵活的管理方法，因此在农村的流转问题上，是存在着许多的问题的，比如，强制性地进行土地流转，对流转的农民群体没有相应的补偿等等，暴露出农村土地的管理制度是缺乏一定的公平性的，因此这对农民的积极性带来了很大的影响，也给农村的土地管理改革带来了很大的障碍。

5.1.3 农村土地制度创新需要"四大转型"

（1）产业形态的转型

根据乡村的地域特色，可以在山水田林进行综合治理，并且建设高标准农田，让农村的每一寸土地都能够得到充分的利用，确保"田能成方，树可成林，路路相通，河渠相连，旱季能灌，涝季能排"，让土地的生产能力得到高效的提升，尤其是治理土地的污染以及退化问题，让乡村农业可以更加具有规模化、生态化；并且通过对当地的废弃工厂用地以及闲置的土地的整合治理工作，仍旧可以将部分的建设用地标记留在当地，这对满足第一、第二、第三产业的融合发展有着极大的作用。同样的，因为农村一直受到传统的观念影响，农村的最为主要的基础功能还是停留在农业生产上，各个地区在编制土地的规划上较少预留以及新增建设上的用地指标，因此这对乡村的产业转型在建设用地上产生了一定的障碍，使得转型工作有了一定的供地瓶颈，因此处理此类问题的办法，主要还是通过对土地进行整治，将土地存量进行挖掘，将布局进行优化。

（2）村庄形式的转型

过去，中国的村庄一直都有着"规模小、布局散、治理乱"的问题，这也使得我国农村的公共基础设施存在着供应不够、很难实现共享的问题，而早期为了能够发展我国农村的经济，一些乡镇的企业以及工矿用地布局零散，环境保护力度不够，致使农村的大量土地、地表水源以及地下水都受到严重的污染，生态环境恶化现象严重。此外，农村宅基地以及住房的面积虽然比较大，但是其质量问题堪忧，土坯房以及砖木结构的房屋最为普遍，而且不少的房屋所在地的地质灾害情况比较严重，对农民群体的人身安全构成了严重的威胁。

通过多年的村庄治理之后，农村土地功能更加具体，政府相关部门利用政策去引导农村产业集中发展，农民居住区域逐渐趋于集中，一定程度上综合考虑了乡村土地资源的集合利用，治理了农村污染严重的情况，改善了农村人居环境，优化了农村产业布局，帮助建设了一大批农业农村生产必需的基础设施，一定程度上减少了城乡生活环境差距。

（3）职业身份的转型

将农民群体安排在一起集中居住后，住房的环境以及条件都有了很大的改善，并且农民群众的就业情况以及整体的收入情况都有了极大的改善，集中群体进行安置处理，从某种方面来说是拉大了居住地与承包地之间的距离，让承包地的流转有了推动作用，其中一部分的农民开始转型，从生产型的农民转变成了农业类的经营主体以及农业类的雇佣工，也有些农民选择进城务工以及兼职经营农产品，还有一部分农民群体则是敏锐地抓住了乡村旅游的兴起以及农业上的电商机遇，开始经营农家乐、民宿以及乡村酒店等。自然，随着多种就业方式的转变，农民的收支结构也有了很大的转变，农业的生产就业逐渐向着兼职化、非农化发展，使得农民群众中的工资型收入以及财产型的收入明显增加。

（4）治理方式的转型

从国家政策角度来讲，土地制度创新与农民的自身利益密切相关，涉及农民居民宅基地的规划建设、对征地农民的安置补偿以及对农民群众所有的土地权属调整等，各类围绕农民重要利益的事件都是通过农民的自我治理进行民主决策。比如，在征地农民安置工作中，为了促进村落之间的发展，需要民众打破传统村落的"熟人社会"体制，鼓励农民群众勇敢地与外界接触、联姻，让过去封闭的农村局面走上开放，而这一系列的转变、改革，都标志着农村已经从传统型逐渐过渡到了现代型，乡村型过渡到了城市型，而农民群体对这种变化是否适应、是否能够尽快融入新环境，都会影响农村土地制度变革的进程。

5.1.4　农村土地制度创新的内容

（1）土地产权方面的创新

一般而言，农村土地权制度如果要进行改革，那么就会包含对土地所有权、农民用地承包经营权、集体建设用地使用权的改革，并且从现阶段农村土地改革情况来看，我国涉及这方面的问题本身就比较复杂，因此为了有效推动土地制度改革创新，还需要多个部门以及国家政策统筹协调。所以在对农村土地的产权问题进行改革时，就必须坚持以农民群众的利益为根本，从农民群众的角度出发对土地的产权进行归属的划分，加大农村在集体土地管理中的参与力度，帮助农民群体正确认识土地产权属性，在此基础之上，才能实现土地产权制度的创新。

（2）利益分享体制方面的创新

在土地制度创新的基础上必须完善利益机制，要确保城乡之间的要素进行平等的交换，让农民群体可以拥有权利，让农民集体可以自主地对土地整治问题进行决定。例如，是否要参与到土地治理工作中去、什么时候参与以及如何进行筹资、选择投资方，并且让农民群体进行政策宣传，对农民群体进行教育，为农民群体进行服务，从管理制度以及管理手法上加大力度，为农民的利益提供更多的保障。

从古至今，我国一直以来都是农业大国。时至今日，农业的基础地位依然没有发生实质性的变化，农业始终是我国社会经济发展的基础和保障，让全国各个地区的农村尽快富裕起来是上至国家领导，下至黎民百姓共同的心愿。在耕地占用征收和18亿亩耕地红线问题上必须坚持、不动摇，任何组织、单位和个人必须将国家的农业农村政策贯彻到底。在土地流转上，政府必须积极引导，规范市场化运作秩序，着力提高农村土地利用效率。在实务工作中，当地的政府部门更应该以身作则，务必以农民群体的利益为考量一切问题的出发点，及时收集、听取农民群体的诉求并及时处理，帮助农村、农民脱贫致富，改善农民关心的民生问题，务必着眼大局，重视细节，统筹规划，整合资源，协调各方，为乡村振兴工作的顺利开展提供最大限度的支持，务必使乡村振兴规划可以落地生根，逐步实现农民群体的共同财富目标，让农村发展充满希望和活力，让农民职业更具吸引力和前途。

5.2　农业供给侧结构性改革

农业供给侧结构性改革对乡村振兴的作用力主要是通过"产业兴旺"这条途径进行传导的，在"农业供给侧结构性改革—产业兴旺—乡村振兴"的动力传导过程中，农业供给侧结构性改革侧重于农业生产结构的变革与农业产出质量的提升，是农业现代化和产业兴旺的动力之源，而产业兴旺则是乡村振兴和乡村全面发展的经济基础。本节选取甘肃为研究对象，探索农业供给侧状况及其结构性改革助力乡村振兴的途径。

5.2.1　农业发展和结构调整的特征

改革开放以来，甘肃农林牧渔业得到了长足的发展，在解决农村贫困问题、促进农村发展和农民增收方面发挥了重要的作用，且呈现出比较明显的阶段性特征，但农林牧渔业内部结构调整优化的力度不大，是农业供给侧结构性改革的难点所在。

（1）农林牧渔业生产总值及增长速度的阶段性特征

第一阶段（1978—1992年）：总产值偏低，增长速度波动较大。1978年是改革开放的起始年，以家庭联产承包责任制为代表的农业农村改革在全国范围内逐步推进。由于历史发展基础和自然条件的约束，甘肃农业发展起步较晚，底子较差，该阶段农林牧渔业总产值持续偏低，1978年仅有22.5亿，至1993年增长到135.4亿。同时，该阶段农林牧渔业总产值的增长速度呈现出较为明显的波动性，最高点出现在1983年，增长率达31.3%，最低点在1984年，仅为0.6%。总体来看，该阶段是农林牧渔业在改革推进中的摸索阶段（见图5-1）。

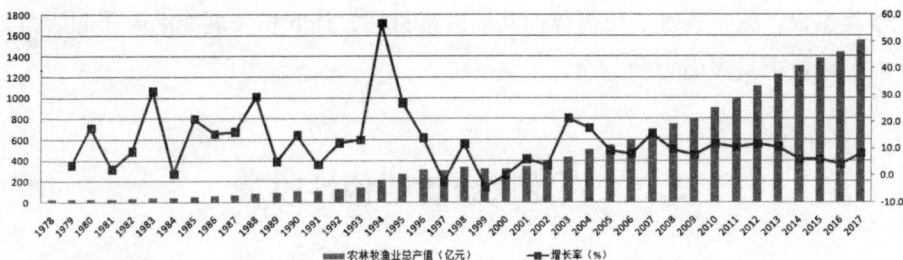

图5-1 1978—2017年甘肃农林牧渔业总产值及增长率趋势图

第二阶段（1993—2003年）：总产值快速上升，增长速度出现异常波动。该阶段甘肃农林牧渔业从总产值上看比上一阶段有了增长，跨过了200亿元的门槛，基本维持在200~500之间。但是，该阶段农林牧渔业产值的增长速度波动较为异常，高增长率与负增长率的现象并存，1993—1994年，农林牧渔业总产值增长率高达56.7%，而1997和1999两个年份又出现负增长，分别为-2.6%和-4.4%，发展的稳定性较差（见图5-1）。

第三阶段（2004—2017年）：总产值较高，增长速度趋于稳定。2004年，甘肃农林牧渔业总产值突破500亿元，自此进入持续稳定的发展阶段。从总产值来看，持续上涨是本阶段的基本特征，分别于2012和2017年突破1000亿元和1500亿元大关。从增长速度来看，该阶段农林牧渔总产值的增长比较稳定，波动较小，且由于总产值基数越来越大，导致增长速度在后期呈现出下降的态势（见图5-1）。

（2）第一产业占地区生产总值比重的阶段性特征

第一阶段（1978—1996年）：第一产业占地区生产总值先增加后减少，产业结构波动性调整。从1978年到1996年这20年间，甘肃第一产业比重先增加后减少，基本维持在20%~30%区间范围内（见图5-2），农业在国民经济发展中占据比较重要的地位，发挥基础性作用，同时，该指标也在一定程度反映出甘肃的产业结构处于较低水平，经济发展和结构升级的过程比较缓慢。

第二阶段（1997—2017年）：第一产业占地区生产总值持续减少，产业结构不断优化。从1997年开始，甘肃第一产业占总产值比重不断下降，2006年起向下突破15%，最低点在2014年，为10.4%，但2015—2017年又略有回升（见图5-2）。总体来看，该阶段20年间，甘肃工业化水平不断提升，整体产业结构不断升级。

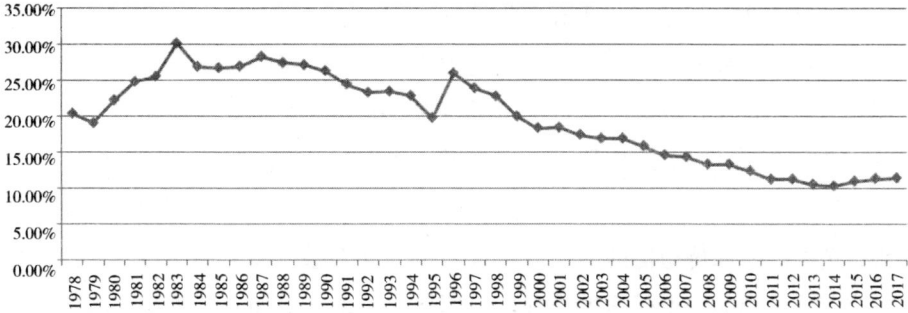

图 5 – 2　1978—2017 年甘肃第一产业占总产值比重趋势图

（3）农林牧渔业内部结构的发展特征

农林牧渔业主要包括农业、牧业、林业、渔业以及农林牧渔业服务业，由于甘肃对于农林牧渔服务业的统计自 2003 年开始，因此，该部分主要研究 2003—2017 年的农林牧渔业内部结构。从图 5 – 3 可以看出，甘肃农林牧渔业内部结构呈现以下特征：第一，农业独大，牧业次之，其他产业比重非常小。2003—2017 年，甘肃农业产值比重均在 60% 以上，在整个农林牧渔业中占据绝对优势地位，牧业比重仅次于农业，但与农业差距较大，基本保持在 15% ~ 22% 之间，林业和渔业比重很低，林业最高 4.6%，渔业最高仅有 0.2%，农林牧渔业服务业比重在 10% 左右波动。第二，农林牧渔业内部结构变化不大，结构优化进程缓慢。由结构柱状图可以看出，2003—2017 年间，甘肃农林牧渔业内部结构各部分变化幅度都较小，其中林业和农林牧渔服务业变化略为明显，林业比重先减少后增加，与其对应的农林牧渔服务业比重先增加后减少，总体结构无显著改进。

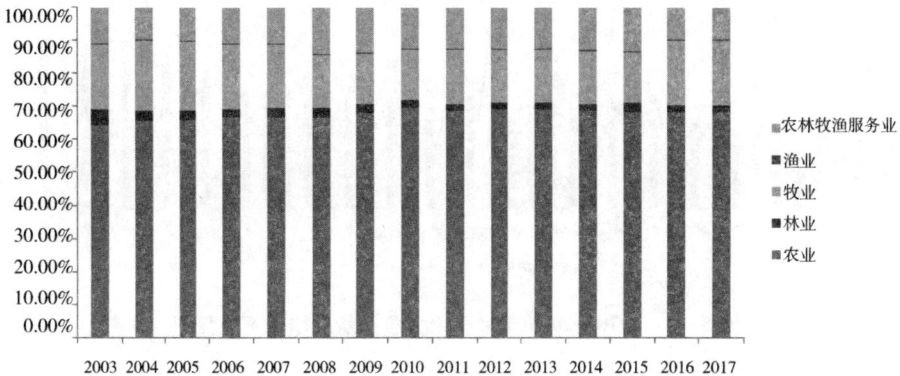

图 5 – 3　1978—2017 年甘肃农林牧渔业内部结构趋势图

（4）主要农产品供给水平和变化趋势特征

一方面，甘肃各类主要农产品的总体供给水平不断提升。1978—2018 年，甘肃粮食总产量起伏增长，2011 年首次突破 1000 万吨大关，2018 年达 1151.4 万吨；主要经济作物农产品，包括棉花、油料、甜菜和园林水果，经历了 1978—1998 年以及 2000—2017 年两个持续性的增长阶段，期间有暂时的回落和调整；肉类产品保持稳定的持续的增长，2018 年突破 100 万吨。另一方面，甘肃各类主要农产品的增长速度呈现出前期异常波动、后期持续平稳的状态。其中，粮食的增长率波动持续时间较长，从 1978—2001 年间，增长率在 - 16.2% 和 30.9% 之间大幅度涨落，2001 年开始增长率逐渐趋于平稳；主要经济作物农产品在 1978—1992 年间增长率波动较大，1993 年开始进入调整期，2008 年起开始稳定增长，但 2018 年增长率明显下降；肉类农产品的增长率波动期较短，从 1987 年开始就进入稳定期，大部分年份增长率保持在 5% 左右，仅在 1993 年和 2006 年出现较大波动（见图 5 - 4、图 5 - 5 和图 5 - 6）。

（5）特色农产品供给能力及变化趋势特征

甘肃特色农产品以中草药为代表，中草药的供给水平和增长速度经历了两个特征不同的阶段（见图 5 - 7）。从总量来看，1978—1998 年，中草药总产量持续低位，最高产量仅有 5.3 吨，1999 年，中草药总产量突破 10 万吨，进入一个持续稳定增长的阶段；从增长速度来看，2003 年之前，中草药的增长率波动异常，最高增长率达 113.4%，50% 以上的波动有 6 次之多。2003 年开始，中草药增长率基本趋于平稳，仅在 2012 年有较大波动，但仅为 19.2%，与 50% 相差较远，且无负增长情况。

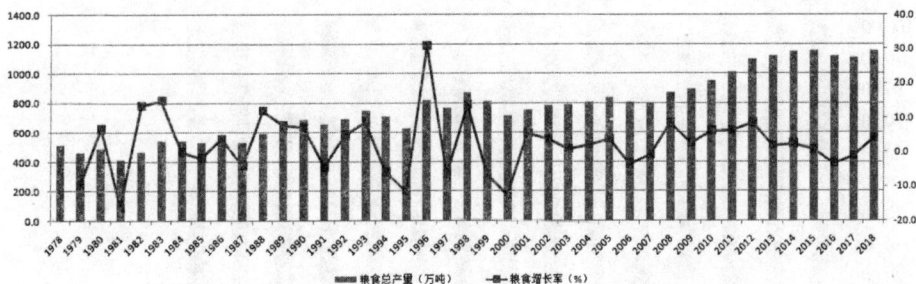

图 5 - 4 1978—2018 年甘肃粮食总产量及增长率趋势图

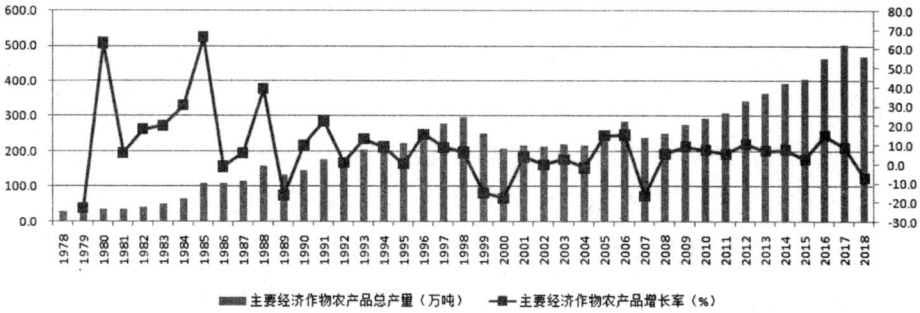

图 5 - 5　1978—2018 年甘肃主要经济作物农产品①总产量及增长率趋势图

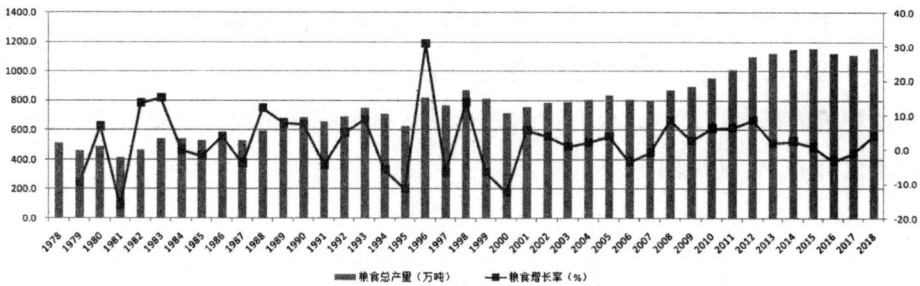

图 5 - 6　1978—2018 年甘肃肉类总产量及增长率趋势图

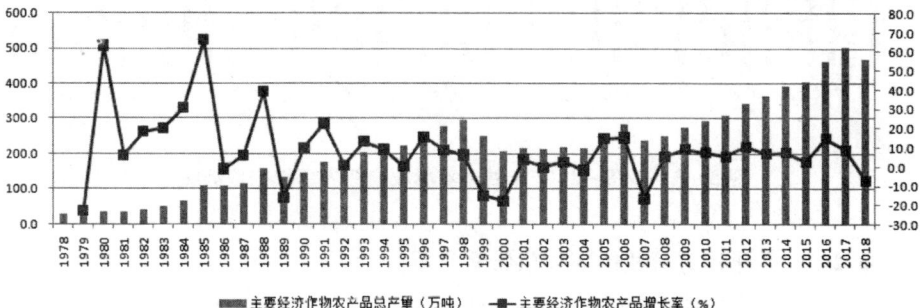

图 5 - 7　1978—2018 年甘肃中草药总产量及增长率趋势图

① 注：根据数据的可获取性，这里的主要经济作物农产品包括棉花、油料、甜菜和园林水果。

（6）主要农产品结构关系变动特征

第一，粮食比重大，但呈现出持续下降的态势。1978—2018 年间，粮食产量在主要农产品中占较大比重，基本维持在 60% 以上，但是下降趋势比较明显，说明农产品供给结构不断调整和优化。第二，油料和肉类农产品比重较小，且增长幅度不明显。1978—2018 年，甘肃油料和肉类农产品比重大致在 5% 左右，有小幅度的增长，但增长趋势不稳定。第三，园林水果和中草药的占比增长较快。其中，园林水果的占比最低 1%，最高 22%，中草药后发优势明显，从占比不足 1% 快速上升到 6%。第四，甜菜占比经历了先增加后减少的过程。从 1978 年开始，甜菜比重不断上升，1997 年最高达 12.6%，但是从 1998 年开始，其比重不断下降，2018 年仅占重要农产品产量的 1.3%。第五，棉花占比极少，并保持稳定。由于甘肃的自然条件并不适合大面积种植棉花作物，因此仅有少数几个县区有棉花种植业，产量极少，最高比重仅有 1.1%（见图 5-8）。

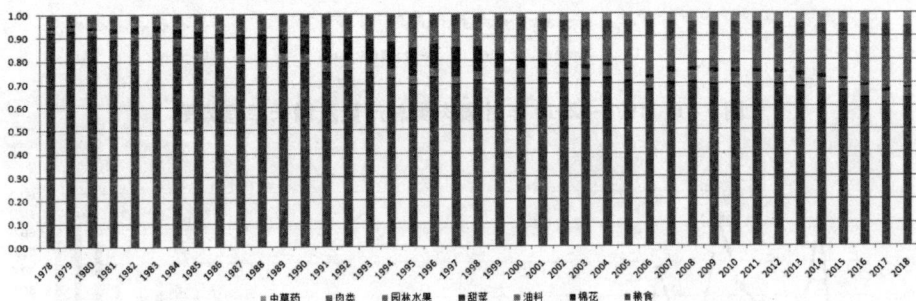

图 5-8　1978—2017 年甘肃农林牧渔业内部结构趋势图

5.2.2　基于定量分析的农业供给侧水平

选取农业供给侧水平评价指标体系（见表 5-1），采用熵值法确定指标权重，测算 2017 年甘肃市域层面农业供给侧水平，得到以下结论（见表 5-2）。

表5-1 甘肃农业供给侧水平评价指标体系

目标	一级指标	二级指标	属性
甘肃农业供给侧水平评价指标体系	农业产业结构 Y1	农林牧渔业中非农牧产业比重×1	正向
		主要经济作物种植面积比重×2	正向
	农业生产效率 Y2	农林牧渔业劳动生产率（元/人）×3	正向
		平均农业机械动力（千瓦时/公顷）×4	正向
		有效灌溉面积比重×5	正向
	农产品供给能力 Y3	人均粮食占有量（吨/万人）×6	正向
		人均肉类占有量（吨/万人）×7	正向
		人均蔬菜水果占有量（吨/万人）×8	正向
		人均中草药占有量（吨/万人）×9	正向

该指标体系中的二级指标均为复合型指标，且进行了相对化处理，在一定程度上具有代表性，并消除了由于规模和量纲的差异所带来的影响，应用性较好。

表5-2 2017年甘肃市域层面农业供给侧水平评价结果

市（州）	总得分	总排名	Y1	Y1排名	Y2	Y2排名	Y3	Y3排名
酒泉市	0.0951	1	0.0200	1	0.0402	1	0.0350	2
张掖市	0.0851	2	0.0151	3	0.0331	5	0.0370	1
武威市	0.0831	3	0.0128	8	0.0353	4	0.0349	3
金昌市	0.0810	4	0.0134	6	0.0370	3	0.0306	6
嘉峪关市	0.0740	5	0.0102	14	0.0389	2	0.0248	12
甘南州	0.0735	6	0.0176	2	0.0244	9	0.0315	4
白银市	0.0682	7	0.0115	12	0.0259	7	0.0308	5
陇南市	0.0641	8	0.0133	7	0.0238	10	0.0270	9
兰州市	0.0636	9	0.0123	10	0.0281	6	0.0232	14
定西市	0.0633	10	0.0110	13	0.0223	12	0.0300	7
临夏州	0.0629	11	0.0139	4	0.0245	8	0.0245	13
平凉市	0.0628	12	0.0121	11	0.0232	11	0.0275	8
天水市	0.0623	13	0.0138	5	0.0221	14	0.0265	10
庆阳市	0.0610	14	0.0127	9	0.0222	13	0.0260	11

(1) 综合分析

第一，总体来看，甘肃省14个市（州）85个县（区）的农业供给侧现状水平存在差异，但市域测量结果与县域测量结果基本一致。其中，酒泉市农业供给侧综合得分最高，排名第一，其辖区内的金塔县、敦煌市和肃州区位列县域前三名，张掖、武威、金昌紧随其后，省会兰州仅排名第九。甘肃东部天水、平凉和庆阳三市排名垫底。

第二，甘肃农业供给侧水平大致呈现出自西北向东南逐渐弱化的特征，这与甘肃的自然地理条件状况并不相符。甘肃西北干旱区多风沙天气，并不利于农业生产的发展，而东部季风区均为传统农业大市，农业发展地位较高。但是，从农业产业结构、农业生产效率以及农产品供给能力来衡量农业供给侧水平，我们发现农业大市并不意味着农业强市，他们才应该是农业供给侧结构性改革的重点区域。

(2) 维度分析

依据各维度指标数值，分别从农业产业结构、农业生产效率和农产品供给能力3个方面来具体评价。通过分项得分和排名我们发现，各个地区在三个一级指标上的分化较大，有的区域农业结构较好，但生产效率偏低，有的区域农业结构不佳，但农业效率或农产品供给水平相对较高，这就为各区域农业供给侧结构性改革指出了重点和方向。

第一，农业产业结构分析。农业产业结构选取了农林牧渔业的结构和种植业的结构，能够较好地反映农业内部关系。市域层面来看，酒泉、甘南和张掖位居前三；总分排名第6的嘉峪关在该指标垫底，也在一定程度上说明嘉峪关要在优化农业产业结构方面多下功夫。

第二，农业生产效率分析。该维度选取了3个指标，分别反映劳动生产力状况、农业机械状况和农业水利状况。市域层面来看，依然是酒泉排名第一，嘉峪关摆脱了上述的指标垫底的状况，紧随酒泉之后，农业生产效率水平较高。农业大市天水和庆阳排名后两位，主要是因为农业机械化水平和水利设施比较落后，未来农业供给侧改革要从这两个方面发力。

第三，农产品供给能力分析。该维度选取了4个指标，分别反映各类基本农产品及特色农产品的供给能力。市域层面来看，张掖、酒泉、武威排名前三，主要因为这三个地区有较好的肉类产品供应能力和特色中草药生产能力，省会兰州在该指标排位最后，自产的各类农产品数量较少，临夏州倒数第二位，主要因为粮食和蔬菜水果供给能力不佳。

5.2.3 农业供给侧结构性改革助力乡村振兴的思考

（1）克服市场失灵，以需求为导向促进农业增收

政府应当进一步减少对于农产品市场的干预，矫正被扭曲的农产品市场定价机制，克服市场失灵，充分利用市场价格的信息传导机制，传递市场需求，发挥市场在资源配置中的决定作用。地方政府在出台相关措施时应当尊重农民意愿与市场需求，鼓励业态融合，培育新型市场主体，根据市场行为，合理规划产业布局，严防为了追求短期政绩的行政指令。

（2）进一步加强对相关政策与基础设施的完善程度

加快农地"三权分置"的改革，创新农户的保障制度，提振农民预期，推动"自留地"流转，解放乡村劳力，利用农业的多功能性与农业生产营销的产业链优势，完善基础设施建设，减少交易费用，普及应用农作物技术，提升知识的溢出效应，改变原有第一产业为支柱产业的格局。以乡村的广阔市场为基础，充分利用农地改革所释放的剩余劳力，以乡村实际需求为导向，实现三大产业的融合发展，提升经济产出能力，助力乡村振兴战略。

（3）引导要素流向农村，促进产业聚集

政府需要采取强有力的政策引导，达到"突破点"，打破循环累积因果律和路径依赖。通过乡村成功案例的"示范效应"、农户技能培训、小额创业贷款支持等政策支持手段，一方面引导其他地区要素的跨区流动，另一方面也可以利用进城务工农民进行创业，充分利用要素，促进产业聚集。

（4）充分利用乡村振兴的战略契机，全面改善乡村面貌

充分发挥农户、市场与政府三方面的作用，努力打造"强式有为政府"与"强式有效市场"，充分发挥当地政府在尊重市场规律、保障公平竞争、维护经济秩序、稳定经济发展、制定区域发展战略、有效调配资源等方面的作用。培育"新型农户"，加大科技投入，提升科学技术的外溢效应，提高农业产业的全要素增长率。在各个层面实现高质量发展，实现乡村地区多元化发展，在"产业兴旺"的基础上，最终实现乡村的高质量振兴。

5.3 农村农业产业发展路径

农业供给侧结构性改革、乡村振兴是在我国粮食十三连增的良好发展势头上提出的前瞻性重大战略举措。当前，我国农业正处在从传统农业向现代农业转型发展的关键时期，农业发展方式转变势在必行，我们必须顺应世界经济发展形势，遵循农业发展规律，积极培育农村产业发展新动能，激发农村经济新活力，推进农业一二三产融合发展。本节通过梳理农村农业产业发展背景意义和成绩，归纳西部农村农业产业发展制约因素，结合实际情况及发展需求提出相关对策。

5.3.1 农村农业产业发展背景意义

2015 年中共中央农村工作会议首次明确提出"要着力加强农业供给侧结构性改革，提高农业供给体系质量和效率，使农产品供给数量充足、品种和质量契合消费者需要，真正形成结构合理、保障有力的农产品有效供给"。不可否认，我国粮食产量虽然实现了十三连增，但结构性问题长期存在，表现突出。据我国历年粮油市场进出口数据统计，目前我国水稻、小麦、玉米三大谷物自给率较高，保持在95%以上，然而油料作物产需缺口大、对外依存度高。比如大豆自给率不足20%，食用植物油自给率不到40%。因此，中央自 2015 年开始，强调农业供给侧结构性改革的重要性，在全国范围下大力气推进种植业、畜牧业、渔业结构调整，及时调减玉米种植面积，积极调整生猪、牛羊、渔业生产布局，巩固提升粮食产能，推动粮经饲统筹、农牧渔结合、种养加一体、一二三产业融合发展。作为人口大国，中国农业的巨大贡献不仅仅在于解决了十四亿人吃饭问题，更是有益于国际政治形势的长期稳定。可以说，农业供给侧结构性改革是适应中国国情的重大部署，是引领我国新时代农业农村发展的重大创新，是我国农业产业转型升级、农业高质量发展、乡村振兴的关键点和着力点。农业供给侧改革是对我国传统农业结构的升级改造，实现了我国由传统农业大国向现代农业大国的转型升级，推进了农业与工业、服务业的有效融合，拓宽了农业休闲、旅游、观光、生态、康养等系列功能，提升了农业价值，实现经济、生态、社会效益协调发展。

5.3.2 农村农业产业发展成绩

通过国家、各省（市、州、自治区）2018 年国民经济和社会发展统计公报资料显示，我国农村农业产业发展阶段性成绩显著。从全国数据来看，2018 年我国第一产业增加值 64734 亿元，增长 3.5%，农业经济增长对脱贫攻坚产生良好的带动，2018 年末农村贫困人口 1660 万人，比 2017 年末减少 1386 万人。同时，农业种植结构进一步优化，粮食种植面积减少，棉花、糖料作物种植面积增加。2018 年我国粮食种植面积 11704 万公顷，比 2017 年减少 95 万公顷，棉花种植面积 335 万公顷，增加 16 万公顷。糖料种植面积 163 万公顷，增加 9 万公顷。就省域数据来看，虽然各省农业供给侧结构改革成绩不一，但是基本与国家保持一致，呈现优化趋势。2018 年河南省第一产业增加值 4289.38 亿元，增长 3.3%，脱贫 121.7 万人，剩余 104.3 万人，贫困发生率降至 1.21%。粮食种植结构有较大调整。其中，玉米种植面积 3918.96 千公顷，比 2017 年减少79.98 千公顷；油料种植面积 1461.40 千公顷，比 2017 年增加 63.91 千公顷。2018 年宁夏回族自治区第一产业增加值 279.85 亿元，增长 4.0%，宁夏累计减少农村贫困人口 83.4 万人，剩余 12.1 万贫困人口，贫困发生率降到 3%，贫困地区农民人均可支配收入 9298 元。粮食种植结构有局部调整。粮食种植面积 1103.51 万亩，比 2017 年增加 19.74 万亩。其中，小麦种植面积 192.89 万亩，增加 8.19 万亩；水稻种植面积 117.02 万亩，减少 4.61 万亩；玉米种植面积 466.19 万亩，增加 6.69 万亩；薯类种植面积 164.89 万亩，减少 13.11 万亩；油料种植面积 50.59 万亩，增加 0.69 万亩；蔬菜种植面积 182.66 万亩，增长 4.81 万亩；瓜果种植面积 93.38 万亩，增加 4.72 万亩；园林水果种植面积 138.54 万亩，增加 19.15 万亩。2018 年甘肃省第一产业增加值 921.3 亿元，增长 5.0%，贫困人口净减少 77.62 万人，贫困发生率降至 5.63%。农业种植结构微调，有一定的优化。粮食种植面积 264.5 万公顷，比 2017 年减少 0.2 万公顷；棉花种植面积 2.2 万公顷，比 2017 年增加 0.3 万公顷；蔬菜种植面积 35.3 万公顷，比 2017 年增加 1.6 万公顷；中药材种植面积 23.4 万公顷，比 2017 年增加 0.7 万公顷；果园面积 31.4 万公顷，比 2017 年增加 1.1 万公顷。上述列举的三省（自治区）农业数据充分反映了农业供给侧结构性改革促进了农业产业补齐短板，且产业融合发展态势持续良好。

5.3.3 西部农村农业产业发展制约因素

（1）生产条件限制

西部地区虽然土地广袤，但土地质量远不如东部和中部地区。据统计，西部土地面积占全国的71.4%，人均占有耕地2亩，是全国平均水平的1.3倍。耕地后备资源总量大，未利用土地占全国的80%，适宜开发为耕地的面积1亿亩，占全国耕地后备资源的57%。但不容忽视的是，西部地区山地面积比例高，不具备开展规模化经营的优势。西南和西北在自然条件上也存在差异。西南地区有充足的雨水、多气候带和丰富的动植物资源；西北地区虽然光照充足，但干旱少雨。同时，西部地区普遍财政实力较差，加上农业回报弱质性的特征，大多数西部地区政府对新建农业基础设施资金投资不足，或对已有农业基础设施维修保养资金配给不到位，致使农业基础设施严重不足或老化，难以抵御自然灾害对农业的威胁，很多地方农业还处于"靠天吃饭"的传统农业阶段。农民看到依靠农业增收致富的希望渺茫，开始放弃对农业生产的投资，仅仅生产不让土地荒芜的传统耐寒耐旱耐涝的农产品，农产品质量普遍不高，农产品特色化、规模化、商品化、市场化、产业化和品牌化更是无从谈起，整体农业生产结构不合理。另外，农业机械化的推广，使农村青壮年普遍外出从事非农经营，农村留守儿童、老人成为农业经营主力，科技推广、普及难度大，农民科学种田意识不强，素质不高，科学种田知识普及率低。诸如此类，都严重制约着西部农村农业产业发展，实现农业现代化和西部农村产业兴旺任重而道远。

（2）销售渠道限制

销售流程优化是农业供侧给改革及创新的重要环节。实际调研中发现，西部农产品销售主要依托摆摊或上门收购或店面形式，很少利用现代信息技术开展网络营销。单一、传统的销售方式限制了西部农产品，尤其是特色农产品走出大山、走出区域、面向全国全世界市场的机会，导致西部农产品外界知名度不高、营销量长期低位循环，更限制了西部农产品优化品质、提质升级的机会。造成销售渠道狭窄的主要原因是农村信息闭塞，网络覆盖率低，农民脱离市场。第一，农产品销售渠道过长，表现在农产品从农民手中卖给产地批发商，通过物流商转让给销售地批发商，再批发给各类农贸市场的零售商，最后才转移给最终的消费者，经过四五级销售渠道。这不仅仅造成了层层加价问题，更重要的是影响了农产品的质量，尤其是很多生鲜和水果类农产品在流通的过程中变质和损耗，同时因农产品供需信息流通不畅带来政府价格、产业结构调控的困难。第二，销售渠道功能不够完善。当前以农产品批发市场、农贸市场为主导的营销渠道体系虽然在农产品的集散、销售等方面发挥了重要作用，但并不能有效解决"小生产、大市场"的矛盾。以单家独户为主要经营模式的农业生产，注定规模小，面积小，品种多，分布广，而农产品消费又相对集中，且远离生产市场，如何将分散的、小批量的农产品集中起来，且不影响农产品质量和流通效率，大多数城市尚未很好解决。

（3）土地流转限制

当前农村土地流转总体不充足，主要表现在以下几个方面。第一，乡镇干部及普通百姓思想认识不到位。大量调研结果反馈，西部乡村基层领导对土地流转重视程度不够，对土地流转相关政策法规不了解、不掌握，对土地流转政策宣传不到位，引导不够，不擅长调解土地流转中出现的各类矛盾，片面认为土地流转与乡镇干部关系不大。同时，百姓农村小农思想意识严重。很多农民过分留恋故土，乡土情结浓厚，不愿意将土地流转出去，不愿意放弃低效农业进城经商、打工，认为放弃土地存在缺乏基本生活保障的风险。第二，农村土地流转行为不规范、不标准。在农村土地流转过程中，基于邻里关系，土地供需双方合同以口头协议为主，书面合同相对较少，即使部分群众签订了纸质合同，但合同格式不规范、内容严谨性差、权利义务规定不清，甚至部分合同违背土地农用用途而用于房地产开发等商业用途，又没能经过有关法律主管部门备案、公证等，一旦产生纠纷，土地出租方权利保障有限，甚至无从保障。尤其是部分地区因城镇化建设需要，存在开发商强征土地情况，政府相关部门睁一只眼闭一只眼，没有严守法律底线，给予补偿费严重不足，造成被征地农民怨声载道。

（4）政府服务因素

政府在服务层面缺乏主导性，存在应付性、过场化工作态度。农业发展及供给侧优化过程中不能从政府主导层面入手，更对宏观调控及微观管理不重视。第一，在政策方面不能从扶持性入手，地方政府过度注重地方经济发展，忽视了农业产品及项目扶持的重要性，导致在新农业、新项目方面不能从发展高度入手，存在表面化效应，缺乏实质性表现。第二，在企业合作方面政府不能起到搭桥作用，缺乏对合作平台的认同感，在寻找项目合作方面只是通过简单的渠道发现，不能对新商机、新挑战进行规划、应对，导致在自身农业发展布局中严重缺乏创新意识、突破思维。第三，缺乏资金扶持，资金是促进新农业发展的重要基础核心，在该过程中商业银行大多不愿为中小型农业企业进行贷款与融资，导致中小型农业企业发展受阻，如规模不大、经营不利、效益不好等，这些都严重阻碍了西部农业侧供给战略实施。第四，人才扶持严重不足，在农业生产与技术应用方面严重缺乏人才投入与培养，政府也不能从产业融合角度对相关人才进行有力扶持，导致农企合作进度迟缓。

（5）农业产业融合限制

著名经济学家马晓河指出："当前我国农村产业融合发展在总体上还处于初级阶段，农村各产业之间融合度不高、融合水平低。"这一论断，是对农业经济发展滞后于全国平均水平的西部农村产业融合发展的高度概括。第一，农业产业链短，深度加工严重不足，初级农产品市场竞争力弱，特色农产品市场知名度不高，制约了农村产业发展和农民增收。即使对于个别有一定市场影响力的农产品，也大多数存在市场覆盖面窄、市场影响力区域性限制明显、生产设备与技术相对落后、更新换代跟不上市场步伐、生产的产品技术含量不高、极易被竞争对手模仿的问题。风靡全国的"农家乐"，基本千篇一律地发展餐饮、住宿、游玩、采摘等内容，自然景观、历史古镇等乡村旅游受天气、季节影响明显，很多发展乡村产业融合发展的村落呈现圈地收门票现象，对乡土风情或地方特色的重视不够，对新元素、新产品、新业态引入有限，对乡村的康养、生态、教育等功能开发不足，融合深度不够。第二，产业融合层次较低。表现在由于缺乏有影响力的农产品深加工龙头企业，农村生产的大量农副产品、果蔬等只能通过简单加工以较低的价格上市销售，产品附加值低，利润微薄，兼之不断上涨的人工费用，使得很多青壮年农民弃农务工。第三，产业融合的利益联结机制不健全，合作方式相对落后、单一。农业产业融合的经营主体需要一定的利益联结机制才可以建立更稳定的关系，而当前无论是订单式合作还是土地股份制合作，对农业龙头企业利益重视较多，而忽视普通农户利益，不利于深度合作的开展，甚至出现某些地区农户抵制土地外包，仇视龙头企业现象。第四，农业功能开发深度欠缺，部分农村产业融合项目同质性强，缺乏差异化竞争和市场竞争力。同时，产业融合存在土地、资金、人才等要素瓶颈约束。按国土资源部规定，以农业为依托的各种餐饮、休闲、住宿、康养、会议等永久用地，必须严格按建设用地标准进行层层审核，导致许多农村产业融合发展项目一开始就会遇到土地性质改变的审核管理问题，现实中也存在某些已经上马的项目中途因为涉嫌土地性质农转非违规操作而被叫停的现象。虽然2017年中央一号文件已打破过去的政策坚冰，提出诸多利好政策，但在地方落实层面、在土地规划等手续办理上依然存在很多瓶颈。资金方面，农业产业融合项目在性质上更趋向于第一产业，投资周期长，回报低，很多金融机构对其发展观望多，支持少，多元化投资机制尚未形成。融资渠道有限，融资难问题没有得到切实解决，致使农业物质基础设施陈旧落后，抵御自然灾害能力较差，农民生产积极性不高。人才方面更是因老龄化的大势，表现出老弱病残妇孺特征，且现有劳动力文化素质和技能水平偏低，农业兼业化普遍，人才外流现象严重，农业吸引力长期缺乏，产业发展后劲不足，农业发展可持续性不强。

5.3.4 产业融合背景下农业产业创新路径

（1）大力发展特色农业

随着我国市场经济建设迅速发展，在产业融合的大背景下，如何发展新农业与提升农民生活水平，一直是诸多专家学者研究议题之一。从我国农业长期发展及战略布局角度来讲，将更为特色、绿色的农业项目进行确立、实施十分关键。市场经济发展模式及应用理念非常适用于当下我国农业。所以，在产业融合背景下提升其特色农业发展尤为关键。第一，要树立品牌意识。特色农业不是单一片面的简单流程，而是更为科学、合理的系统布局。需要从树立品牌意识入手，将农业产品及项目进行全新包装。将该特色农业项目的新颖性、独特化充分体现出来，这样才能在较短时间内打出品牌效应。第二，国家政府层面需要从特色农业扶持方面入手，提升对特色农业的扶持力度，主要以项目开发、政策帮扶、定向资金发放为主，将农业发展与企业需求进行有效结合，充分体现"产业融合"并使其发挥作用。其中，国家可以根据相关农业扶持政策及要求，对地域农业进行重点关注，将地域农业产品及项目进行全新品牌打造，加大与相关企业合作力度，政府可起到桥梁作用。第三，将特色农业作为日后我国农业全面发展战略核心，特色农业主要是指特殊性农产品、地域化项目、品牌化产品，它不再局限于某种产品开发及培育形态，而是将农业产品的特殊性转变为效益性，从产品数量与市场需求两方面出发，提升其双重增长效应。因此，通过上述三点论述后发现，在产业融合背景下我国农业侧供给改革创新途径在于对特色农业的挖掘及规划。

（2）提升土地流转程度

土地一直是农民赖以生存的物质基础和重要资源。长期以来，土地在我国有着极其特殊的含义，被农民看作比自己的命更重要的稀缺资源。正是这一根深蒂固的思想，造成当前农村土地流转市场并不发达，一定程度上制约了现代农业、规模农业的发展。因此，首先需要对传统土地意识及观念进行创新，让农民树立新时代的土地思维与发展理念。通过宣传教育等方式，让农民了解及掌握土地的价值性，其价值层面不在于传统的春耕秋收，而是需要将土地的综合性应用及营利性进行调动。在该方面政府需要做好相关疏导工作，让农民知道土地的利用价值，为其日后的流转打下重要基础。其次，进行项目规划与布局设计，主要从招商引资层面入手，将农业耕地及面积进行重新规划，对多余荒废土地进行综合利用及开发。在该过程中不能单一地进行政策颁布，需要对相关工作进行深入，将具体环节进行强调，这样才能体现实质性推动作用。在荒废土地及耕种过剩土地规划中需要从耕种价值、商业价值两方面入手。例如旅游区、商业产业园开发等均为商业项目土地流传利用、大面积农业耕种及增产增量为耕种价值。所以，在具体工作中需要对土地的范畴特点等进行深入了解，这样才能体现更为科学、精准的利用价值与功效。最后，控制农民之间的土地肆意转卖及违规利用。土地对新农业发展及战略规划尤为重要。如何对该土地进行有效利用也是当下极为棘手的问题之一。通过对相关资料进行分析后发现，我国当下农民存在大量违规及私下买卖土地情况，严重影响了耕种效益及农业有序发展，导致大量土地因违规倒卖而出现荒废情况，这些都不适用于产业融合背景下的农业供给侧改革。因此，提升其土地流转程度尤为关键。

（3）推广与应用农村电子商务

随着当下我国网络信息技术日益发展及普及，在新农业发展过程中融合网络信息技术十分关键。新农业发展不是单一片面的简单流程，需要从技术层面入手，而产业融合的实质性也是技术的创新与突破。我国农业经历了长期的发展演变，从单一的传统农业生产阶段到高科技高质量的现代农业阶段。最明显的变化是销售渠道与方式的变化。通过分析后发现，单一、烦琐的农产品销售渠道一定程度上制约了产业融合背景下的新农业发展。所以，基于此，要对其销售、宣传模式进行创新突破，即农村电子商务，指通过电商平台采用互联网方式，将农产品进行宣传、销售。电子商务已经成为当下我国产品销售重要形式之一，其速度快、影响广、便捷性一直被诸多商家所关注。所以，在新农业发展过程中可以大力推广与应用农村电子商务。首先，要构建农村电子商务体系，强化现代化农业生产，如普及农村信息化建设，如硬件基础建设、软件基础建设、设备实施布设等，让网络进入农村；进行软件层面建设，从电子商务角度出发，提升其电子推销、电子推广、电子运营效能，在互联网平台共享农产品所有涉及食品安全的生产、经营、加工、包装、销售全过程，使消费者不出家门了解农产品，放心消费农产品；提升农民及相关工作人员电子商务意识，电商思维不是靠短期形成的，需要农民及工作人员深入了解，对可能存在的问题、弊端等进行全面研究。同时，可以通过培训班、科技讲座等方式，让农业生产者及经营者可以在较短时间内掌握其电商精髓及核心理念。其次，构建农产品物流体系，"走出去、看出去"是当下我国农业供给侧重要战略发展思维。基于此，应该加强农产品物流体系建设，包括修复及建设基础运输道路及物流配送体系，打造现代化农业生产线，强化农业物流发展及快速物流资源整合，使农产品可以快速运输到国内乃至世界各个地方。再次，树立发展意识，着力技术、销售、管理、金融等专业人才培养，这一点对中小微农业企业尤为重要。农业产业涉猎领域广泛，农业生产、农业品种研发、加工、销售等都需要大量专业人员源源不断地贡献智慧。因此，中小微农业企业必须结合企业实际需要，深入分析市场，结合现状创新思路，加强人才培养。第一，树立人才意识，明确人才培养、引进的重要性。对于从事农业生产的一线工人，要重视技术培训，训练业务熟练程度，督促其加强专业知识学习，紧跟时代步伐，及时更新知识体系。第二，提升企业管理工作人员的管理技能与综合素质，加强管理人员职业道德、业务能力、管理水平、沟通技巧等培训工作。包括需进行职业道德培训，对中小微农业工作人员的责任心、工作态度等进行侧重培养，强化责任义务、职业素养；进行技术业务指导，如企业财务内控、企业人事内控、农业设备内控等方面，全面提升工作人员的业务水平；加强校企合作，加大对相关人才的引用力度，提升现有工作人员的专业技能、综合素质。最后，要优化生产流程，整合农业资源，优化资源配置，减少中小微农业企业成本消耗环节，提升企业内部发展效率与质量。

（4）强化农业生产融合力度

根据2019年4月颁布的《中共中央国务院关于建立健全城乡融合发展机制体制和政策体系的意见》，提出"围绕发展现代农业、培育新产业新业态，建立健全有利于乡村经济多元化发展的体制机制，完善农企利益紧密联结机制，实现乡村经济多元化和农业全产业链发展"。其中培育新产业新业态为农村农业产业深度融合发展指明了方向。结合意见精神，农业产业融合发展需要依托"互联网＋"和"双创"进一步推动农业生产经营模式的转变，开发农业产业的旅游、休闲、民宿、农耕文化体验、健康养老等功能，探索农产品个性化定制服务、会展农业和农业众筹等新模式；实现高科技产业与传统农业产业的交叉渗透、产业间功能互补、产业链延伸和产业重组；顺应居民消费升级的大趋势，加强市场准入、事中事后监管，并制定标准，引导乡村新产业改善服务环境，提升服务品质，实现城乡生产与消费多层次对接；进一步完善农村电子商务支持政策，积极实施新增建设用地支持乡村新产业新业态发展的政策照顾与倾斜。

结合西部农业产业发展实际，农业产业深度融合可以通过以下途径实现。一是及时推进农业产业对接市场。要引导农业二、三产业向县城、重点乡镇及产业园区集中，同时发挥城镇人口集聚优势，借力新型城镇化发展，培育农产品加工、商贸物流等专业小镇。二是加快农业结构调整。以农牧结合、农林结合、循环农业为导向，调整优化农业种养结构，发展高效农业、绿色农业；着力高效率、新品种、新技术、新模式农业发展，提高传统资源、农业废弃物的综合利用效率，激发农业发展潜力。三是延伸农业产业链条。建设农产品精深加工、冷链物流体系、优势产区批发市场，对接农副产品流通与存储市场，构建一二产与三产间的联系纽带，促进"农业＋加工业""农业＋服务业"融合，实现一二产、一三产、一二三产融合的目标。四是拓宽农业多种功能。推动农业与旅游、教育、文化等产业深度融合，实现农业从生产功能向生态、休闲、旅游、观光、体验、康养等功能拓展。五是大力发展农业新业态。发展农村新型创意业态，包括休闲农业、观光农业、体验农业、创意农业等旅游业态，优质林果、绿色蔬菜、草食畜牧、中药材种植等特色农业，农村电商、农产品定制等新业态。六是引导产业集聚发展。依托一二三产业在空间上的叠合发展，构建"种养基地—加工基地—仓储基地—营销中心"纵向一体化、全产业链的发展模式，通过在农产品生产优势区域发展生产、加工和流通园区，配套科研、培训、信息等平台。

（5）加大政府支持与政策执行

政府作为农业供给侧结构性改革制度的制定者、供给者，需要以宏观上指导农业产业融合发展的各个方面。第一，要紧密围绕农业供给侧结构性改革的指导意见，规划农业产业融合发展的路径，明确农业产业融合发展的方向，从政策供给、资金、项目、技术、合作等方面给予全面系统支持，这样才能起到实质性推动作用。第二，加大对农业企业的融资扶持力度，商业银行需要以扶持小农业生产及项目为主，将贷款金额进行额度提升，对其还款期限进行延长，并针对该农业企业实际情况对其进行跟踪评估，对中小型农业企业发展现状及营业情况进行大数据呈现，为下一步资金贷款打下基础。第三，政府应该为绿色农业产品及项目开设便捷通道，主要包括项目审批、项目评估、项目推广等，精简审批流程，简化审批环节，提升项目审批效率。在项目评估方面应该推广并给予一定的技术指导与全面帮扶。在项目合作方面政府可以组织相关农业项目研讨会、商业洽谈会、农业博览会等，为企业与农业项目进行搭桥，为优秀农业项目提供一个走向外界的重要平台。所以，在加大政府扶持及政策执行方面，一定要系统分析、合理布局。第四，需要对相关人才进行培养，包括农业管理人才、农业技术人才、企业合作人才等，采用校企合作方式，深化政府人才培养职能。

第 6 章

生态宜居——乡村振兴的根本

生态宜居是乡村振兴战略的核心目标和要求之一，充分体现了党和政府致力于乡村生态环境保护、农村人居环境改善的鲜明态度和坚定决心。新时期，实施乡村振兴战略，要牢固树立绿色、清洁、循环、可持续的发展理念，加快转变传统的农业发展方式和农民生活方式，打破城乡生态环境问题的二元结构，将生态宜居从城市转向农村，实现乡村生态人居、环境优美、文化和谐以及城乡生态宜居的统筹发展。在此背景下，要做好乡村生态宜居工作，需要从乡村生态环境保护、农业生产方式绿色化、农村人居环境综合治理等方面展开。

关于乡村振兴的生态宜居问题的研究成果颇为丰富，主要包括内涵解读、水平评价、影响因素分析、模式创新、路径选择和对策研究等方面，研究的范畴和着眼点也不尽相同，既有对乡村生态宜居的综合考量，也有对具体问题，如人居环境、生态农业等的深入探讨。蒋利雪、李敏（2019）剖析了新时期农村人居环境的具体内涵和目标，进而从现状、路径两个方面展开分析，为我国农村人居环境改善提供了借鉴和参考。[34] 彭超、张琛（2019）从居住环境、公共安全和生态环境三个维度构建了农村人居环境质量指标体系，评价了中国农村人居环境质量，探究了影响农村人居环境质量的影响因素并提出改善的对策建议[35]。李浩、武晓岛（2019）通过剖析生态宜居乡村建设的重要性和存在问题，从顶层设计、农村宜居建设、生态产业发展、人才和文化培育等方面提出具有针对性的基于绿色发展理念的生态宜居乡村建设路径。[36] 李周（2019）指出，建设生态宜居乡村需要生产、生活和生态协同联动，需要政府、社区、农户、农民多主体协作，需要规范的标准、可保障的资金、有效的管理等等。[37]既有的研究结论对我们开展乡村生态宜居启发多多。

6.1 乡村生态与环境保护

2018年中央农村工作会议强调，走中国特色社会主义乡村振兴道路，必须坚持人与自然和谐共生，走乡村绿色发展之路。实施乡村振兴战略，要以"绿水青山就是金山银山"的理念为指导，在经济社会发展中保护生态环境，在保护生态环境中发展经济，形成良性互动。甘肃省地处我国西北，分布东西狭长，地理环境特殊，与黄土高原、青藏高原、内蒙古高原接壤，生态环境十分脆弱。因长期以来经济发展水平落后于其他省份，粗放、落后的发展模式曾经是全省经济发展的推手，不可避免地带来资源、环境问题和可持续发展难题。经济发展方式落后导致的资源短缺、水土流失、沙漠化等问题，已然成为制约甘肃省经济社会发展和乡村振兴的主要瓶颈之一。

6.1.1 生态环境基本现状

生态足迹理论是研究区域生态承载程度和生态保护状况的基础理论，也是区域发展制订规划的重要依据。为研究甘肃省生态环境基本现状，课题组以生态足迹理论为基础，依据区域资源环境统计资料，测算了1990年至2015年全省的生态足迹相关指标。研究结果表明：近25年来，全省的人均生态足迹增长迅速，但人均生态承载力变化缓慢。随着人口总量的持续增长，区域生态赤字增幅明显，但区域资源利用效率有所提升。

（1）指标界定及测算方法

①指标界定

参考学术界生态足迹的相关研究文献，课题组选取的生物生产性土地为土地和水体中具有生物生产能力的部分，其中，计算生态足迹指标的界定范围涵盖了耕地、草地、林地、水域、建筑用地和化石能源用地等，计算生态承载力指标的界定范围选取了耕地、草地、林地和建筑用地等。

测算生态足迹指标时，需要对消费账户进行分类，课题组按照惯例将其划分为生物资源和能源消费两大类。其中，前者主要包括研究区的19项生物，如植物、动物、林业等产品的消费情况；后者主要包括研究区的8项能源，如煤炭、石油、天然气等能源消耗水平。

指标计算所需资料，来源于相关年份的《甘肃省统计年鉴》《国家统计年鉴》；作为比较基础的资料，来源于《中国可持续发展战略报告》及 CNKI 数据库。

②指标测算方法

生态足迹模型为评价人们的活动对区域生态环境的影响程度，将区域内各项资源消耗折算为可以提供生存条件的土地面积，并将换算后的土地面积与研究区实际可利用的土地面积加以比较，为评价区域生态环境质量提供量化指标，有利于客观分析区域生态能否承受经济发展的现实需要。通过对专家学者已有研究文献的综合梳理，课题组选取了生态足迹、生态承载力、万元 GDP 生态足迹等指标构建了研究模型，利用区域近 25 年的统计数据进行分析。各指标的研究意义和测算方法如下：

生态足迹指标。主要测量人类活动所需的资源总量，是区域人口数和人均生态足迹的乘积。其中，人均生态足迹是各项生物土地的均衡因子与其人均消费占全球平均生产能力的百分比之积，均衡因子选取全球最新标准。

生态承载力指标。主要测算生态环境系统所提供资源的现实水平，是区域人口数和人均生态承载力的乘积。其中，人均生态承载力为各类生物生产土地的人均面积、均衡因子、产量因子三者的乘积，产量因子选取国内公认标准。引入产量因子是为了换算不同类型的土地面积，以弥合各类生物生产水平的差异。

生态盈余与生态赤字指标。主要测算研究区的生态可持续发展程度，是区域生态承载力与生态足迹之差。如果计算结果为正值，表明人们的各项活动在研究区的生态环境可承受范围之内，区域生态尚有盈余；如果计算结果为负值，表明区域的生态环境已经超负荷运转，需要降低人们的生态足迹，或者提高生态承载力，及时弥补因生态赤字而导致的环境透支。

万元 GDP 生态足迹指标。主要测算区域资源环境的利用效率水平，是研究区域生态足迹与国内生产总值之比，反映单位国内生产总值需要投入的生态成本。指标数值越小，表明生态资源利用效率越高。

（2）研究结果与分析

①人均生态足迹分析

计算甘肃省 1990 年至 2015 年的耕地、草地、林地、水域、化石能源、建筑等六大生物生产用地的生态足迹以及人均生态足迹，并绘制生态足迹变动趋势图，如图 6-1 所示。近 25 年来，全省的人均生态足迹由 0.9877hm²/人增加至 2.3270hm²/人，增长了 135.60%，每年平均增长速度为 3.49%。

从各类生物土地的生态足迹规模来看，化石能源用地的人均生态足迹最高，其后依次是耕地、草地和建筑用地，林地和水域的人均生态足迹相对较低。化石能源用地的生态足迹变动趋势虽然与全省生态足迹总量相同，但增长幅度远高于全省总量，其人均生态足迹近 25 年由 0.3850hm²/人增长至 1.1982hm²/人，每年平均增长速度为 4.65%，高于全省人均总量增幅 1.16 个百分点；耕地的生态足迹变化不大，但因基数水平较高，其年均水平居各类生物土地之首，高达 0.382hm²/人；草地、林地、水域和建筑用地的年平均生态足迹规模依次为 0.2504hm²/人、0.0233hm²/人、0.0031hm²/人和 0.2077hm²/人。

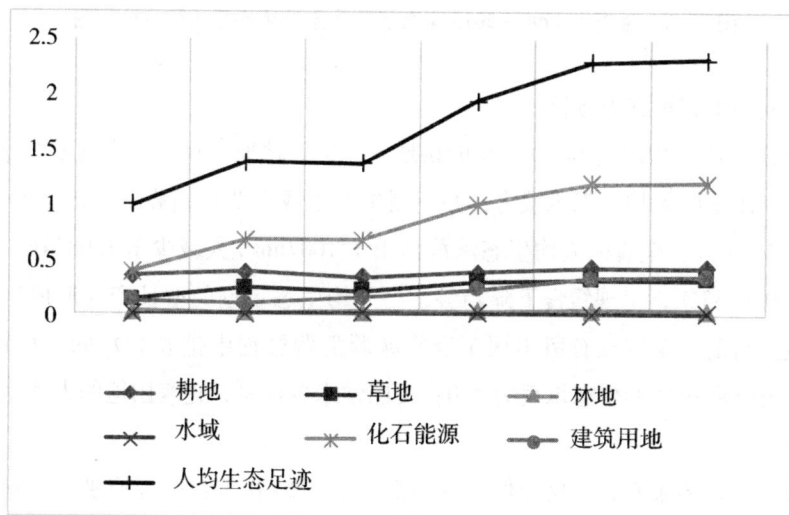

图 6-1 甘肃省 1990—2015 年人均生态足迹分析图

绘制全省 1990—2015 年各种类型生物土地生态足迹构成分析图，如图 6-2 所示。各类生物土地的生态足迹近 25 年的平均比重分别为：化石能源用地 49.55%，耕地 22.24%，草地 14.58%，建筑用地 12.09%，林地 1.35%，水域 0.18%。其中，化石能源用地不仅生态足迹占比接近一半，而且其生态足迹比重增长幅度最快；耕地的生态足迹占比也相对较高，但其构成比呈现出明显的下降趋势；建筑用地的生态足迹占比呈现缓慢增长态势；林地和水域的生态足迹平均占比之和仅为1.53%。

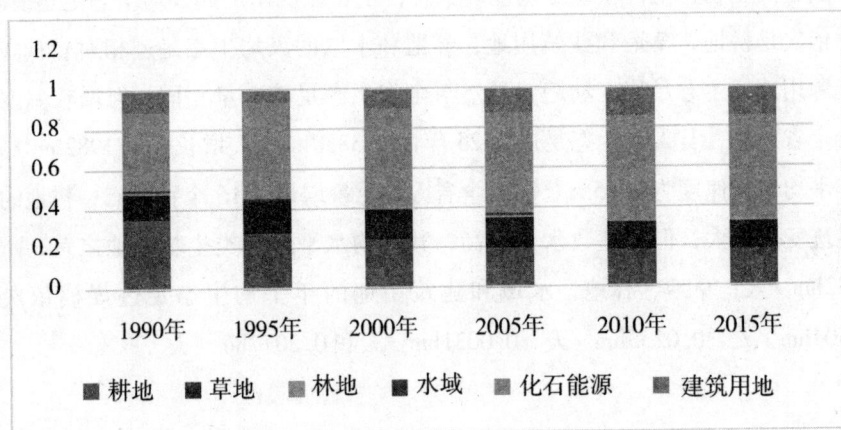

图6-2　甘肃省1990—2015年各类生物土地生态足迹构成分析图

②人均生态承载力分析

计算甘肃省1990年至2015年的耕地、草地、林地、水域、建筑用地等五大生物生产用地的人均生态承载力，并绘制生态承载力变动趋势图，如图6-3所示。近25年来，全省的人均生态承载力由1.1007hm²/人减少至1.0874hm²/人，降低了0.0133%，呈现缓慢下降趋势，与人均生态足迹的增长变动形成鲜明对比。截至目前，全省没有留出用于吸收能源消费过程中排放CO_2的专门用地，因此化石能源用地的生态承载力为0；按照学术界惯例，建筑用地的人均生态承载力取世界平均值。

从变动趋势来看，受耕地保护政策的影响，2000年甘肃省的耕地人均生态承载力出现了增长拐点，拉动人均生态承载力总量上升，其余年份该指标均呈现缓慢下降态势。从数量和构成来看，耕地的人均生态承载力每年平均高达0.6438hm²/人，构成比为59.87%；建筑用地次之，人均生态承载力每年平均为0.1859hm²/人，构成比为17.16%；林地和草地人均生态承载力的年均数分别为0.1774hm²/人和0.1571hm²/人，构成比分别为16.34%和5.81%。

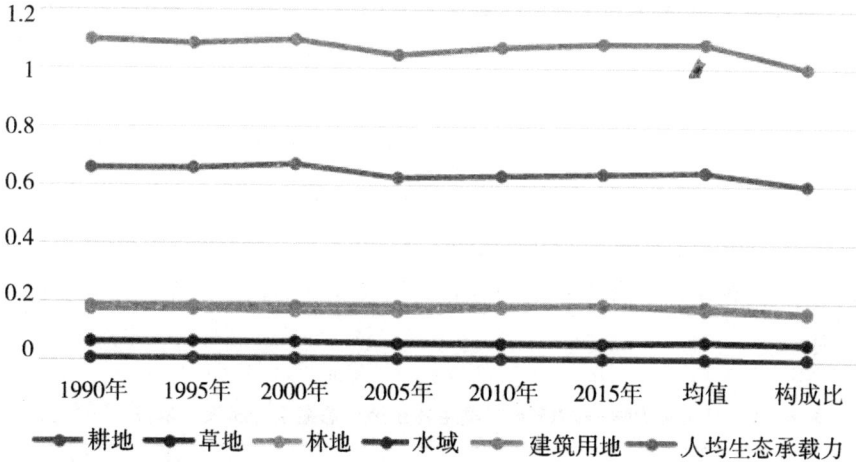

图 6 - 3 甘肃省 1990—2015 年人均生态承载力分析图

③生态盈余与生态赤字分析

根据人均生态足迹和人均生态承载力数据，计算近 25 年甘肃省生态盈余指标，绘制分析图，如图 6 - 4 所示。生态盈余是生态承载力与生态足迹的差值，因为近年来全省生态承载力稳中略降和生态足迹的不断增长变化，加之人口数量 2.38% 的年均增长，甘肃省除 1990 年全省有 0.113hm²/人的生态盈余外，其余各年份均为生态赤字，且赤字规模逐渐扩大，生态赤字率近 25 年由 25.70% 上升至 75.13%。

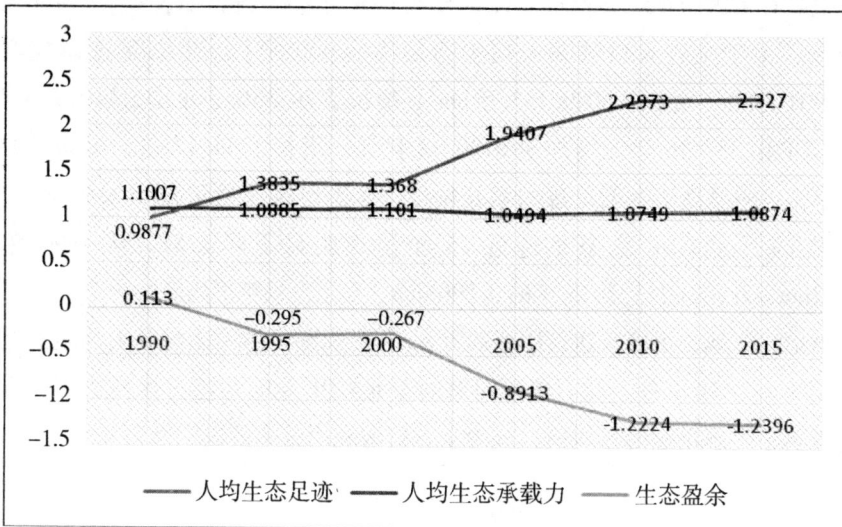

图 6 - 4 甘肃省 1990—2015 年生态盈余分析图

甘肃省不同类型生物土地的生态盈余变动情况如表6－1所示。近25年来，耕地、林地和水域各年均有生态盈余，但盈余规模呈现逐年下降趋势；建筑用地2000年以前处于生态盈余状态，但之后出现生态赤字；草地和化石能源用地各年均处于生态赤字状态，且赤字规模不断扩大。此外，受年末和常住人口数统计口径差异、剩余劳动力转移以及劳务输出等因素影响，全省的人口数在2005年至2010年有所减少，但从长期来看，人口的总体增长趋势依然明显。随着人均生态赤字的不断增长，人口总量的增长无疑加剧了研究区域的生态赤字总规模。

表6－1 甘肃省1990—2015年各类生物土地生态盈余分析表 单位：hm²/人

年份	耕地	草地	林地	水域	建筑用地	化石能源用地	生态盈余
1990	0.3167	−0.0622	0.1618	0.0088	0.0729	−0.385	0.113
1995	0.2796	−0.1673	0.1611	0.0065	0.0924	−0.6673	−0.295
2000	0.3433	−0.1455	0.1535	0.0048	0.0458	−0.6689	−0.267
2005	0.2432	−0.2410	0.1449	0.0044	−0.0436	−0.9992	−0.8913
2010	0.2087	−0.2537	0.1483	0.0054	−0.1437	−1.1874	−1.2224
2015	0.2091	−0.2548	0.1549	0.0038	−0.1544	−1.1982	−1.2396

④万元 GDP 生态足迹分析

根据甘肃省历年统计资料，计算万元 GDP 生态足迹，如表6－2所示。近25年来，由于全省人口数和人均生态足迹的逐年增长，生态足迹总规模由3372.904万 hm² 增加至6049.153万 hm²，增长了79.35%，年均增幅为2.36%；全省 GDP 由557.76亿元增加至6790.32亿元，增长了11.17倍，年均增幅为105.14%，明显高于生态足迹的增长幅度。生态足迹总量和 GDP 总量的变化，使全省的万元 GDP 生态足迹近25年呈现明显下降态势，从1990年的60.472hm²/万元减少至2015年的0.8908hm²/万元，每年平均降幅为7.37%。耕地、林地、草地、水域、建筑用地的万元 GDP 生态足迹占比与其人均生态足迹占比相等，为51.45%，化石能源用地的万元 GDP 生态足迹占比高达49.55%，严重影响了生态足迹的总规模，成为全省资源利用效率的决定性因素。

表6-2 甘肃省1990—2015年万元GDP生态足迹分析表

年份	年末人口数	人均生态足迹	总生态足迹	GDP	万元GDP生态足迹
(单位)	(万人)	(hm²/人)	(万hm²)	(亿元)	(hm²/万元)
1995年	2437.95	1.3835	3372.904	557.76	6.0472
2000年	2515.31	1.3680	3440.944	1052.88	3.2681
2005年	2545.10	1.9407	4939.276	1933.98	2.5539
2010年	2559.98	2.2973	5881.042	4135.86	1.4220
2015年	2599.55	2.3270	6049.153	6790.32	0.8908

20世纪80年代以来，国家为改善生态环境，先后投入大量资金，实施了水土流失治理和退耕还林工程，"植树造林，绿化甘肃"，在一定程度上改善了生态环境，从研究区域生态承载力多年的缓慢变动态势可以得到验证。甘肃的石油、煤炭、有色金属等资源富集，但这些资源的开采加工污染严重且产业链短，环境成本居高不下。资源的开发利用必然会带来研究区域化石能源用地生态足迹的增长，但化石能源用地的生态承载力为0，区域的生态赤字规模会随着资源开采规模的扩大而增长；甘肃是农业大省，但农业的发展需要大量优质的耕地资源，耕地目前尚有生态盈余，但其盈余规模有限，而且呈现逐年下降的变动趋势；居民消费结构的升级使瓜果、蔬菜等绿色消费品需求增加，城镇化进程的加快使建筑用地面积逐年增加，草地、林地、水域、建筑用地的生态足迹会随之增长，对生态总量的贡献份额必然减少。

甘肃省的万元GDP生态足迹指标近年持续下降，说明区域的资源利用效率不断提升，节能减排成效明显。但相较于经济发展水平相近的新疆、青海、宁夏等省份，该指标数值依然偏高，说明研究区域不仅经济发展相对落后，而且资源利用效率偏低，经济发展的环境成本高于其他省份，经济的可持续发展能力有待增强。

6.1.2 乡村生态问题成因分析

通过对甘肃省生态足迹的动态分析可以看出，全省的生态赤字规模呈现不断扩大的态势。生物生产性土地主要分布在广大农村地区，为提升农村生态环境治理措施的可行性，应对乡村生态环境问题的成因进行深入分析。

（1）乡村生态问题的政治因素

①生态保护机制不健全

随着我国城镇化水平的提升，城市周边区域、城中村、城乡接合部的范围不断扩大，在一定程度上带动了农村的经济发展，但上述区域人口密度的增加，势必带来环境问题。甘肃省乡村面积大、分布广，地形复杂，加大了政府对环境监管的难度。我国目前虽然陆续出台了生态环境保护相关法规制度，这样一项环境保护的系统工程仅仅依靠村民的自觉行为是难以实现的。

导致乡村环境日益恶化的体制原因，主要是法规制度得不到有效落实。乡村地广人稀，经济长期落后于城市，形成了典型的城乡二元经济结构。为弥合城乡经济差距，基层政府将主要精力集中于地方经济建设。甘肃省地处我国西北，在没有明显区位优势的前提下，只能引进东部和中部地区转移的高污染、高能耗企业，以带动乡村第三产业发展，解决村民就业问题。为了留住这些企业，地方政府在政策上给予了足够的优惠，势必纵容了企业的污染行为，影响了相关环保法规的落实。

②政府生态管理行为缺失

乡村生态环境不仅影响农村经济发展，也关系到整个国民经济的健康运行。政府作为国家的"守夜人"，对生态环境的保护责无旁贷。我国对基层政府的业绩考核，长期以来重视经济建设，轻视环境保护和可持续发展程度。党的十八大以来，这种局面虽然有所改变，但因为环境保护指标的定量考核存在操作性难题，加之基层干部的自身素质较低，大局意识不强，对长远利益考虑不足，以牺牲环境为代价的政绩观根深蒂固，所以业绩考核制度的实施仍以经济效益指标为主。干部考核制度的固有缺陷，使原本脆弱的乡村生态雪上加霜。

乡村生态保护的主体是农民。由于地处乡村的广大农民普遍文化程度较低，生活水平不及城市居民，环境保护意识较弱，甚至缺乏对生态破坏严重后果的认识，急需开展生态文明教育。农民环境保护觉悟的提高，需要长期深入的思想教育和宣传落实。目前，我国乡村缺少专门的生态保护机构，也没有生态维权组织，蜻蜓点水似的阶段性宣教，无法调动农民参与环境保护的积极性，也不能改变农民对身边环境破坏的漠然态度。

（2）乡村生态问题的经济因素

①乡村工业布局零散

为扩大招商引资规模，甘肃省的各个乡镇都制定了优惠的企业落户政策。

因农村地域辽阔,企业一般根据经营管理需要选址,导致引入的企业布局零散,规划欠合理。企业的分散布局,不仅存在不同程度的土地资源浪费现象,而且加大了营销、环境等管理成本,特别是众多高能耗、高污染的重工业企业,为规避减排、三废治理的高成本,会采取各种办法应对检查,也加大了政府监管的难度。

乡镇企业的快速发展,农民专业合作社的不断增加,给乡村经济注入了活力的同时,也带来了环境治理难题。广泛分布的中小型企业一般管理粗放,一味追求经济效益,很少顾及社会效益。因此,工业废弃物经常不经过任何处理就随意丢弃,不仅影响了乡村的居住环境,而且工业废弃物会污染周围的耕地、生物、水质和空气,破坏乡村原本宜居的生态系统,增加政府的环境治理成本。

②乡村生活方式粗放

在国家一系列"三农"政策的扶持下,随着农村精准扶贫政策的实施,近年来农民的生活质量显著提高。但受传统行为习惯影响,农民粗放的生活方式并没有实质性变化,生活垃圾随意丢弃、随处堆放,污水直接排放等现象随处可见。由于思想观念保守,甘肃农村依然存在红白喜事大操大办现象,大量一次性餐具的使用成倍增加了生活垃圾。甘肃农村复杂的地理环境,使得农户居住分散,不仅使农村基础设施建设的红利,如垃圾集中回收、公共厕所使用等无法惠及每家农户,而且增加了农民传统生活习惯的管理成本,加剧了乡村生态环境的恶化。

③乡村基础设施滞后

良好的基础设施是乡村振兴的关键。在甘肃农村,目前依然存在交通、能源、环境等基础设施瓶颈,影响乡村经济发展的同时,也不利于生态环境的可持续发展。首先,乡村基础设施滞后。个别村镇依然依靠沙石路甚至土路与外界联系,交通不畅严重影响了经济和文化建设步伐,也成了农田水利设施建设的阻碍;地处偏远的农户依然存在通信网络普及、信号欠佳等问题。其次,乡村清洁能源短缺。目前,甘肃农村的沼气、太阳能、风能等清洁燃料使用较少,农户的主要燃料依然是传统的薪柴;由于长期干旱少雨,水资源在一些地区严重短缺,农民饮水困难现象时有发生,饮水安全存在隐患。最后,乡村环境建设缺失。村容村貌的改善是乡村振兴的关键所在。有些乡镇为追求整齐划一的新农村建设效果,不惜破坏村落文化遗产,改造特色建筑,拆毁传统古镇;一些落后村落依然住宅与圈舍混杂,民居环境脏、乱、差,生活垃圾污染严重,村落周边管理混乱。

(3) 乡村生态问题的文化因素

①乡村传统价值取向制约

乡村环境较为闭塞，远离发达的现代都市，与外部接触较少，村民眼界狭隘在所难免。物质的长期匮乏，使广大农民以解决衣食住行等物质需要为至高追求，狭隘眼界的现实表现之一就是"经济至上"，一切以经济利益为出发点，而且注重眼前利益，无视长远利益。大多农户对自然资源的有限性认识不足，加之环保知识贫乏，信息不对称，农民普遍认为环境保护是政府行为，事不关己，致使生活行为粗放，农业生产中的化肥农药过度使用、秸秆焚烧等环境破坏行为时有发生。

②农民道德素质影响

由于受教育程度相对低下，农民的道德素养也成为制约乡村生态文明的重要因素。受地域、文化等因素影响，农民对先进思想、文化的接受能力较弱，精神世界匮乏，经济的快速发展使得他们的伦理道德滑坡，不负责任、不计后果的生产和生活行为随处可见。为增加农产品产量，他们过度使用农药，全然不顾消费者的身体健康；过量使用化肥，对土壤、水体和大气的污染等视而不见。

6.2　现代生态农业产业体系建设

现代生态农业是以农业集约化运作和生态化管理为基础的现代农业经营模式。现代生态农业遵循农业经济发展规律，以生态学理论为依托，以提高农业经济效益为前提，以农村经济可持续发展为基础，以国家扶持政策为指引，以经济效益和环境效益为目标，综合利用现代农业生产技术和农村劳动力资源开展农业生产，是实施乡村振兴战略的必然选择，对解决甘肃省乡村生态环境问题，实现全省农村经济跨越式发展具有重要的现实意义。

6.2.1　现代生态农业发展的模式选择

基于甘肃省乡村空间布局，根据乡村农业产业发展的现实情况，结合各地区自然条件，甘肃省的现代生态农业可以选择产业经济、草业经济、庭院经济等三种发展模式。

（1）特色经营、规模运作的产业经济模式

在区域生态农业产业化发展中，需遵循地域差异规律，在充分调查和分析资源潜力、生态优劣、区位、市场等要素的基础上，因地制宜选择适合的生态农业产业化发展模式，实现规模化经营和产业集聚，自发形成区域性主导产业和支柱产品。主导产业可以有效解决农户的"小生产"与销售的"大市场"之间的矛盾，将各家各户的零散生产有机结合，产业化运作，专业化经营，形成农户利益联结机制，带动地方特色产业规模化发展。

产业经济发展模式主要依靠区域特色优势，培植特色产业，开拓土特产品市场，形成规模经济。比如，庆阳市的镇原县充分利用当地食用杏、黄花菜等种植优势，研制开发系列土特产品，形成农副产品研发、加工、销售产业链条，不仅可以带动农业产业化发展，而且可以增加农民收入，帮助农户脱贫致富；宁县的九龙川地势平坦，四季分明，加之公路交通便捷，具备生态农业规模发展条件，该县依托区位优势建设了果品生产基地和农业科技示范园，带动全县果蔬产业规模发展，提高了瓜果蔬菜产值，也延伸了果蔬产业链条。

（2）因地制宜、绿色发展的草畜经济模式

草畜经济的发展不仅能有效防止水土流失和风沙灾害，抑制土壤盐碱化，而且能够带动关联产业发展，是生态农业的高效发展模式。在甘肃省草地资源较为富集的地区，可以通过畜牧养殖业带动地方经济发展。甘肃中盛农牧业发展有限公司投资的肉鸡产业化项目，从饲料加工、肉鸡屠宰分割、肉丸烤肠生产到羽毛肉骨粉加工、污水处理等，已经形成了全产业链、全价值链、全循环链的"中盛模式"。

甘肃省的甘南藏族自治州位于青藏高原边缘，是典型的高原地区，属于高山峡谷地貌，气候较为温和，该区域既可发展畜牧业，又可种植玉米等农作物。因此，该州探索出"羊—肥—玉米"的循环农业模式，将养殖业和种植业有机衔接，避免了牲畜肥料的污染，减少了化肥施用量，提高了农产品质量，实现了农牧民经济的可持续发展。在该模式的带动下，原来仅以种地为生的农民，通过畜牧业饲养，平均每户年收入增加1800多元，经济效益也带动了更多的农牧民进行产业融合。

（3）低耗高效、循环利用的庭院经济模式

庭院经济模式是按照农业生态系统能量流动和物质循环规律形成的生态农

业模式。由于甘肃省农村仍以小规模分散化的家庭经营为主体，农村家庭是相对独立的经济单元，因此庭院经济广泛适用于农村地区。全省的庭院生态经济可以依托气候特点和资源现状，引导农户充分利用住宅的房前屋后以及庭院的空闲土地，将住房、果园、农田、草场等资源与其他生产要素相结合，通过种植花卉、蔬菜、药材、果树等经济作物，以及饲养猪、牛、羊、鸡等家禽家畜，充分利用光、热、水、土资源，合理配置沼气、温室、果库、粮仓，减少燃料、饲料、肥料投入，在庭院形成能量多层转化、资源高效利用、生态良性循环的综合生产体系。

在具备区位优势的城市近郊，农户可结合区域民俗风情，利用乡村自然资源和土特产品开展农家乐服务。农家乐融合了农业休闲产业，将区域的特色文化、饮食、产品等资源有效聚集，为农村搭建与外部交流融合的平台，推动乡村经济和文化发展。地处甘肃陇东的平凉市崆峒区，依托崆峒山这一道教名山，已有农家乐超过300家，经营形式包括农家大院、农家饭庄、农家鱼塘、农家度假村、农家酒店等，能够满足游客不同层次的多样需求，在增加农户收入的同时，也为庭院经济的进一步发展提供了范例。

6.2.2　现代生态农业发展的路径选择

（1）认识生态农业意义，建立健全保障机制

甘肃省脆弱的生态环境严重制约着地方经济的可持续发展，生态农业的发展迫在眉睫。为确保农业生态化发展，应充分考虑农业资源现状，促进生态农业健康推进。首先，应制定适合生态农业发展的政策和制度，并确保可操作性；其次，应规范生态农业归口管理部门，明确各部门责任，发挥部门职能；再次，应根据市场需求调整农产品价格和补贴标准，保护农民的合法权益；最后，应严格按照相关部委制定的农产品标准，落实申报、认证等具体细则，保证农产品质量安全。

（2）优化农业产业结构，推进农业产业化进程

随着消费结构转型升级，消费者的高营养、高能量食品消费大幅增加，亟待调整农业产业结构，发展以养殖业和林业为主的特色产业，根据地域特点选择适合的产业方向。在自然条件较差的县域，应实施封山封沟禁牧，种植牧草，舍饲养羊，建设畜牧业基地；在自然条件相对较好的区域，应大力发展种植业和养殖业；在植被较好的山区，应依托富足的光照、林地等资源，发展药材、

核桃等经济作物种植业，形成土特产品规模生产基地，拓展草地、林地和水域面积。同时，还应鼓励农户以土地、劳动力等入股成立专业合作社，助推龙头企业发展，提升农业科技水平，助推生态农业发展。

（3）合理利用耕地资源，实现生态农业规模经营

受自然环境影响，加之城镇化所带来的建设用地规模扩大，研究区域耕地资源紧缺，基本农田耕地红线面临严峻挑战。因此，地方政府应严格执行土地管理制度，加大耕地监管和补偿力度，最大限度保证耕地面积；应将平原、川地等水土条件较好的土地用于发展种植业，将退化严重、植被覆盖率低的土地作为工业、矿业、建设用地；应按照国家政策要求进行土地确权登记，鼓励农民用土地承包经营权入股，确保生态农业规模化发展。同时，还应加强农机、水利、交通等基础设施建设和维护，规范农产品和农业生产资料市场，加大气象、农业信息平台建设力度，为生态农业发展营造良好的基础条件。

（4）治理农业生态环境，改善农民生活条件

首先，应积极推广作物秸秆还田、物理与生物防治病虫草害技术，增施有机肥料，减少化学肥料和农药的使用量，治理土地污染，改良土壤结构，增强土地持续生产能力；其次，应改变粗放用水的生产方式，推广喷灌、微灌、滴灌等节水灌溉技术，实现水资源有效利用，并通过增加林草、加强农田基本建设等措施进行小流域综合治理，实现水资源可持续利用；再次，应鼓励农民将坡度大、产量低的坡耕地退耕还林（草），发展畜牧业和附加值高的经济作物，并加快碳汇林、生态景观林带建设，实施封山育林育草，严禁对荒山荒坡的过度开垦、放牧等掠夺式经营，恢复植被，抑制水土流失；最后，应改进农村传统的生产生活方式，依托沼气工程，合理利用牲畜粪便、农产品剩余物，科学处理残旧地膜、农资包装等农业废弃物，及时清理农民生活垃圾、污水，整治农村环境污染，并结合村庄布局调整、土地整理和农村基础设施建设，同步推进农村环境保护和生态建设。

（5）发展职业技术教育，加大农业科技推广力度

受地理位置和交通条件限制，研究区域农民普遍思想观念保守、小农意识较强，劳动力转移又导致低素质劳动力沉积农村，加之农村人口受教育年限较短，绝大多数农民对农业新技术、新产品表现出消极的观望态度，影响了农业科技成果的推广使用。因此，需要多种途径对农民进行生态农业知识和技能培训。首先，应充分发挥地方高校基础教育功能，使其在发展规划、专业设置、

培养目标等方面与地方经济发展需要相协调，实现高校和地方联合培养农业技术人才的教育体制；其次，应以区域的职业教育机构为依托，利用职业院校良好的教学、实验等资源优势，采取灵活多样的培训形式，培育能够熟练掌握现代科学技术的新型农民；最后，应加强实用农业技术的推广应用，通过专题指导、现场交流等形式提高农民的科技文化素质。

6.3　乡村人居环境综合治理

中国发展进程中的不平衡有一部分体现在城乡人居环境的差异上。长期以来，城市人居环境的改善与发展受到更多的关注，农村人居环境状况则一直被忽视，成为社会主要矛盾的一个集中体现。从社会主义新农村建设、美丽乡村建设到乡村振兴，作为乡村发展的一个重要组成部分，农村人居环境问题开始越来越受到社会各界的关注，成为"生态宜居"总要求中的一个重要组成部分。

6.3.1　乡村人居环境治理的成效和问题

改善农村人居环境，建设美丽宜居乡村，是实施乡村振兴战略的一项重要任务。2018 年中共中央办公厅、国务院办公厅印发了《农村人居环境整治三年行动方案》，为基层农村人居环境综合治理提供了指导和参考。本部分以甘肃为研究对象，探析自乡村振兴战略提出以来，乡村人居环境治理取得的成效和存在的问题，进而识别乡村人居环境综合治理的重点和难点。

（1）乡村人居环境治理的成效

甘肃经济发展落后，属于西北欠发达地区，长期以来农村地区贫困问题严重，脱贫攻坚任务重，乡村环境脏乱差、村容村貌不佳、生态脆弱等问题突出。在全面推进精准扶贫和乡村振兴战略的过程中，地方政府和基层组织开始认识到乡村人居环境改善的重要性，并把它纳入重点工作任务之中。通过努力，甘肃大部分乡村人居环境得到明显的改善，村容村貌提升工作取得了显著的成效。

①农村人居环境治理理念和实践有效统一

在全国农村人居环境治理工作的总体部署和指导下，甘肃通过学习浙江"千万工程"经验，开展系列会议讨论和安排，形成了区域农村人居环境治理的基本思路，并做到科学的理念与有效的实践相统一，较好地落实了各项工作。

首先，高度重视农村人居环境治理工作，在国家政策指导下，形成并落实《甘肃省关于深入学习浙江"千村示范、万村整治"工程经验全面扎实推进农村人居环境整治的实施意见》，确定了农村厕所革命、垃圾革命、风貌革命、生活污水治理、废旧农膜回收利用与尾菜利用、畜禽养殖废弃物及秸秆资源化利用、村庄规划编制、"四好农村路"高质量发展、村级公益性设施共管共享等9项主要工作内容，并突出农村厕所革命和村庄清洁行动两项重点任务，为基层工作开展奠定了基础。其次，农村人居环境治理注重细节，效果良好。主要体现在两方面，一是因地制宜，即通过开展培训，编制政策汇编、指导手册以及技术指南等，将农村人居环境治理的实际主体责任落实到农民身上，前后培训完成900多万人次，极大地提高了环境整治力度；二是循序渐进，即遵循乡村建设规律，量力而行、先难后易，合理确定农村人居环境整治模式标准，逐步推进农村人居环境整治各项工作。再次，农村人居环境治理的资金支持到位。在各项工作开展的过程中，通过整合各种资源，建立了财政资金引导、农民和集体积极投入、社会力量广泛参与的农村人居环境整治投入机制，其中，仅农村厕所革命投入资金28.58亿元，资金的有效投入也在一定程度上保障了农村人居环境治理的效果。

②乡村生活卫生环境得到了有效治理，农业生产废弃物得到了有效利用

一方面，有力改善了乡村生活卫生环境。乡村生活卫生环境主要涉及污水、垃圾的处理以及厕所改造和村庄清洁问题。2019年，在甘肃农村人居环境治理的九大工作任务里，有四项工作属于该范畴，即农村垃圾革命、农村生活污水治理试点、农村厕所革命、村庄清洁行动。通过稳步有序推进人居环境突出问题治理，这四项工作的成效比较显著。首先，不断完善垃圾清扫保洁、收集转运、处理闭合体系，极大地减少了乡村垃圾堆积点，保洁员配备超过10万人，相关设施较齐全，建成无害化垃圾处理设施303座；对生活垃圾进行收集、运输的行政村占比95%，对生活垃圾进行处理的行政村占比80%。其次，以试点的形式开展农村生活污水治理，78个试点项目开工58个，已完工11个。再次，改建新建农村户用卫生厕所50万户以上，70%的行政村有1座卫生公厕，示范村卫生户厕覆盖率达到常住农户的85%以上，各市县均已完成或超额完成年度农村户用卫生厕所改建新建的目标任务。最后，在村庄清洁行动中，共有5375个村通过清洁村庄评估验收，超额完成清洁村庄创建计划。

另一方面，有效利用了农业生产过程中产生的废弃物，减少了污染。首先，

废旧农膜回收利用率提高。2019年甘肃在45个重点覆膜县区和蔬菜种植流通大县积极开展废旧农膜回收利用工作，回收率达到80%，尾菜综合处理利用率达到44.7%。其次，在畜禽养殖废弃物转化利用方面，综合利用率达到75%，其中部分地区整县推进畜禽养殖废弃物资源化利用项目建设。同时秸秆资源化利用相关技术不断成熟，项目持续推进。农业废弃物综合处理利用水平不断提升，实现了种养结合、农牧互补、循环利用，减少了农业生产性污染。

③乡村规划科学推进，乡村建设进一步有序开展

科学的规划和有序的建设也是农村人居环境治理的重要组成部分。2019年，甘肃推进开展了村庄规划编制、"四好农村路"建设和村级公益性设施共管共享等工作，分别从建设规划、基础设施和公益设施三个方面为农村人居环境治理提供保障。如：完成了17个乡镇级国土空间规划编制，根据不同乡村的特征和发展潜力对乡村发展规划进行了分类，包括村庄集聚提升类、城郊融合类、特色保护类、搬迁撤并类等。道路交通方面，具备条件的乡镇和建制村通硬化路率达100%，具备条件的建制村通客车率为99.82%，39个县试点推行农村公路灾毁保险。公益设施方面，乡村公益性岗位达到11.56万余个，每个行政村公益性岗位人员达到4~6名，实现行政村共管共享理事会全覆盖。

(2) 乡村人居环境治理存在的困难

从社会主义新农村建设到乡村振兴战略的实施，农村人居环境的建设和改善取得了一定的进展，但是也存在诸多的问题和困难，依然是经济社会发展的突出短板，是进一步推进农村生态文明的难点所在。识别问题，分析困难，对确定下一阶段工作重点和难点具有指导性和启发性。

第一，农村人居环境总体状况欠佳，区域不平衡性比较明显。农村人居环境是乡村振兴的突出短板，治理难度较大。甘肃整体国民经济与社会发展水平落后，脱贫攻坚压力较大，农村人居环境改善推进速度较慢，相较于东、中部地区，总体状况欠佳。同时，省内不同区域的农村人居环境质量也存在明显的不平衡性，治理过程中需差别对待。

第二，农村居住环境和卫生环境依然落后，村庄绿化水平偏低，生态环境需进一步改善。由于自然条件、发展基础和思想观念的制约，甘肃部分农村地区的居住环境、卫生环境和生态环境并不理想，治理效果较差，主要体现在居住布局零乱、卫生厕所普及率不高、生活污水处理刚刚起步以及绿化覆盖率严重偏低等方面。

第三，农村基础设施和公共服务配备不足。与农民生活息息相关的基础设施并未实现百分百的覆盖和普及，如部分乡村道路硬化率不达标，建设规划水平较低，安全饮用水未普及等；公共服务水平总体偏低，如乡村教师、卫生技术人员的数量较少，农村医疗和养老保险体系尚不健全，参保率不高等等。

总之，农村人居环境治理要全面并突出重点，以提升村庄经济发展水平为基础，发挥规划的战略导向作用，重点解决生态、居住和服务等"短板"问题。

6.3.2　乡村人居环境综合治理的关键措施

农村人居环境治理是一项综合性较强的工作，不仅要关注自然环境的宜居度，提高乡村生态文明程度，还要关注人工环境和社会环境的宜居度，实现村庄环境基本干净整洁有序、村民环境与健康意识普遍增强等目标。因此，在农村人居环境治理全面推进的过程中，要强调因地制宜、分类指导、突出重点、时序合理、保护与建设并行、发挥主体动能等关键点，实施和推进治理措施。

（1）细化农村人居环境治理规划、标准、目标以及治理工作开展的时间节点

首先，调查评估不同区域农村人居环境的基本现状，对照总体发展要求明确不足和短板所在。其次，在对现状和问题评估的基础上，在总体规划的指导下，有条件的地区可以针对每个村落制订具有针对性的治理规划，其他地区可先对现状和问题相近的村落进行归类，再根据类别细化治理规划，实现因地制宜和分类指导。再次，在农村居住环境和卫生环境方面，科学地制定治理标准和实施规范，如卫生厕所的建设和改造标准、生活污水和垃圾的处理标准等等。同时，制定农村人居环境治理时间表和各阶段目标任务，不断探索、不断积累经验，采用适合本地实际的工作路径和技术模式，带动整体提升。

（2）以问题为导向，突出重点，循序渐进，落实农村人居环境治理的各项措施

基于标准规范、治理阶段和具体整治目标任务，着眼于本地农村人居环境的薄弱环节，以问题为导向，落实治理措施，保证治理效果。一方面，突出重点，对于卫生厕所普及率低的村落，按照群众接受、经济适用、维护方便、不污染公共水体的要求，普及不同水平的卫生厕所；对于农业污染比较严重的村落，重点开展农业污水、废弃物的回收、净化、处理和循环利用工作；对于绿化覆盖率低、生态环境不佳的村落，重点关注农村田园风貌和生态环境的保护，

并科学地布局和增加绿地面积，改善村容村貌，充分利用闲置土地组织开展植树造林、湿地恢复等活动，建设绿色生态村庄。同时，农村人居环境的治理要注意保存乡土氛围和农耕、民俗文化，留住乡愁。另一方面，循序渐进，即各地区不仅要完成重点治理任务，还要从重点到全面，从试点到全部，有序推进，提升农村人居环境的整体质量水平。

（3）充分发挥村民和乡村基层组织的主体责任，激发主人翁意识

农村人居环境治理过程中，乡村微观主体是最主要的行动力，也是最大的受益者，因此，必须充分发挥这些微观主体，即村民和乡村基层组织的主观能动性。一方面，激发村民的主人翁意识，提高村民文明健康意识和环境卫生意识，改变传统的生活陋习，动员村民主动维护和整治乡村卫生环境，支持村民开展村庄清洁和绿化行动，投身美丽家园建设，保障村民决策权、参与权、监督权。另一方面，发挥基层组织的模范带头作用，建立村规民约和村民自治机制，推进移风易俗，带领村民开展卫生厕所改造、污水和垃圾处理、提升村容村貌、农业生产生态化以及农村生态文明建设等工作。

（4）做好资金支持、技术指导、政策扶持等农村人居环境治理保障工作

首先，以发展乡村经济为基础，并构建包括政府、金融机构和其他社会力量在内的多主体融投资体系，保障农村人居环境治理有足够的资金支持，激发农村人居环境治理的内部和外部动力。其次，农村人居环境治理需要人才和技术的支持，尤其是具体项目的实施需要专业人才开展研发工作、制定科学技术标准、给予科学的技术支持，才能保证治理的效果。因此，要与科研机构紧密合作，定期开展技术培训等工作。再次，地方政府和相关机构要制定合理的政策对农村人居环境治理予以扶持，尤其是落后地区更需要政策倾斜帮助他们摆脱困境，因此，要进行合理的政策研究和政策实施绩效评价工作。最后，农村人居环境治理要注意可持续性，建管并重，建立长效机制。

6.3.3　城乡人居环境的协调和统一

在中国长期的城乡分化现实中，人居环境方面也形成了典型的城乡二元结构，由此形成的城市与乡村人居环境差异也成为城乡协调发展的一大阻力。多年来，乡村环境呈现出发展空间的无序、自然生态的失衡、人文景观的破坏、公共基础设施的落后以及传统文化的衰落等不良现象，与城市环境的有序性和便捷性、自然人文环境的有效保护以及公共基础设施的先进性等形成

鲜明对比。改善农村人居环境是实现城乡共同发展，促进城乡互动和融合的一个关键环节。因此，农村人居环境的综合治理工作也要考虑其与城市人居环境的协调和统一。

城市与农村的人居环境是一个整体，两者相辅相成，相互促进。农村人居环境的改善不仅影响农民的生活质量与发展空间，也关系到城市人居环境与质量的高低。一方面，农村人居环境的改善为邻近的城市提供良好的生态基础，有利于区域整体生态环境质量的提升，另一方面，农村人居环境的改善为城市居民提供了乡村旅游、休闲娱乐的自然场所，提高城市居民的幸福指数；反之，乡村旅游在一定程度上增加了村民的收入，促进了乡村经济的发展，形成一个双赢的局面。

第 7 章

乡风文明——乡村振兴的灵魂

改革开放以来，我国经济总量突飞猛进，取得了令世界各国瞩目的卓越成就。经济快速发展的同时，我们也看到，政治、社会等意识形态与精神文明建设依然重视程度不够，与世界发达国家差距明显。尤其在农村地区，近年来对乡风文明建设的呼声越来越高。乡风文明建设是以习近平同志为核心的党中央领导人在新的时代背景下提出的农村精神文明建设总方针，是符合时代发展需求的战略性决策。其一，在"全面建设小康社会与构建社会主义和谐社会"的社会背景下提出乡风文明建设，是紧密结合中国农村实际，紧跟世界步伐，符合时代发展的潮流的大举措。第二，乡风文明建设体现了党中央对三农工作的重视，对农村建设的重视，对乡风文明建设的重视。党和国家领导人多次强调，乡风文明建设必须深化认识，坚持问题导向，从实际出发，着力转变思想观念，倡导文明新风，明确任务目标，不断增强做好移风易俗工作的责任感与紧迫感。在农村思想道德建设方面，各地集思广益，千方百计推动社会主义核心价值观进村入户、融入生产生活和村规民约，引导群众反对铺张浪费、婚丧大操大办、人情债、对待老人厚葬薄养、乱埋乱葬等陈规陋习。但是，我们也不得不承认，因为中国农村的历史背景特殊，在很多地方的农村依然盛行着旧时民风，一定程度上制约着农村经济朝又好又快的道路发展。第三，乡风文明建设是对以前农村建设中"重物质建设而轻精神文明建设"的重新定位与精准掌舵。在社会主义建设的大背景下，正在如火如荼地开展新农村建设，在激发农村活力的同时，也发现存在一些不好的民风习俗，这也为新农村建设敲响了警钟。农民的生活水平节节提高，物质生活日益丰裕，但是农民的精神生活却在日渐衰弱，精神和情感找不到寄托的地方，内心变得空虚、乏味，他们甚至游离在一些习风恶俗上，导致整个农村乌烟瘴气，严重影响着农村乡风文明建设。比如说某些地方竟然在丧事上进行供人们娱乐的脱衣舞表演，丧事本该对去世的人充满敬重，但这样的娱乐表演却是对去世的人的不尊敬，发展到现在，农村的恶习竟然越演越烈，这不得不说是一种社会风气的败坏。应该从现在做起，纠正农村风气，使之不再向着恶劣的方向发展。2018年CCTV13新闻媒体披露的庆阳市正宁县"高彩礼"事件和"闪婚闪离"现象，引起党中央高度关注和社会大众的大量热议。同时，全国各地盛行的人情世故和农民搭份子现象严重，送昂贵的份子钱似乎成了民间的"面子工程"。某些贫穷的边远地方攀比之风超越道德底线，即使家里老人无人赡养，都要在城里买房、家里买车，仿佛没有房子和车子就是一件很没面子的事情。个别城乡接合部，被征地农民用征地款大肆挥霍，沉迷于传统赌博、时时彩等现代化赌博，一夜暴富，一夜赤贫。诸如此类不良之风，势必影响农村经济、社会、文化的振兴。

所以，乡风文明建设的旗帜要高举起来，走乡风文明建设的道路势在必行，这是为更好更快发展农村经济扫除障碍，农村只有精神面貌建设好了，才能进一步解决农村经济发展问题，因为上层建筑对经济发展具有反作用，农村的发展只有符合了社会主义和谐社会的发展要求，才能走可持续农村发展道路，走科学、合理的道路，建设欣欣向荣的农村。这就必须要结合农村的现实情况，因地制宜，对症下药。

推进乡风文明的建设，在很多方面都有着积极的意义，在改善农村社会风气上，帮助建设新农村进一步加快脚步，帮助农民精神文明建设，帮助农村经济朝着又好又快发展等等都有着重要意义。在不断深入的新农村建设中，人们的物质生活不断丰富，农村风貌也在发生着巨大改变，在农村经济发展的同时，我们也该看到新农村建设下的农村改造存在着许多问题，新旧矛盾，以及农村不良习气的复发等等，都在警示着我们改变农村社会风气的败坏，引导农村朝着良好的社会风气发展，这样才能建设好农村文明，帮助农村建设又好又快的经济，进而推进整个国家的经济建设。由于现在我国处于快速发展的阶段，各种各样的信息传输和冲击，在农村可以得到明显的反应，也会诱发许多不良习性的抬头，这也就说明了乡风文明建设存在着许多问题。而走乡风文明建设的道路任重而道远，需要从现在开始引起注意，进行整治。如果乡风文明建设得不到重视，也不去有效解决的话，那么不仅会延缓乡村振兴战略的步伐，而且还会影响全面建成小康社会目标的实现，农村精神文明建设就会成为泡影，也就会离社会主义和谐社会的目标越来越远。在庆阳市推出乡风文明建设需要推进移风易俗的进程。庆阳市要改善社会风气，加强农村精神文明建设，就必须首先移风易俗。这对建设庆阳市社会文明新风尚，提高庆阳市人们的文化素质，加快庆阳市经济、文化、政治建设有着重要意义。乡风文明建设在促进庆阳市营造良好的新氛围，提升广大农民的思想道德素质，丰富他们的精神生活，培育他们崇尚文明，建设农村文明风尚，培养他们勤俭节约的良好风气，营造整个庆阳市的讲文明、讲礼貌的社会风气有着重要研究意义。乡风文明建设对帮助庆阳市农村脱贫攻坚，走全面建设小康社会，创造良好的社会环境，提供强大的精神动力与支持，都有着很重要的意义。

7.1 乡风文明建设基本理论

乡风文明建设是建设社会主义新农村下的一个重要战略目标和任务，是构建社会主义和谐社会的最终动力，是实现乡村振兴的灵魂。2017年5月31日，中国文明网报道，宁波市在推进乡风文明建设、努力打造文明幸福的新农村时明确提出："积极倡导科学文明健康的生活方式和行为习惯，着力解决当前农村在乡风民风方面存在的不良现象、不良风气和不良习俗，努力打造文明幸福的新农村。"不仅仅是因为，乡风文明建设涉及范围广，任务繁重，更重要的是因为乡风文明建设内涵丰富，我们需要将乡风文明建设的内涵吃透，把握住它的方向，才能真正将乡风文明建设工作落到实处，也才能将乡风文明建设好，取得良好的反馈效果，才能将中国建设成为真正的国际大国，将科学发展观，走可持续发展道路，建设社会主义和谐社会落实到位。

7.1.1 乡风文明建设的内涵

乡风文明建设是指农民在思想、文化、道德上不断提高，精神世界不断得到升华，在农村形成崇尚精神文明的科学社会风气，不断提高农民的物质生活水平，提升人民群众的幸福指数，推动农村各项事业不断发展。通过乡风文明建设，实现广大农村居民在农村也依然能够享受到同城市同样的文化熏陶，丰富自己的内心精神世界，做一个有思想、有道德、有理想的人。这对于对农民进行综合素质培育就有了更新的要求。提高村民的道德素养，丰富村民的精神需求，就是要对他们进行素质教育，将教育普及到农村的各个角落，让每一个人都能接受到知识教育，享受到知识改变命运的巨大改变，形成农村家家户户都在学习乡风文明的良好氛围，营造良好的社会风气，激励每个人都成为积极向上不断努力发展自己的人，这才是一个有趣味的人，脱离低级趣味的人，才能找到作为人的真正价值感和存在感。

7.1.2 乡风文明建设的特点

乡风文明建设在党的十六届五中全会中被作为重点关注问题提出，被赋予新时代下的新内涵。十九大以来，中央、省、各市州、县、乡政府部门精心组织，大力宣传、建章立制、大力开展"移风易俗除陋习 崇尚节俭树新风"活动，多措并举全力推动乡风文明建设。乡风文明建设有着其自身的特点，将特点掌握才能够更好地抓住乡风文明建设的方向，将乡风文明建设运用起来，积极加入乡风文明建设的队伍中来。

（1）乡风文明建设最本质的初衷就是要建立一个文明的、反映人们美好生活的农村社会，能够满足人们的需求，在各方面都体现着人们安居乐业的一种祥和气，这是构建社会主义和谐社会的梦想，也是实现中国强国梦的重要条件。不能够画饼充饥似的给人们粉饰梦想，而没有实质的内容。乡风文明建设需要我们脚踏实地一步一个脚印地去完成，而不是追求速度与表面，要关注实际，注重内在，不能搞以前的"人有多大胆，地有多大产"的浮夸、不注重科学和实际的盲目，要把传统优秀文明重新引进人们的意识当中来，将传统优秀文明很好地融入现代文明中来，还可以引进国外优秀文明，将这些优秀的文明潜移默化地渗透到农村的生产和生活当中去，转变农村发展方式，提高农村生产力革新。将乡风文明建设观念深入人心，将精神力量灌输到每一个人的思想中，转变成为他们自觉积极参加乡风文明建设，使乡风文明建设成为他们的信仰和动力，最后转变成为习惯，这就需要把乡风文明作为一个系统工程长期坚持。

（2）乡风文明建设是乡村建设的灵魂所在。乡风文明建设是建设乡村产业的根本推动力之一，乡风建设在建立乡村生态宜居，治理有效的以及富裕的乡村生活上有着重要作用。乡风建设涉及乡村建设的各个方面，渗透到村民的日常生活中，改变农村的以往生活，丰富和满足人们日常生活所需。乡风文明建设为乡村的经济产业发展做铺垫，能够为乡村产业发展提供保障，是农村经济发展的重要保证。在乡风文明建设中，可以以乡风文化资源作为旅游开发资源，为乡村提供第三产业，激活乡村经济实力，带动乡村朝着又好又快的方向发展。乡风文明建设赋予乡村浓厚的人文精神以及文化精神，将这种精神运用到乡村产业和乡村文化内涵中去，有助于提高乡村文化知名度，建立乡村农业、文化、旅游为一体的产业链，为农民增加收入，让农民在乡村也能有理想的收入，带动农民生产建设积极性，实现农民生活富足、精神富裕的未来发展。乡风文明建设为人们提供理想、价值信仰，引导农民在新产业时代发展下跟随世界脚步，引导农民在过上富足的生活的同时也能满足精神需求。而不是在物质生活条件变好的情况下，精神世界得不到满足，以至于出现各种社会不良之风在农村盛行，将农村搞得乌烟瘴气，这非常不利于农村的发展和社会经济文化的提升，需要乡风文明来做指引，将农村发展建设引导到一条明亮的道路上来，革除在农村盛行的邪恶之风，这对保障农村发展建设之魂的纯洁性有着重要意义。

乡风文明建设就是要提倡农民在农村这片土地上能够得到大自然的馈赠，在农村这方领地里安居乐业，安享晚年，一家人其乐融融，享受天伦之乐，这才是农村建设之根本，也是最终要达到的目的。村民有生产作为收入来源，也有丰富的精神娱乐享受，也是建设社会主义和谐社会的目标，这对农村生活将是极大的改变，也是在农村生活的道路上慢慢进行摸索和窥探，将农村建设得更好是社会主义和谐社会发展的终极目标。乡风文明建设就是在为此铺路，改善人们的生活环境，创建和营造农村积极建设的风气，将农村建设成为一个有效治理，讲道德，讲文明的小型社会，这是乡村建设之灵魂所在，有助于更好地将乡村建设成兴旺、富裕的农村。

7.1.3　乡风文明建设的作用

乡风文明在很多方面都有着其积极的作用，乡风文明在完善乡村环境治理，促进农村经济健康和谐发展，保障乡村生活和谐稳定等方面有着重要作用。乡风文明建设是新时代下的要求，也是符合社会发展潮流的，对提升各方面能力都有着重要作用。乡风文明不仅可以提升村民的道德与文化素质，还可以有效帮助农村进行和谐稳定的治理，更能够促进农村社会经济的发展，提高农村的生活水平，帮助人们建造美好的农村家园。基于此，我们必须要加强建设好农村乡风文明。

（1）乡风文明建设有助于村民提升自身的道德、文化水平，对提升他们的综合素质素养有着很重要的作用。农民在乡风文明的影响和熏陶下，潜移默化地接受乡风文明的渗透，这有助于他们在不知不觉中在乡风文明的文化气息熏陶下，培养他们健康和积极向上的文化素质，使他们在乡村建设中能够更加积极参与其中，投身乡村建设。在很多地方，农民因为普遍没有接受过高等教育，思想认识水平不高，在乡村形成一种低级俗气之风，还不以为然。例如，在村里发生争吵的事件层出不穷，见怪不怪，人们没有接受良好的道德教育，喜欢斤斤计较，爱贪小便宜，思想狭隘，没有道理可讲等等。这就反映出一个人没有道德修养，品行不端正，这对农村经济建设是一道巨大的阻碍，思想观念封闭不开放，死守陈旧观念，无疑是对乡村民风淳朴气息的消耗，也会使得农村建设脚步，缓慢前行，甚至滞后。在有的农村地区，重男轻女的思想依然根深蒂固，为了生个男孩儿，在生了好几个女儿后还不满意，仍然致力于在生男娃的道路上跑，在农村经济条件并不好的现实条件下，一个家庭承担的责任就会更重，在生活温饱问题上永远满足不了，这样就会拖延一个家庭的发展，甚至整个村子的发展，在人们陈旧思想影响下，制约着乡村向着更好的方向发展。所以，在乡村必须要加强乡风文明建设。改变人们的思想观念，提高人们思想道德素养，提升人们的思想文化境界，在新时期下，建设良好的乡风文明，对提升农民的思想道德素养有着很重要的作用。

（2）乡风文明建设对帮助乡村长期、有效、和谐、稳定治理有着重要作用。乡风文明在农村建设中已取得良好突出的效果，对农村建设凸显出巨大的作用。乡风文明建设打破了曾经城乡分割的局面。现在的农村与城市保持着良好的沟通与交流合作，出现了大量的农村人口涌入城市的现象，出现了城市热潮，农村被封闭的现象也在渐渐改变，使农村面临着新的挑战。传统的农村要向着新的方向发展，实现农村又好又快转型，就要将乡风文明建设融入农村建设中去，帮助农村治理摆脱困境，实现乡村发展更加和谐、稳定、有序，将农村发展成为生产力快速发展、农民生活富裕、村容面貌积极向上、农民自主公平管理的农村，这样才是符合真正意义上的农村发展高度，所以就需要发挥乡风文明在这一方面的积极作用。

（3）乡风文明在推进乡村治理时秉承村民自治、权力监督、公平公正和制度保障原则，建立积极、向上、健康的社会风气和精神风貌。以道德法律作为手段，让村民学习道德与法律，提升他们的道德修养，在道德法律的规范下，形成法律气息浓厚的乡村状态。这样有助于提升村民的道德修养，推动农村形成积极健康的社会风气。在乡村环境治理上乡风文明发挥着重要作用，乡村要有很好的发展环境，才能保证乡村长久并朝着良好态势发展下去。乡风文明就为乡村治理和谐稳定提供了重要保障，对完善乡村治理，保持社会稳定有着积极作用。乡村环境治理在乡风文明的保障和感染下能够更好为乡村服务，提高乡村的整体素质和文明程度，创设乡村和谐、稳定的环境氛围，为乡村建设保驾护航，这都是基于乡风文明建设的良好保障。

（4）乡风文明建设能够在促进乡村社会经济发展中发挥巨大作用。乡风文明建设在促进乡村经济发展的作用下有着必然的结果，因为乡风文明带动着人们进入积极努力发展的精神状态中来，提高人们的思想积极性、实际操作性，努力投身于经济建设，将自身的工作积极性融入乡村建设中，这样可以带来更多的资产，让农民在看到前途希望时更加充满动力和积极性。乡风文明带来更多的资源，农民在结合这些资源进行创作时更具有依据和可靠性，增加他们对工作的热情、对工作的认可度，使他们在积极投身工作中创造更多的财富，帮助村民提高生活乐趣以及物质自信，在为农村创造源源不断的财富时，也在进一步提升着国家的经济实力。乡风文明建设为农村创建经济发展的同时，能够带动农村经济朝着长久、又好又快的方向发展，这对农村经济建设不得不说是一个很好的发展机遇，所以，要抓住乡风文明建设的机遇，让乡风文明建设在促进农村经济发展下发挥更巨大的作用。

7.1.4　乡风文明建设的内容

乡风文明建设是新时期下社会主义新农村建设的重要内容，其中，乡风文明建设的内容包括提高农民思想道德素质、培养新型农民、倡导健康文明的生活方式、构建社会主义和谐新农村社会环境、营造良好的社会主义新风尚农村等等。"乡风文明"被纳入"十一五"规划之中，足以看出乡风文明在社会主义新农村建设中所占据的重要分量。这不仅体现了中央对农村乡风精神文明的重视，也反映出了广大人民群众对乡风文明建设的强烈呼声，乡风文明建设与我们每个人都有着千丝万缕的联系，我们每个人都要积极投身于乡风文明建设，才能在其中获益，也是贡献自己绵薄之力的要求。

（1）提高农民的思想道德素质。乡风文明是符合科学、合理的理论知识，体现了最广大人们内心的呼声，是经过经验总结的理论指导思想，能够帮助农村营造科学、健康、积极、文明、向上的理论指导思想，帮助广大农村居民适应社会主义新农村建设的思想观念以及促使他们提高文明意识，为农民的道德素质修养指引着方向，使得农民在乡风文明中受到潜移默化的影响，从而提升他们的道德水平与思想修养，为农民提供精神依靠、精神动力、文化自信、智力支持以及厚重的文化底蕴。乡风文明为农民积极引导崇尚科学，破除迷信，移风易俗，树立先进的思想，形成良好的道德观、人生观、价值观。让农民自觉地修身养性，促使农村形成团结和睦、互帮互助、公平公正发展的社会氛围，推进农村乡风文明进程。乡风文明感染下的农民知道什么是社会荣辱观，知道怎样选择科学健康的生活方式，知道团结友爱、互帮互助、艰苦奋斗、诚实守信、勤俭节约、遵纪守法等等，做一个有良好思想道德素养的人，一个品格高尚的人。

（2）乡风文明建设包含培育新型农民。新时期下的农村不再是刀耕火种，男耕女织的形象了，社会主义新时代下要培养有文化、懂技术、会经营的农民。农民是农村的主体，在农村建设中发挥着决定性作用。农民文化程度的高低，影响着乡风文明在农村的推广效果。乡风文明建设能在一个地方被很好地接纳吸收，说明这个农村村民思想觉悟高，能够很快融入乡风文明建设中去，也能很好很快得到乡风文明的回报，将乡村治理和发展得更好。培育新型农民就要普及文化知识，将农民文化知识水平提升，普及九年制义务教育，整体提升农村接受教育的程度。这样才能使农民在生产生活中运用科学技术手段来提高生产力，掌握农业新技术，如果是知识素质低下的农民只能借助以前的旧工具，使用人工去劳作，这样就降低了生产效率，得不到很好的收益。现代农业都要靠科技来帮助生产，提高生产力，这就需要农民掌握更丰富的知识，用来使用机器，操作机器，提高产量。在掌握科技理论知识后，将新技术、新方法在实践中得到很好的运用，这就是现代社会需要的新型农民，不仅会使用科技农业技术下的新机器，而且也有很强的学习能力。这就是乡风文明建设下需要培养出的新型农民，对建设社会主义新农村有着很重要的意义与作用。

（3）乡风文明下要倡导健康文明的生活方式。乡风文明建设工作开展以来，各地政府有针对性地开展了一系列打黑除恶、破除封建迷信、打击黄赌毒、整顿婚丧礼俗等行动，极力推动形成文明节俭新风尚。当前，农村封建迷信思想、黄赌毒现象屡禁不止，一个原因是中国两千多年的封建思想的影响，根深蒂固，很难从根本上解决问题，杜绝这类的事情发生。另一个原因是，农村相对闭塞落后，在农村这片土地上有滋养不良习气的环境特征。法律渗透力弱的地方，是一切堕落源泉的天然保温室。一些传统不良的习气也依然在农村这片土地游走，比如说，高彩礼、较重的人情世故、攀比之风严重等等，这些习气在乡村横行霸道势必会影响一个村落的建设，也在很大程度上阻碍着外界先进文化传播进来。某些落后的农村，因赌博、彩礼、地界等问题引起的家庭纷争，会导致社会不稳定，这样的农村生产生活，会滋生更多的愚昧、颓废、腐败、庸俗等腐朽文化阻碍农村社会的进步和精神文明建设。追根起源，最根本的原因就是，农村缺乏健康的娱乐活动。现在的农村，人们需要更多的文化精神来丰富自己的生活世界，当农村文化生活得不到改良，也得不到新鲜血液来交换时，就会让不良习气有机可乘，让不良习气在农村中蔓延，村民也没有更好的选择，相比健康文化，不良风气更容易被发展壮大，所以，改变农村现状迫在眉睫。另一个就是，人情消费在农村慢慢盛行，这与传统的优良习俗，人们勤俭节约背道而驰，发展到今时今日，农村的人情世故却是朝着风头更旺的方向发展，不管是红白喜事，还是婚丧嫁娶，人们讲究排场，铺张浪费，有的更是为了攀比、跟风，为了面子，在别人面前打肿脸充胖子，尽管家里并不富有，也要在面子上不输给别人，不能被别人笑话，给比下去。这种不合理的消费，压制着村民的经济消费，不仅不利于经济的发展，更不利于乡风文明建设的形成。

（4）乡风文明建设要促进人与社会、社会与自然的和谐。乡风文明建设最主要的一个核心价值目标就是要让农村人们与社会、自然三者关系和谐相处，构建最基础的人际关系，这样才能建设一个社会主义和谐社会的农村。就是要通过乡风文化的熏陶和培育，引导人们在乡村生活中处理各种人际关系，以及利益关系，要让村民以和为贵，和睦相处，这样才能创建更好的农村生活环境，构建人与社会、社会与自然、人与自然和谐相处的一种社会状态。村民要团结合作，将集体利益放在首位，而不是仅仅追求个人利益，才能在农村这个大社会集体中寻找到存在的价值。当一个人将自己的利益融入集体利益中去的时候，他的个人利益就会得到升华，这有利于建设农村和谐社会，在享受集体利益的同时，也会帮助个人利益在此中体现价值，有利于村民拥有自己的人格权、尊严，以及共同享受到社会主义发展的成果，共同在乡风文明建设的影响下建设更美好的农村家园。另一方面，农村因为缺少法律法规的管制，再加上村民自己觉悟造化不高，在对环境的破坏中，人们起到决定性作用，对森林乱砍滥伐，大量使用农药化肥，生活污水乱排放等等，不仅使环境生态遭到严重破坏，还使得农业减产，在很大程度上影响着农村经济的发展和人们的生命安全，一些农民为了一己私利，不管不顾自然的报复，对农村的破坏如此之大，这就需要乡风文明的积极引导，激发农民的善良本质，才能将乡村文明建设得更好。

7.1.5 乡风文明建设的支撑条件

乡风文明建设的提出自然有它存在的历史原因以及支撑条件。乡风文明建设来源于历史大背景下的新农村建设需求，又是当今社会大发展条件下，对农村建设的新要求。农村建设首先要从精神层面改善农民的思想，让农民成为符合现代水平要求下的新型农民，而不是还在以前的农村里发展自给自足的小农经济的农民，要与世界农村模板接轨，发展符合现代要求的农村新模式、农村新经济。这就需要在农村加大投入乡风文明建设，这样才能建设好更加符合当今社会需求的新型农村模式。而建设乡风文明有以下几点支撑条件。

（1）传统历史文化的支撑：我国存在时间最长，也存在时间最久的就是乡村，乡村在很早之前就已经开创农村经济这样的模式，无论是国内还是国外农村，农村发展的模式无一不是传统模式演变发展而来的。在中国，乡风文明建设有其特殊性和历史传承性。历史文化是根源，乡村文化在历史文化的影响下演变成今天的农村文明，承载着传统农村文明的思想、智慧、信仰、情感和生活方式，我国农村将这些文化很好地传承下来，对现在农村的形成起着决定性作用。乡风文明就是在结合了传统文化的基础上提出的对现代农村建设的发展和提高，是符合历史要求的，也是在研究了历史大背景下提出的一种对农村建设发展的手段策略，这不仅是符合现代农村发展的新模式，而且也是农村文明建设的一大重要举措。

（2）时代背景环境的支撑：当今社会是一个信息网络、设备工具大发展的时代，进入一个以信息和机器设备相组合配套发展的社会，在工业领域，以及在人们的现实生产、生活中又与现代的经济、科学发展密不可分，那么在农村也要引进科学与技术，改良农村生产设备，提高农村农业生产力。这一方面不仅要注重生产机器设备上的改善，更重要的是农民精神文化上的满足。现代文明发展下要求农村文明也要满足社会大发展下的要求，满足农民日益增长的文化新需求，农村文明要跟随当今社会发展的脚步，是符合社会发展潮流的，也是顺应了社会发展方向的。当今社会对农村文明建设进一步发展提出了迫切要求，更对现实农村文明建设提出了更严格的要求，这就需要通过乡风文明的建设一步步改进农村现状，推进农村朝着更新型的方向发展，这就离不开乡风文明建设对农村文明的培育和熏陶。在乡村文明中，乡风文明起着关键性和决定性作用。

7.1.6　乡风文明建设的理论依据

（1）社会主义精神文明观的发展，马克思主义，毛泽东思想的影响，要求农村建设要遵循乡风文明思想来进行发展规划。社会主义精神文明建设就要求，在满足人们物质生活条件下，更要注重人们精神世界的培养与熏陶，尤其是在农村大环境下，更是要注重群众的精神生活满足，引导农村群众的精神方向，不会让农村人们精神集体坍塌，否则对于农村各方面建设是一个非常重的打击，想要再进行农村科学教育就会存在很大的困难。因此，在农村进行乡风文明传播与建设，是现代社会主义精神文明的发展要求，是符合马克思主义、毛泽东思想的理论依据的，只有精神文明建设好了，才能对物质生活起到良好的反作用，物质文明也会发展得更加强壮。有社会主义精神文明作为强大的理论支撑，相信在社会主义精神文明支撑下的乡风文明建设会更加具有发展潜力和活力，通过社会主义精神文明理论支撑下的乡风文明建设，会让农村生产力得到空前的发展与改造，锻造出农村新的力量、新的观念，练就农村新的品质，改变农村新的交往方式以及生活方式。

（2）科学发展观的理论指导依据。科学发展观强调以人为本，树立全面、协调、可持续发展观，促进社会经济与人的全面发展，明确提出科学发展观的战略思想，这是符合社会主义社会发展道路的，也是在当前社会主义发展下的时代要求，更是符合当前农村发展现状的。科学发展观要求统筹城乡发展，统筹经济发展，统筹人与自然和谐相处，这是在总结了理论和自然规律下得出的经验，是客观反映了我国农村现实状况下的经济发展规律，又是对马克思主义理论发展的重大创新。这样经过实践检验，结合了马克思主义经典理论建设的乡风文明，内容会更加丰富，对促进农村政治、经济、文化、生态环境全面发展就有了理论可以支撑，有理论可以作为导向，将乡村文明建设成为全面、协调、可持续发展的具有中国农村特色的科学发展观乡村风范，将科学发展观渗透到农村乡风文明建设的方方面面。在农村乡风文明的建设下，将社会主义精神文明建设观、马克思主义毛泽东思想以及科学发展观的理论依据贯穿于乡风文明建设的始终，组建成为乡风文明建设的雄厚理论基础，形成乡风文明建设的强大理论支撑，让乡风文明建设对促进农村经济、政治、文化起到巨大反作用。

7.2 乡风文明建设整体滞后

在大多数农村,存在着劳动力素质不高、思想观念落后、生产方式粗放、农业投资不足、基础薄弱、科技含量欠缺、生产力落后的问题。少数农村家庭经济困难得连最基础的物质生活都得不到保障,生活还徘徊在没有物质生活保障的边缘,过得很艰苦,也很心酸,在物质生活条件落后的状态下农村人们的生活远远达不到一些发达城市的生活水平,这不仅又进一步拉大了农村与城市的经济差距,在农村又是一道难以跨越的经济鸿沟。农村经济发展缓慢,导致各种各样的人力、物力、财力的缺乏,致使经济越来越发展不起来,政府财政紧缺,建立不起配套设施齐全的基础公共设施,更不用说建立健全社会保障体系,人们还徘徊在基本物质生活的寻求和奋力挣扎中。

7.2.1 农村经济整体滞后制约乡风文明建设

(1)农村交通闭塞,交通不完善,不发达。交通是打开一个地方经济的大门钥匙,譬如珠海,它就是一座由火车拉来的城市,因为交通的发达和完善,就有利于城市的形成和发展,交通网越繁密的地方,其城市化越是水平高。因为交通便利带来的不仅是方便的物质设施,还有大量的信息传入和输出,加速着一个地方经济的快速增长,以及扩大着一个地方的经济承载量。但是部分农村道路建设不完善,不发达,交通闭塞,是农村地区急需解决的问题。例如在庆阳市的很多农村地界,交通还是几十年前的水平,没有很大改变,人们在相对闭塞的环境中成长,与外界接触较少,生活条件相当艰苦,生产力低下,生产时仍使用锄头等简单的农业操作工具,农业生产量低下,人工劳作提高不了农业产量,更不用说提高地区的经济水平。最根本的原因就是交通设施落后带来的弊端,乡村道路不仅狭窄,而且还是泥巴铺成的小路,这在个别农村地方十分常见,一遇到下雨天气,地上就是稀泥巴,被人踩得到处都是,没有修建一条相对质量较好的道路,说明很多地方政府财政不足,经济力量十分弱小。导致人们都会选择尽量不出门,更加不容易让经济得到交流和很好的发展,如果道路修建好了,人们也愿意走出家门,更多地选择向外拓展,也会促进地方经济的交流与融合,外地经济与本地经济的交流与融合,这不得不说是对农村经济的一大改变。但是现实状况是，农村道路狭窄，不容许大型载重车辆进入，来填补农村匮乏的物质，人们物质条件缺乏的困境得不到改变，就会拖延一个农村的经济发展。交通网络单一，质量低下，在很多农村都是常见的现实，很多散落的农村人户，因为交通的不方便，都是独自生活在一个偏僻的地方，与村庄也少有联系。这样的情况在中国农村是常见的，很多农村地方没有实现村村通路，没有村村连接的交通网，从而导致一个农村经济发展二十年如一，没有任何改变和发展，这是对农村发展最大的伤害，也不利于乡风文明建设在农村的实行和对乡村的改造。

（2）农村水、电、通讯发展落后。在很多农村地区，缺少水、电，很多农村条件较差，供应发电和输送水资源不到位，人们过着日出而作、日落而息的生活，家庭饮用的水需要去很远的地方挑，才能供应家庭所需要的生活用水，农村生活条件的艰辛由此可见，这在中国很多农村地方都可以看见，也说明了农村经济建设是一个浩大的工程，不可能在短时间内改变农村的经济条件。农村通信网络不发达，人们掌握不到外界的信息，外界信息也传入不了农村领域，这就形成了一个隔阂，农民的生活质量低下，农村的经济更是跟不上步伐。在庆阳市的很多农村地方，水电供应以及信息网络存在着很大的不方便，生产生活用水、用电在很大程度上制约着农村经济的发展，农民的基本生活遭到严重阻碍，不利于整个社会的繁荣与发展。

（3）农村生产力低下，生产经营模式落后，制约着农村经济发展。在庆阳市的很多农村地方，还在采用以前的耕作方式，生产工具落后，生产观念落后，还是沿用传统的生产经营方式，导致生产力低下，农作物收成不好，减产等问题时有发生。农村人们生产观念陈旧，靠天吃饭，认为没有收成是老天爷的惩罚，无能为力。采用的农业工具以牛耕、锄头为主，属于自给自足的小农经济模式，基本上都只是满足自家生活的基本要求，没有多余富足的粮食可以拿来买卖交换，这种生产技术含量低，农业结构单一的农村农业经济是最为普遍常见的，也是广大农村地区存在的现实问题，导致生产力得不到发展，对于乡风文明建设也是一方面制约的因素。

（4）农村社会保障制度政策不全面，不到位。就西北贫困地区的各农村来看，普遍存在着农村社会保障体系的不完善，农民的社会保险、养老保险、最低生活保障缺乏，医疗保障制度上存在严重弊端。近年来多次出现的"医闹"事件，从侧面也反映了某些老百姓无钱治病的现实。个别地方合作医疗形同虚设，农民没有得到根本的医药保障，吃不起天价药，交了医疗保障的费用依然享受不到医疗的便利和优惠，这样的事在农村也时有村民反映。又如，很多农村真正的困难户享受不到低保，反而是那些家境殷实的、有社会关系的农村家庭享受到了低保，还在开着小汽车，吃穿不愁的情况下享受着国家低保，对于那些真正困难的家庭，因为没有"关系"，所以享受不到"名额"，而依然生活在贫困之中。这就在一方面增加了社会矛盾，很多贫困农民在这种不公平的待遇下，存在着仇富心理，增加了他们的不满情绪，埋下社会隐患。这也是农村发展不协调，不均匀，延迟缓慢的重要因素。社会保障体系不完善容易在农村基层滋生腐败，扰乱农村社会治安，如果得不到很好的改善，势必会成为农村经济的一道很厚的屏障，越发导致农村经济发展的缓慢、落后，严重阻碍和制约着农村经济的发展壮大，这对于在农村实行乡风文明建设又是一道不易攻破的城墙，让乡风文明建设促进农村经济的发展成为难于上青天的事情，不利于乡村经济的发展。

7.2.2 农村文化基础设施整体滞后制约乡风文明建设

随着十三五脱贫攻坚的进程步伐加快，各地农村在基础文化设施建设上也不断改进和加强，为农村各地农民群众提供着丰富多彩、各式各样的文化基础设施生活享受，在文化基础设施建设开展得如火如荼的现实下，仍然存在着许多现实问题，一定程度上影响和制约着乡风文明建设工程的开展和实施，农村文化基础设施存在的困境有如下几个方面。

（1）地方政府对文化基础设施重视不足，导致安排下来的基础设施项目少之又少，进而影响在各地农村开展乡风文明建设的进程。在现实中反映在安排各地开展文化基础设施工作中没有传达到位，导致在县级各地，政府对文化基础设施建设的不重视，文化基础设施成为可有可无的一项工程任务，县政府的不重视，在农村的反映现实就是，农民也意识不到文化建设的重要性，在这一方面存在着盲点和误区，随之而来的就是文化建设在农村不能得到很好的实行，提高不了农民建设文化的积极性以及参与性。归根结底还是政府重视不足，没有起到很好的引导和宣传作用。一方面，政府人员可能会贪污仅有的文化基础设施建设资金款项，这在很多农村地方政府是常有现象。农村地方闭塞，相对市级管制宽松很多，就会形成天高皇帝远的心理，再加上农民对自身权益缺乏法律保障意识，导致农村经济一直发展不起来，这与地方政府不加以重视，贪污盛行有很大的关系。政府在文化建设中起着举足轻重的作用，如果政府都没有起到很好的领头羊作用，那么，势必会在基础文化建设中显露出很多问题、矛盾，对于乡风文明建设在庆阳市各地方的展开又是现实中存在的一大阻碍因素，影响和制约着庆阳市各地方乡风文明的建设。

（2）对于建成后的基础文化设施缺乏必要后续保障、维修、护养等，影响基础设施的效果。善后维修、护养资金不到位，资金缺乏，对建成后的基础设施可持续运行和管理就形成了阻碍因素。由于政府建成基础设施已是不易，那么，对于后期的管理，更是缺乏资金和管理经验，这就会导致建成后的基础设施因为缺乏维修和检查，被人们破坏，在使用了一段时间后就被废弃掉了，这不仅浪费了很多社会资源，也没有让基础设施发挥出它真正的作用，这不得不说，对社会资源是极大的损害和消耗，对于改善基础社会并不能起到有价值的作用。各地方基础设施的维修、养护等后期工作不到位，建设破坏现象以不同形式、程度存在，就比如庆阳市农村地方常见的休闲娱乐场所来说，在2016年就开始着手修建，2017年修建完成，由于没有更多经费可以进行维修和管理，这些娱乐设施已经在风吹雨淋中被渐渐损坏掉，在不同地方出现不同程度的损坏，有的是人为原因，也有的是在环境作用下出现各种各样的损坏，但总的来说，政府对于被破坏的基础设施建设不能够及时地进行修缮，也是很重要的原因。娱乐设施发挥不了其真正的作用，对文化设施建设来说是一大打击，农村文化建设任重而道远，农村文化基础设施修建存在的各种问题，也会对乡风文化建设产生很大的影响，庆阳市各地方的乡风文明建设也对各地政府敲响了警钟，各地政府必须引起足够的重视，加快农村乡风文明建设。

7.2.3 农民素质整体滞后制约乡风文明建设

在推行农村乡风文明建设过程中，农民自身也存在许多问题，农民自身接受教育不多，很多农民只是初中、小学毕业，文化程度不高，对于乡风文明建设认识不足，对于乡风文明建设理论概念不清，不能引起足够重视，在乡风文明建设中不能感同身受，没有积极性、参与性。另一方面，部分农民思想观念陈旧，传统观念深厚，难以改变，而现实社会需要的是新风尚，需要的是文化活跃、社会风气良好的新农村氛围。

农民思想认识不到位，不能将乡风文明建设摆在重要位置，导致乡风文明建设地位缺失。在庆阳市很多农村地方都可以看到，人们对于乡风文明建设不在意、不关心而导致的乡风文明建设进程缓慢。很多农民趁此机会争低保，抢占低保名额，争当低保户，为自己的好吃懒做寻求途径，在乡风文明建设政策下，许多农民投机倒把，钻政策漏洞的现象时有发生，这与他们自身所接受教育程度低，文化程度低，眼界狭窄，思想觉悟不高有关。因为在大部分农村地区，农村教育设施落后，陈腐观念严重，是普遍存在的问题。一些农民受不良社会风气的影响，再加之本身思想觉悟不高，在乡风文明建设政策下坐等政府"关照"，美其名曰"贫困户"，殊不知这贫困户将国家政策利用在自己身上，使得自己受益。

农村教育存在的问题在农民身上反映出来就是，由于文化程度不高，对于国家政策文件传达下来的精髓理解片面，独享私吞优惠政策的思想就会抬头，这不利于乡风文明在农村的传播。很多农民因为只接受小学教育或者初中教育就在村里干活打工，连乡风文明基本概念都不清楚，更是不会对乡风文明建设做到拥护和积极配合，在乡风文明建设中不做阻碍就已经万幸。

农民传统思想陈旧、迂腐，这在农村中是最为常见的，传统的优良品质被抛之脑后，取而代之的是道德观念的弱化，一些农民不仅没有对人生的敬畏之心，而且对道德的底线也弃之不顾，对老人的不赡养，诚信缺失等问题，随处可见，势必会影响到乡风文明建设在农村的推行，这是极其不利的因素。在庆阳市有些地方还出现了高彩礼，对婚嫁丧娶大事操办，豪华宴酒层出不穷，婚嫁彩礼都是动不动十几万甚至三四十万，而且邻里有相互攀比之风，低于十万的会被别人看不起，甚至说闲话。城乡接合部的部分村民因为征地原因一夜暴富，婚嫁更是奢华，婚礼迎亲车辆少则十多辆，多则几十辆，而且出动的都是豪车，不是豪车的根本不会作为迎亲车辆，还请用司仪，聘请婚庆公司，主持婚礼，进行表演等等，仿佛高彩礼就是要引起这样的轰动效果才是值得的，这与传统观念里的勤俭节约，反对铺张浪费的美好道德品质背道而驰，农村社会出现的这种风气，与农民自身觉悟低有很大关系，一些农民不注重自己内心的修养，肆意让人性贪婪的本质暴露在外，这是对自己的不负责任，也是不注重道德修养和自身觉悟的提高，很轻易就被社会风气所带坏，没有自己的主见，这在农村推行乡风建设时具有很大阻力，农民应该提升自身辨别是非的能力，而不是人云亦云。

7.2.4 农村社会风气庸俗化制约乡风文明建设

纵观庆阳市各农村地区的现实状况，农村地区治安条件确实存在着很大的问题。以前的农村夜不闭户，治安根本不需要过多管理，家家户户都诚实守信的，乡村也呈现出一片祥和之气，但到了现如今农村的治安出现混乱，盗窃、剽窃、赌博等不良社会风气此起彼伏，治安丧失本来该具有的作用和意义，治安情况每况愈下，足以看出庆阳市某些农村放松了管理和治理，让农村不良习气滋生，为不良习气在农村繁衍提供了肥沃的土壤。所以，在庆阳市各地方要管理好治安问题，就要牢牢打击"两种行为"，一种是在农村泛滥的聚众赌博以及在婚车行进中出现的拦路勒索敲诈行为，这些在以前的民风淳朴的农村中根本见不到，也想象不到的行为，居然在21世纪的当今时代愈演愈烈，这不得不值得我们深思和熟虑。庆阳市各农村地方的人们要进行深刻的反思，一个农村地区治安条件每况愈下，必定有其深厚的根源，找到这个根源，然后进行整治和改变，才能让庆阳市各个地方呈现一派欣欣向荣的景象。针对庆阳市出现的治安风气问题，需要我们切实落实好"破除四项陋习、打击两种行为、弘扬一个风尚"的党中央号召，解决好区域突出问题，树立好区域正面形象。尤其要解决好以下突出矛盾问题：婚嫁丧娶彩礼过高，婚丧大操大办，铺张浪费；人情世故浓厚，送红包、送见面礼现象成为常态。社会风气日渐败坏，人们身在其中并不自觉，已经是深受影响，经过耳濡目染，日渐熏陶，已经适应和融入这样的社会大环境中，想要将社会不良风气连根拔起，可能需要耗费很大的人力、物力、财力，才能将人们的思想扭转过来，让他们树立正确的世界观、人生观、价值观、道德观、荣辱观等等，还有就是乡村里对老人的赡养问题，在世时对老人刻薄，不讲究尊老爱幼是中华民族的优良传统，在老人去世后就大肆操办葬礼，这种本末倒置的做法和现象在庆阳市各地区以常态存在。

另一方面，人们攀比心理严重，在很多场合都要讲究排场和面子，家家户户追紧脚步就是为了不在别人面前输掉面子，看到别人家修建的房子格局好，外观漂亮，或者是手头有些钱对房子进行扩修和装饰等等，其他人看见后，也是扩建、装饰房子，跟风之气顺势而起，可能对于那些家庭并不是很富裕的人来说，虽然修建不起，但是看着其他人都在扩建房屋，也就不管不顾地跟着大部队行进，不管自己是否负担得起，这样不仅浪费了很多经费和材料资源，更是对社会风气的一种败坏。攀比之心不仅体现在修建房子上面，这在买车上更加明显，只要有一家开始买车了，那么，跟风而起的是家家户户都会选择去买车，车是一个人的面子，所以在庆阳市各地方的农村都可以看到家家户户家门口都停着一辆车，不管家庭是否负担得起，然而并没有实质上的用途，就相当于是摆放在门口的装饰品。从上面反映的各种现实情况，足以反映出庆阳市某些地区社会风气的混乱和败坏，需要及时尽早对庆阳市这些地区进行整治和规划，使庆阳市农村地区乡风文明建设走上正轨，改善庆阳市各农村地区乡风民俗符合现代社会新要求下的新农村面貌和形象。引导庆阳市各农村地区建设好乡风文明，深入贯彻党的十九大思想，以培育践行社会主义核心价值观为根本，将庆阳市人民群众作为精神文明活动的载体，以立志解决庆阳市农村重点突出问题为着手点，加强对群众进行宣传和合理引导，要采取因地制宜的方法和手段，对庆阳市农村突出的社会风气问题进行整治，政府加强对农村社会风气改善的监督和管理，让人民群众自觉参与到乡风文明建设中来，各县、乡级党员工作干部要起好带头作用，率先积极投身于乡风文明建设中去，给村民起到一个良好的表率模范形象的作用，要加强广大群众思想道德建设，强化文明风尚培育，对农村进行乡风文明内涵意义的普及，建设广大农村地区勤俭节约的良好风气，营造讲文明、树新风的良好氛围，为推进精准脱贫攻坚、全面建成小康社会提供强大的精神动力和良好的社会环境。

7.3 乡风文明建设整体滞后溯源

当前，推进乡风文明建设的困难重重，有守旧思想、传统观念方面，甚至封建迷信等原因；也有农村基础设施建设滞后方面的原因。概括来看，主要包括但不限于以下方面。

7.3.1 乡村党政干部对农村乡风文明建设重视不够

从全国来看，乡村党政干部普遍素质不高，存在着做事敷衍了事的情况，个别党员干部风气不正，一定程度上容易导致村级领导班子内部乌烟瘴气的现象，在西北贫穷地区的农村地方这样的现象更是尤为明显，一些党政干部思想觉悟不高，不能很好地领略上级政府传达的思想和重要决策。就比如说在农村实行乡风文明建设这一方针，如果各地党政干部不够重视，学习精神指示不到位，导致在政策传递过程中，避重就轻，说得含糊不清，老百姓听后也是摸不着头脑，农民不清楚乡风文明建设的实质内涵，更不会积极投身于乡风文明建设之中来。最终，乡风文明建设就会成为"形同虚设的软架子"，在农村地区起不了很好的作用，更不用说让农民切身受益了。现实中，很多地方的基层干部拿着工资吹空调，不干事的大有人在，面对上级传来的文件、指导民众发展的思想路线方案，在传达给群众时也是敷衍了事，并不能引起足够的重视，就只要在自己的一方寸土上博得安稳和舒服就是，也不管人们群众的利益，这样的党政干部是社会的毒瘤，拖累拖垮了一个乡村的经济建设，也让一个乡村在发展的道路上艰难困苦地行走。在西部贫困县区的乡村基层建设中，党政干部对民众采取放任自流的态度，依然采用以前的老办法，对民众束手无策，农村出现高彩礼、打架赌博、人情世故过重等不良社会习气也无能为力，睁一只眼闭一只眼，对农民的有些行为不加以管教和控制，任由一些不良社会习气在农村蔓延，污染着农村本该有的淳朴祥和之气，一些党政干部的不作为，更是给了这样不良习气增长的好环境，好土壤，导致整个农村地区一片乌烟瘴气，在建设乡风文明时，更是不能深刻理解和领悟文明建设的真谛，在实际操作中就会滥竽充数，不计后果，敷衍了事。一些基层干部的软弱无为，更是得不到民众的信任和支持，因为对基本的一些上级文件都传达不到位，说明这些党政干部碌碌无为，没有为民众做过实际有效的工作，让人民看不到工作的成果，那么，也就得不到人们的支持，就连开个群众大会也很难将人集聚起来，由此可见，这样的党政干部在人们心目中的地位。各地区部分党政干部对乡风文明建设不够重视，缺乏长远的眼光和战略眼光，认识不到乡风文明建设的重要性，认为文明建设是存在于知识理论的很虚无的东西，民众难以理解，干部也懒得解释和宣传，认为这是夸夸其谈的事情，没有实质性作用，建设乡风文明还不如把经济建设放在首位，以为经济搞好了，人们的生活水平提高了才是真正有价值的事，但是殊不知文明建设好了才能让经济朝着又好又快的方向发展。如果只注重经济发展，文明发展就会跛脚，那么势必会拖垮经济。要想经济朝着健康长期稳定的方向发展，乡风文明建设必不可少。

7.3.2　农民对农村乡风建设觉悟不高

在农村广大地区，农民普遍文化程度不高，受教育年限较短，对乡风文明建设的思想觉悟也不高，农民只是在政府引导下按照操作步骤来一步步实施，没有很强的整体意识，也表现在一些农村认为乡风建设只是领导干部为了业绩干的表面上的工作，乡风文明建设干好了也是领导干部的业绩，干不好也与自己没有任何关系，就算干得不好，也是大家一起承担后果，危险也落不到自己一个人头上来，在这样极端自私自利的心态下，要想在整个农村建设好乡风文明也是难上加难。农民首先就将自己纳为旁观者的角色，如果建设不好就随时准备抽身，本身就没有融入乡风文明建设中来，这样导致人心涣散，没有团结、凝集的力量，乡风文明建设的主人翁意识严重缺乏，就很难在乡风文明建设的道路上越走越远。最为关键的一点是农民接受教育的程度偏低，普遍对乡风文明建设意识责任心不强，也就很难真正融入乡风文明建设之中来，响应和拥护乡风文明建设。农村农民的思想道德品格存在的问题，对乡风文明建设没有很大的思想觉悟，这都与农民接受的教育程度有关。农民的受教育水平低，没有很高的文明思想觉悟、公平民主的法治观念，还是以家庭为单位，注重家庭的发展与稳定，而不具备群众团结、合作，只是关注自身发展，而不是在团结、互帮互助中共同获取利益，这样也导致了乡风文明建设很难在农村大范围集体展开，总会有思想不一致，不能够团结凝集力量，一鼓作气，将乡风文明建设好。另一方面，农民参与意识不强，积极性不高，对于农村好的建设不能积极主动地成为引领建设的主人，思想道德修养素质参差不齐，对思想文化工作的部署建设不能够积极踊跃地参与进来。农民身上根深蒂固的传统旧思想依然在引导他们不敢做有所变化的决定，也导致了农民故步自封，不肯接受新思想、新教育、新文明。美国历史学家戴·兰佳斯曾经说过这样一句话：国家贫富问题，首先是文化和精神问题。造成一个国家富裕水平高低的原因在于共同的价值准则、习惯和民族传统。文化才是一个民族一个国家值得深深依靠的源泉和力量，如果在现今的农村不实行乡风文明建设，那么，农村的状态依然得不到任何实质性的改变，农民的知识水平低下，思想觉悟欠缺，在农村存在的大量文盲、法盲、科盲都势必会影响整个国家的文化水平。一个农村地区建设不好，就会使得社会主义新农村建设成为理想中的蓝图，永远接触不到真实的现实。这一现实情况不仅在诸如西北贫穷落后的庆阳市农村地区存在，而且在经济发达的部分农村地区也存在，这就警示我们要加强农村农民的文化教育，使得乡风文明在农村地区稳定地开展下去。

7.3.3　乡风文明建设设施配备滞后

很多农村地方，由于经济落后、历史等各种原因，基础建设投入严重不足，农村的文化建设阵地呈现出衰败、落后的景象。农村缺乏乡村文化广场、乡村文化展览室、乡村文化交流场所，农村文化生活单调枯燥乏味，这就在很大程度上扼杀了农民的文化情感表达，使得农民的文化源泉日渐枯竭，农村基础设施落后，无法满足人们日益增长的文化需求，这就会导致农民在文化精神上的需求得不到满足，生活过得烦闷、无味，造成心理上和精神上的思想枯竭。在吃水都很困难的很多农村地区，诸如庆阳市环县的部分农村地区，讲究卫生基本成为奢望。长此以往，农民形成了不讲卫生的习惯，容易造成某些区域性的病症。兼之经济欠发达，家庭收入局促，导致农民生病宁愿在家挨着，也不愿去村的卫生室。卫生室医疗水平低下，医务人员素质低下，设备简陋，再加上医药品价格飞涨，很多经济承受力差的，都买不起药品治病，农民有病也不去医院，因得不到及时治疗而耽误最佳治疗时机，导致病情恶化的情况时有发生，因看病难、看病贵而出现的因病返贫大量存在。很多地方公共基础设施滞后，随处可见的是建房杂乱散，粪土乱堆，垃圾乱倒，污水乱泼，禽畜放养，饮用水不符合卫生标准，生态环境恶化。农村的基础设施落后也拖累着一个乡村的经济发展，整个设施不到位，农民生活在水深火热之中，这样基础都没有得到很好建设的乡村又怎能在乡风文明建设中跟上脚步，势必会在各种基础设施缺乏的情况下不能很好地将乡风文明建设落实到位，走上正轨。

7.3.4　农村各项保障措施不到位，贫困人口占重大比例

在全面建设小康社会的阶段，各项福利保障措施正在逐步完善。但是，贫困市县因自身财力有限，农村地区依然存在保障措施不到位的现象，农村贫困人口比重大量存在，在其他很多农村地区也是同样的状况。国家开展扶贫工作，要将贫困人口的数量降低，将贫困人口的数量控制在一定范围内，深入开展"注重点、补短板、强弱项"等各项工作，但是传达到农村就没有起到这么好的效果，农村各种保障措施不到位，农村大量贫困人口依然是当下存在的问题。很多贫困县区，农民的医疗保险、养老保险等没有得到很好的应用和发展，能够得到这一优惠政策眷顾的贫困人家比例还达不到百分之三十，而剩下的百分之七十的贫困人家得不到救助和帮助，仍然在贫困线上挣扎。农民享受不到真

正的优惠，也就改变不了现状，拖累着农村经济发展。究其原因，一是农村社会保障项目过少，不能全面为农民解决生活问题，富有的人继续富有，贫困的人也只能继续贫困，国家不能提供一个更加公平公正的平台，使得每个人都有获得保障的权利。二是农村保障水平低下，农民根据自身的经济水平交纳保障金，也只能根据自己交纳的比例享受到一定程度限制的优惠，很多家庭条件困难、经济水平低下的家庭也只能选择最低层次的保障，这样的低标准，低保障，对贫困家庭来说依然是杯水车薪，得不到实质性的改变。三是农村保障体系管理不到位，上行下效的环节导致不畅通，那么在真正落实到农民身上的社会保障优惠政策就会出现各种问题。农村没有建立健全的社会保障机制能够对真实应用在农民身上的保障优惠政策实施监督和管理，导致农村社会保障制度陷入混乱，不能真正让农民受益。四是农村社会保障经费短缺，社会保障工作在实际操作时步履艰难，工作开展不顺畅，农民与社会保障项目也不能很好对接、融合，很多政府干部以经费不足为由拖延农民的保障基础供应，导致很多日常工作不能正常开展下去。长此以往，势必会影响农村经济社会发展，开展乡风文明建设任重而道远。

7.3.5　农村精壮年劳动力缺失

随着城市化进程的持续推进，农村许多年轻人都进城谋求生活和发展，农村地区老龄化日趋严重，农村大量劳动力流失，农村地区成为老人和儿童的驻守家园，会导致农村经济基础薄弱，文化缺失，精神生活匮乏，这在很多经济欠发达的落后农村地区表现得尤为突出。老年人与小孩文化接受能力较弱，对于乡风文明的建设如何能得到很好的发展认识极其有限，农村土地上大量田地荒废，使得农村地区呈现出一片萧条的景象。农村的主要劳动力缺失，也导致在农村大片土地上无人进行劳作、种植，农村地区收入来源有限，导致经济停滞不前。大量劳动力的流失，也导致农村缺少雄厚的集体力量。因此在农村实行乡风文明建设就会缺失年轻农民的载体，使得乡风文明建设在农村很难推行下去。

7.3.6　农村现实社会风气存在"惯性"，很难马上扭转

在甘肃某些经济欠发达的地区，农村盛行"高价彩礼、人情世故过重，攀

比严重以及赌博抬头"等风气，这在一定程度上影响着当地经济社会的发展。本节以甘肃东部的庆阳市为研究对象，进行了典型案例的实地调查，发现庆阳的某些县区，如镇原县、正宁县、宁县，高价彩礼更是由来已久，"职业媒人"在这些县区的农村地区混得风生水起，他们常年从事婚介工作，搜集整理农村未婚青年名字、年龄、家庭经济状况、工作等重要信息。某农村职业媒人张某介绍说："经我说成的亲事最快三四天，最长不过三个月，彩礼最高有要到18万元的。"如此高额的彩礼，让年轻人娶亲说嫁成为让人望而却步的现实，媒人收取的高价彩礼就要占据大半，而男方承担给女方的彩礼则还要另算，这让年轻人承担着巨大的压力。在镇原、宁县等各地的"人市"上，像张某这样的职业媒人"很吃香"，他们将女方所提出的条件牢记于心，然后将女方对彩礼数额，男方的年龄、长相、家庭条件、经济状况等要求传达给男方，寻找合适的青年进行说媒，成功做媒，然后得到丰厚的回报。镇原县开边镇羊千塬村村支书尤敦吉说："越是家庭经济条件差的，女方彩礼要得越多、提的条件也越苛刻。家长担心姑娘过门后吃苦，就以彩礼作为经济保障。在村上，借钱娶媳妇已是常事，甚至有的人家贷款结婚。"很多农村家长总想着把女儿风风光光地嫁出去，除了体面的婚礼，"高价彩礼"也是一项重要的衡量标准。在这样的思想观念下，很多农村家庭并没有很多的积蓄，为了娶老婆，不得不贷款准备高价的彩礼，这让年轻人在无力打破在农村盛行多年的不良习俗的情况下，不得不背负着巨额债务继续生活。镇原县开边镇社会事务服务中心主任陈康宁说道："对于这种高价彩礼，人们总是又爱又恨。"在结婚时所置办的嫁妆随着时代的变化在不断上涨，举办婚礼要与时俱进，符合现实社会存在的合理要求，但是"高价彩礼"这种思想观念却没有发生任何改变，反而愈演愈烈，从20世纪80年代的自行车、手表、缝纫机、收音机"三转一响"变为金戒指、金耳环、金镯子、摩托车"三金一冒烟"外加彩电、洗衣机，再到近两年的"四金一钻"。这样用"金、钻"高价打造的婚礼并不是现实反映的真实情况，很多人都是为了面子，竞相攀比，想要在旁人面前赚足面子，这样一来就说明你是有身份地位的人，被别人看得起。而那些还挣扎在高价彩礼贷款娶媳妇的家庭，在婚后会暴露出很多问题，由于这些速配的婚姻，没有感情基础，都是由高价的物质堆积起来的，一旦金钱的平衡被打破，就会出现诸如离婚、打架等各种婚姻矛盾。女方在高价彩礼的诱惑下也会听从媒人或者父母的安排，在没有感情基础的培养下就将自己嫁出去，在实际生活中也会出现很多问题。这样的婚嫁习俗其实在方方面面透露着警示信息，本来男婚女嫁收取彩礼是中国几千年流传下来的习俗，收取彩礼无可厚非，但是庆阳市农村地方收取高价彩礼俨然成了一个严重的社会问题，影响着农村的整个习气的发展。陇东学院马啸教授认为，彩礼问题是民间婚俗的一个常见现象，有几千年的传统，无法完全抵制。因此，针对庆阳市出现的各种高价彩礼、民风习俗问题，必须加强农村的精神文明建设，节俭婚俗教育宣传，创建美丽的乡风，要坚定不移地牢牢抓住移风易俗的工作重点，坚持科学发展观，促进庆阳市各农村地区社会和谐发展与进步，同时要积极探索婚俗管理的办法，用法律手段有效制止高价彩礼问题的进一步扩大、蔓延。农村地区精神文明建设，是一个应该引起关注、值得思考的问题。倡导环保婚礼，抵制铺张浪费，倡导新式婚礼，节俭，去除繁文缛节，让婚礼更加舒心，轻松，这样的婚礼不是要注重豪华隆重，而是讲究双方都身心舒坦，敞开心扉。婚姻是靠双方共同经营维持家庭开销，而不是虚有高价彩礼的物质表象，没有内在实际的灵魂，如果只是一味地舍本逐末，就会造成当事人心累，内心空虚，内在精神严重缺乏。

鉴于此，中共庆阳市委办公室、庆阳市人民政府办公室印发了《推动移风易俗树立文明乡风指导意见》，要求庆阳市各个地方政府做好改善农村风气，推动农村移风易俗，树立乡风文明的实际工作，要结合庆阳市各农村地区的实际情况，认真将农村的移风易俗工作落实到位。在建设乡风文明的要求下，庆阳市各地政府积极行动，抵制和约束"高价彩礼"等不良习气继续在农村蔓延，建立健全相关制度和措施，在管理"高价彩礼"时要起到良好的改善作用，建立符合要求的婚介所，帮助年轻人在这样的平台上找到合适的另一半。要积极动员群众参与到抵制高价彩礼的活动中来，帮助人们树立正确的婚恋观念，而不是一味地追求物质保障。要推动移风易俗，树立积极正确的乡风文明观念。当前，庆阳市正宁县首先倡导文明新风，抵制高价彩礼，由此可见，高价彩礼这一不良社会风气对庆阳市各地人们影响之深远，很多人在高价彩礼上深受其害。所以，要改变这样的现状，就必须移风易俗，树立文明乡风，在农村形成一种积极向上的乡风建设氛围，改变人们陈旧、落后的思想观念，树立正确的人生观、价值观、世界观，让乡村生活变得更加生动美好。而对高彩礼进行移风易俗，更是为乡风文明建设铺设阳光大道做准备，这会让乡村体现一种文明之风、礼仪之风，更是彰显人文之风、社会之风。

7.4　乡风文明建设的实施路径

要推动乡风文明建设，必须以人为本，抓好人的因素，完善文化设施，破除不良风气，营造积极向上、向善向美的良好文化氛围。

7.4.1　加强村民基本道德素质

在农村形成崇尚科学、健康、进步的精神文明风气。乡风文明建设的基本概念是由新农村演化而来的，新农村的基本内涵就是要建设不断进步、不断发展、使人们的精神丰富的农村生活。农村要形成一股文明之风，还要不断发展农村精神文明，这就包括在农村要使得村民人人讲文明懂礼貌，每个人都有很高的文化素养以及优秀的道德品质，具有崇高的精神理想追求，具有健康、科学、合理的消费观念，而不是用物质材料填补自己的精神世界，要形成科学合理的人生观、价值观，这样才能丰富自己的生活，丰富自己的精神世界。还要树立正确的道德观，形成正确的道德观念。在与人交流交往上，注意道德的引导，形成符合道德的交往方式。用道德作为引导，就可以时刻规范人们的行为，不至于走道德的下坡路，违反道德这一最低底线。用道德作为引导可以让人形成符合时代特色的家庭伦理关系、邻里关系、党群关系等等。乡风文明对农民主体发挥着巨大的作用，不断提升农民自身道德修养、科学文化修养、思想道德修养、政治修养等等，改变他们腐朽落后的思想，帮助他们不断提升自己的思想觉悟，使他们更加积极、主动地投身于乡村建设。

7.4.2　加强政府积极引导和培养政府人员提升自身文明素质素养

乡风文明建设需要政府积极推动和引导广大农民适应农村新发展、积极跟随新农村建设的思想境界，将农村营造成为能够源源不断地提供强有力的生产力，以强有力的生产力作为坚强后盾，推动农村经济飞速发展，打造一个充满祥和之气的优质社会环境。人们在这样舒心、愉悦、悠然自得的生活中幸福快乐地生产、工作、成长，建立一种桃花源似的社会生态，是每个人都梦寐以求的。乡风文明下对农民的要求更高，要使得农民改变陈旧观念，提高自己的思想道德水平，具有崇高的理想信念，培养大局意识，树立集体观念，要追求更好的生活，形成科学、合理、文明、健康的生活方式，不断提高现有的生活质量，自己积极主动地去提高自身的文化素质，培养出有文化、懂技术、会经营的新农民。这才是新农村下，新时代意义下，乡风文明建设的新内涵与新要求，时代赋予人们改变的机会，同样时代也在推动着人们马不停蹄地向前发展，要跟随时代的脚步，牢牢抓住乡风文明建设的旗帜，才能在社会大发展中受益，在建设社会主义和谐社会中贡献出自己的绵薄之力。

7.4.3 加快农村文化基础设施建设

当前，地方政府对文化设施项目投入的资金不足，导致地方文化基础设施建设进程缓慢，影响和制约着乡风文明的建设。近几年来，国家加大对各地方农村地区实行文化基础设施建设的力度，投放大量资金，将国库资源大量运用在文化基础设施建设上来。但从现实情况来看，分配给地方政府的资金少得可怜，这本是国家启动资金要致力于改善地方文化基础设施的很重要的一条措举，对民生的文化事业建设具有重要意义，也对加快建设社会主义和谐社会具有重要意义。但是从现实情况中反映出各个环节出现的问题，导致农村基础文化设施建设工程得不到很好开展，农村文化基础设施建设工程遭遇瓶颈期。庆阳市各级县政府对文化基础设施项目少有配套措施，有的地方仅仅只是建设了配套设施，后续的维护工作也没见了踪影。由于资金的匮乏，在哪个地方建设基础设施好像都不合适，这样延迟来，延迟去，最后也没有更好的办法解决，经费不足是一方面，但是剩余经费不知道作何用更是一大难题。由于资金的筹备不完善，庆阳市各个农村地方基础文化设施建设项目不能如期完成，从很大程度上影响着庆阳各个地方脱贫的进度，进而影响着在庆阳市各地方开展乡风文明建设的进程，让乡风文明建设在庆阳市开展活动变得很艰难。所以要加快农村文化基础设施建设，满足人们日益增长的各种各样的文化需求。持续推进以基础设施建设、文化活动室、乡村舞台、娱乐器材配套为内容的乡村文化基础硬件配套建设。根据庆阳市地方政府官方统计数据显示，截至 2017 年底，庆阳市共新修通村公路 6096 公里，新建改造农电线路 5000 多公里，实现了行政村通油路、自然村通动力电，实施危窑危房改造 9.7 万户，新建乡村舞台和文化广场 1126 个，建成农家书屋 1261 个，村级综合文化服务中心 126 个等。

7.4.4　破除不良社会习气

乡风文明建设因其涉及范围广，内涵丰富，所以对乡风文明的建设是不可能一朝一夕完成的，这是一个任重而道远的过程，需要我们做好打持久战的准备。这是一个缓慢而需要潜移默化的渗透的过程，建设乡风文明是一项长期任务，不可能一蹴而就，也不可能顺利完成，其中可能会遇到各种阻碍因素，也需要我们做好心理准备，需要我们克服艰难险阻，坚持不懈努力发展，保持乡风文明建设的初心，勇往直前向前迈进，才有可能取得最后真正的胜利。在很长一段时间，我国的农村都处于生产力落后的状态，思想封闭，陈旧观念浓厚，各种社会不良习气此起彼伏，对旧思想、旧势力的铲除和革新是一项繁重的任务。因为在很多农村，都存在着一些不良习惯，这跟传统因素分不开，很多农村还处于一种封闭状态，不仅生产力低下，人们的思想观念依然是陈腐落后的。这就注定了乡风文明建设这条道路崎岖不平，遍布荆棘丛林，注定会充满着千难万险。由于长时间没有注意到农村的社会发展，使农村的发展滞后，很多农村出现经济、道德文明的滑坡，以至于农村出现各种不安定因素，增加社会矛盾。有的地方丧失中华传统优良道德，出现精神文明匮乏，农民在维持基本生活上遇到困难，但是却得不到帮助，造成整个农村经济效益低下，人们还徘徊在维持基本物质生活的边缘之中，这对推进中国经济的大发展不得不说是一个很大的打击，因为，中国的国情就是农村人口占很大比例。如果不重视，不加快提升农村经济建设，那么，势必会拖延中国的发展，只有将广大地区的农村建设好了，才能提升中国真正的经济实力，展示中国的大国魅力，将中国推入世界大舞台中去，成为世界万众瞩目的一颗耀眼、辉煌、灿烂的明珠。

7.4.5　用积极向上的思想指引乡风文明建设

乡风文明建设在新时代背景下有了新的精神内涵。一方面，随着社会经济大发展，乡风文明建设与传统文明相融合，在传统文明的深远影响下，农村思想在很大程度受着以前思想的影响和制约。中国农村建设有其自身特色，这是与中华民族上下五千年的历史文明分不开的，中华文化源远流长，文明的发展日新月异，很多地方继承着中华文化优良传统。在历史改革中，这些优良传统也没有被抛弃和放弃，留存下来的都是文化精髓，这也要归功于人民群众在这一变化发展中对文化做到了很好的传承，让文化得以继续延续下去，让中华文化在历史的长河中闪闪发光，熠熠生辉。乡风文明一直存留在人们身边，在改革中创造革命文化，在社会历史进程中创建社会主义先进文化，都是深深植根于中国特色社会主义伟大实践，而在这实践中，农村人民做出的贡献更大，因为在中国农村所占比例重大，农村具有休闲自在的生活，但是也在随着时代的变化发生着翻天覆地的改变。现代意义下的乡风文明建设不仅要与优秀传统文化相结合，在农村形成优秀的家风、村风，继承和发扬尊老爱幼，邻里互帮互助，诚实守信等优秀文化观念。另一方面，农村文化要与城市文化对接，不仅能够使得农村文化快速发展壮大，也能使得农村享受到城市文化发展的成果，带给农村文化发展新动力，为农村文化建设输入新鲜血液，为农村文明建设提供更鲜明的发展方向。再者，乡风文明建设要与世界文化接轨，借鉴和引进外来优秀文化，让国外优秀的乡风文明建设取得很好的成果，为我所用，借鉴他们的方法经验，结合中国农村自身的发展情况将好的一面运用上，加快农村经济建设的步伐，让农村成为推动力量和带动力量，只有农村发展好了，才能将中国的经济真正提升上来。乡风文明建设要让农民对乡村文化充满自信，具有文化的自信，才能在发展建设中勇往直前，无所畏惧。中国乡风文明是文化的宝库，蕴含着丰富的生态文明理念，中国的乡风文明建设在吸纳世界文明成果的同时也要对世界文明做出中国贡献。

乡风文明建设就是要在农村营造农村文明新风尚。乡风文明之风是潜移默化地对人们的心灵和精神进行感悟和升华，这对于农村经济、政治、社会、文化的建设都有不可忽视的促进作用。能够引导人们辨识美丑，知荣辱，辨是非，逐渐树立品德端正的新农村居民的形象，在农村形成家庭和睦、尊老爱幼、邻里互助的良好农村风气，将农村打理成井井有条、阡陌交通、鸡犬相闻的桃花源，但又要结合现代农村的特点，改善农村的生产、生活方式，形成具有现代社会特点的新农村形象，使农民在富足物质生活条件的同时，也能满足精神生活的需求。

第8章

治理有效——乡村振兴的保障

"治理有效"是实施乡村振兴战略的内在要求之一和乡村发展的基本保障，作为乡村社会的运行载体，乡村治理体系为不同治理主体探索实现公众利益最大化提供了重要的制度支撑，乡村治理现代化和构建乡村治理新格局是乡村治理体系的发展目标。基于中国乡村的重要地位，乡村治理体系被定位为国家治理体系在基层社会的基础，也是国家治理体系的一个重要子系统。从现实意义上讲，乡村治理就是在各级政府的指导下，农村基层组织基于农村实际和农村发展，充分利用各类资源，推进农业农村建设和发展的动态过程。在我国乡村治理体系中，乡村自治是其核心内容。我国自 1982 年将村民自治纳入宪法以来，村民自治为国家治理和乡村治理民主政治的发展提供了宝贵经验，村民自治既符合国家治理的需要，又符合乡村治理民主政治的发展趋势。然而，由于内外部复杂因素的影响，我国的乡村治理一度陷入困境，诸多涉及治理主体、治理模式和治理效果的社会问题制约或阻碍了农村社会的有序稳定发展。针对此类问题，国内现有的研究成果大多集中在分析当前农村治理困境的成因和具体表现上。一些专家和学者也从不同的角度提出了相应的对策和建议，但这些建议往往是零散的。

当前，由于我国乡村治理主体的职责定位模糊，不同地区治理方式差异巨大以及治理成效缺乏科学的衡量标准，许多乡村地区的社会治理状况不容乐观，已经深刻影响乡村振兴战略的平稳实施。因此，探索科学合理的新型乡村治理体系是推进乡村振兴的重要前提。首先，坚持民主自治的乡村治理价值理念，村民自治是乡村治理的核心目标，自治过程中强调民主公平是村民自治的根本理念，在乡村治理的过程中，应切实强化乡村各基层组织和个体成员的选举权、监督权等政治权利平等，同时也应注重乡村集体的经济权利平等。在具体实践中，乡村基层组织应增加乡村治理透明度，凝聚村民向心力，并积极引导村民参与并管理社区公共事务，从而完善基层民主化治理制度和促进基层村民自治的发展。第二，坚持乡村治理体系效益最大化。任何社会活动都必须考虑"投入产出"问题，乡村治理体系的构建与设计应充分考虑乡村场域的建设发展所带来的经济效益、政治效益和社会效益。在乡村治理活动的实际运行过程中应牢牢把握"成本与收益"问题，应认清作为国家治理体系的重要组成部分，乡村治理的重心在于追求最大化的社会效益和政治效益，而非单纯追求经济效益。第三，明确乡村治理体系各组成部分之间的关系。乡村治理体系由治理主体、治理目标、治理客体、治理方式、治理制度等诸多要素构成，各组成部分相互关联，密不可分。其中治理主体是治理体系的组织者和行动者，包括治理组织的权限和职能；治理目标是乡村治理最终实现的目标；治理客体是治理的对象；治理方式是乡村治理采取的各种方法和措施；治理制度是乡村治理的行为规范或行动准则。第四，厘清各治理主体的权限与职能。乡村治理应以村民自治为主，区分理顺乡镇政府等行政管理主体、村委会与村民之间的关系，合理划分政府和村民自治组织的权力和职责，严格规范政府的行政权，防止越权、滥用权力等现象的发生，赋予乡村自治组织合法的政治权利。同时，社会各阶层组织应针对共同的社会治理问题积极协商和沟通，实现各阶层组织的协同治理。

中国正处于全面建设小康社会的决胜阶段。全面建设小康社会，农村是关键。然而，在国家治理体系和治理能力现代化发展过程中，乡村治理体系现代化是基础和短板。要抓住关键，打好基础，补上短板，必须完善农村治理体系，提高农村治理质量和效率。2013年，以自治、法治、德治为主要内容的"三治合一"乡村治理创新实践在浙江桐乡高桥街道越丰村率先开展，随后全国不同地区借鉴并推广。"三治合一"是我国基层社会治理的一次理论创新和实践创新，实现了政府服务、公民自治、道德共建的有机互动，也实现了法律与村规民约的互动。浙江桐乡的乡村治理体系创新充实了我国当前乡村治理的理论研究和实践经验，既是指导当前乡村治理的理论导向，也是落实乡村治理理念的实践指南。"三治合一"乡村治理创新实践的成功为新时期健全乡村治理体系提供了一定的方法论指导，其中一些具体路径和方法为其他地区所效仿。2017年，中共中央政府在十九大报告中明确提出"加强农村基层基础工作，健全自治、法治、德治相结合的乡村治理体系"。这是党中央首次在重要报告中对乡村治理问题提出明确的要求。在我们这样一个近6亿农村人口的国家，乡村治理不仅关系一个乡村的自治问题和自我发展问题，还关系到中国共产党的执政基础，中国特色社会主义民主政治的发展和国家的现代化治理。健全乡村治理制度，实践"三治合一"乡村治理体系符合我国当前加强乡村村民自治的基本要求，也是强化基层民主法治建设的重要指导，更是推进国家管理体制现代化和管理能力现代化的重要基石。

改革开放以来，中国农村社会发生了广泛而深刻的变化。在农村社会不断繁荣发展的过程中，城乡间人口流动、村民生产生活方式、基层社会结构、法治意识等方面的新变化对农村治理提出了新的要求和挑战。为此，在党的方针政策和国家法律的指导下，全国许多地区积极创新，农村治理进行了许多卓有成效的探索，取得了许多成功的经验。"三治合一"乡村治理体系的创新实践，弥补了国家治理体系与治理能力现代化建设中的基层问题，发展了乡村治理体系的内涵外延，加强了乡村基层民主法治建设，落实了乡村自治，满足了乡村人民美好生活需要，同时也是乡村振兴战略顺利实施的内在要求。为深入推进乡村治理体系和治理能力建设，夯实乡村振兴的组织基础和制度机制保障，甘肃很多地方政府出台了乡村治理实施方案。例如，庆阳市政府根据甘肃省委办公厅、省政府办公厅印发的《关于加强和改进乡村治理的实施意见》提出了符合自身实践发展的深化村民自治实践、建设法治乡村和提升乡村德治水平的乡村治理举措。《意见》中关于区域乡村治理的基本目标分为三个阶段：一是到2020年，农村基层党组织整体功能增强，村级议事协商和村民自治实践进一步深化，现代乡村治理的政策体系和制度框架初步形成，建成乡村治理示范村100个以上；二是到2022年，现代乡村治理的政策体系和制度机制更加完善，乡村治理体系建设取得明显成效，创建乡村治理示范村300个以上；三是通过示范带动、持续推进，到2035年乡村治理体系和治理能力基本实现现代化。[①]

8.1　以自治为核心，实现乡村治理有力

乡村是我国基层治理的重要场域，我国传统的乡村治理以自治为基础。中国传统社会的乡村自治有其内在复杂性。长期以来，"国权不下县，县下唯宗族，宗族皆自治，自治靠伦理，伦理造乡绅"的历史传统深刻影响了中国社会

---

① 资料来源：《庆阳市加强和改进乡村治理实施方案（2020—2022年）》。

的乡村治理政治环境。乡村治理主要依靠乡风民俗、习惯规约和道德伦理等。伴随经济社会的变迁，中国乡村的社会结构发生了深刻的变化，农村社会问题日益突出，社会矛盾加剧，传统乡村内部治理结构已无法维持分化和裂变的秩序。虽然中华人民共和国在行政区划的设立上打破了传统，将其划分为省、县、乡三级，但是乡镇以下的行政村仍然保留着自治传统。

8.1.1 自治：乡村治理的核心目标

乡村自治是构建"三治合一"乡村治理体系的主要内容，中国的乡村自治具有久远且深厚的历史基础，演化出具有区域特色的乡村自治现状和特征。从政治制度体系建设来看，村民自治制度是中国特色社会主义政治制度的主要组成部分，其在保障村民民主权利和反映村民个人利益诉求方面具有重要作用。改革开放后的乡村自治实践始于1981年，广西壮族自治区宜山区农民组通过公开选举正式成立了全国第一个村民委员会，随后其他一些地方又出现了村民自治会、村民代表会议、村民监督委员会、村民组等，丰富了村民自治的组织形式。《中华人民共和国村民委员会自治法》明确规范了村民委员会的组织安排和村民自治的制度安排。实践证明，村民自治在推进农业发展、保障农民利益、维护农村安全、调解民间纠纷等方面发挥了巨大作用。村民作为乡村发展的最终受益者，在乡村治理中发挥重要的主体作用。村民自治助力广大农民群众在乡村场域依法行使个人民主权利，实行自我管理、自我教育、自我服务。其中，自我管理要求在自主意识下，依法自我管理，依规自我约束，主动参与并处理乡村事务。自我教育强调树立正确的价值观和是非观，提高自己的品德意识，培养自我认识、自我监督和自我评价的能力。自我服务旨在通过创新机制和平台，发动群众服务群众，切实做到"事事有人管"。村民通过规范民主选举、民主决策、民主管理和民主监督行为合理行使自治权力，与时俱进，勇于创新，摒弃影响自治有效性的过时因素，在村民自治中推陈出新，创建顺应国情和域情的村民自治秩序。推进村民自治，有利于调动农民参与乡村治理的主动性和积极性，有利于实现和维护农民群众的合法权益，有利于推进乡村治理体系和治理能力现代化进程。

8.1.2 乡村自治的现实困境

当前，随着经济社会的发展，乡村社会繁荣的背后隐藏着重重危机，我国基层乡村治理现状堪忧，尤其是一些落后地区的乡村治理存在巨大的制度缺陷和实施真空。政府的行政权力过度干预乡村自治，乡村自治权与政府行政权之间的矛盾十分突出。传统的乡村治理模式中，村委会与乡级政府之间是代理与被代理的关系，村委会的主要职责是认真履行完成上级交办的行政任务，行政权实际取代了村民自治权管理村务工作，从而导致村民自治的基本权利处于真空状态。根据《村民委员会组织法》和《中国共产党农村基层组织工作条例》精神，村民自治是在党委领导下的基层群众自治，乡村组织中的村支部委员会是乡村各领域工作的"领导核心"，而村民委员会应代表村民履行村民自治权，具体管理村务。但在实际工作中，"两委"职责不清，推诿扯皮，严重削弱了村民自治功效。此外针对"两委"的民主监督机制不完善，农村自治组织管理模式集权化现象严重，村民代表大会无法对"两委"实施有效监督，村民自治最终异化为少数人专治。

甘肃传统农村以农业为主的生产方式使村民之间普遍缺乏整体利益关系，即便存在整体性利益关系，集体行动也难以有效推行，基层村民自治作用发挥受阻。近年来随着城市化发展，甘肃很多地方的城中村改造，其中不乏巨额利益的诱惑。因为制度的乏力，城中村改造成为腐败的重灾区，村民民主表决往往沦为"空投"，村干部腐败现象滋生，大规模上访或群体性事件频发。究其原因，在乡村政治中，乡镇政府、村党支部和村委会等参与主体没有理顺与村民之间的关系，依然存在决策管理不民主、滥用职权等问题。村民是乡村自治的重要参与主体，自治是村民发挥自我管理的重要平台，而现实中普遍存在村民参与主体"缺位"和参与意识不足现象，村民主体性作用得不到有效发挥，村民参与自治的积极性不高，民主监督机制失灵。因此，"三治合一"乡村治理体系建设的村民自治力量相对薄弱。

"地方精英扮演关键性角色"是桐乡实践取得成功的主要经验之一，推进乡村治理体系建设需要依托人力、物力、财力等多重保障，其中人力资源是保障建设顺利实施的重要条件。伴随改革开放以来我国城镇化的飞速发展，大量的乡村劳动力资源涌入城镇，中国近2.9亿农民工成为城镇建设发展的重要人力输入，相反，乡村大规模务工人员的输出导致了广大乡村的空心化现象严重。随着城镇化发展，甘肃的农村社会结构出现了深层次的裂变和发展，农村"空心化"正成为传统农业省份甘肃农村的"新常态"。大量劳动力资源外流和人口数量减少严重阻碍了农村社会的发展。许多农村的青壮年劳动力缺失，年轻人普遍外出务工，整个村庄的劳动力老龄化问题突出。农村农业生产的劳动力主要为留守家中的老人、妇女和残障人士，而这些农村劳动力普遍文化程度低、劳动技能弱，人力资源质量令人担忧。在乡村振兴战略背景下，部分农村地区已经出现了一批返乡潮，但返乡人员的知识能力水平和劳动实践技能尚不能为乡村振兴提供强有力的人力资源保障。

8.1.3　完善乡村自治，实现乡村治理有力

要深刻认识到乡村自治是健全乡村治理体系的核心内容，要在基层治理领域切实践行乡村自治，并不断完善自治体制机制。建设"三治合一"的乡村治理体系，需要从村民利益出发，将村庄发展与村民利益有机统一，运用有效的制度安排推动社会治理和服务重心向基层转移。以党的领导为核心，以村民自治和民主监督为依托，贯彻落实乡村共建、共享、共治的要求，完善乡村治理体系。政府应加强政策支持，通过完善的激励措施培育和壮大村民集体经济组织，通过紧密的经济利益关系增强村民的凝聚力，通过合理的制度规范强化村委会服务性功能。

以党的领导统揽全局，充分发挥基层党组织的核心作用，创新村民自治有效形式，推动社会治理和服务重心向基层下移，要明确乡镇政府、村党支部、村委会的权力界定。首先应强调完善村民代表大会制度，健全民主选举、协商、决策、管理和监督机制。其次，完善村民自治组织职能，完善村民组织管理制度，保障村民参与村民自治的权利，充分发挥村民自治组织在村级事务、公益服务、治安管理、纠纷调解、互助养老等方面的作用。

落实村民自治制度，与时俱进、因地制宜地开展村民自治工作，许多地方在实践中取得了良好的效果。近年来，甘肃很多农村基层在"四议两公开"工作法基本原理的指导下，逐步推广以村"两委"提议、村民议事会评议、村务监督委员会监督为主要内容的"两议一监督"议事协商机制，规范村民议事程序。此外，充分利用互联网时代的先进手段和形式开展多样化交流，例如，以网络、电话、会议、QQ群、微信群、乡村微信公众号等方式开展民主协商，完善村民议事协商工作程序。推行"党务、政务、财务"等村级事务公开制度，并保证公开的经常化、制度化和规范化。"由乡镇指导，按照'应公开、尽公开'要求，拓展细化公开内容，及时公开组织建设、公共服务、脱贫攻坚、工

程项目等重大事项。"① 全面建立健全村务监督委员会，出台《甘肃省村务监督委员会工作规则》，推广村级事务"阳光公开"监管平台，推进村级事务即时公开，积极推进村务公开信息化建设。完善村务档案管理制度，加强村务档案的归档、保管和使用管理，加强村务宣传监督检查，探索实施村务档案电子管理，逐步实现村务办公无纸化。

吸纳乡村精英助力乡村建设，为乡村治理奠定人才基础。鉴于甘肃等欠发达地区人力资源匮乏的事实，应拓展思路，打破人力资源的时空限制，广泛吸纳外来人员参与到本地区乡村建设中，提高乡村建设能力。此外，依靠本地区乡贤和基层政府的主要力量参与乡村治理体系建设，乡贤参与秉承志愿精神，基层政府参与是一种职责。当代乡贤既可以是民间权威，也可以是地方精英，依靠乡贤丰富的知识能力水平和广泛的社会人际关系促进乡村发展，助力乡村振兴。政府部门可鼓励支持基层政府和村民委员会合作建设乡村治理体系，合理发挥基层政府的服务主体作用，促进乡村治理体系建设。

8.2　以法治为保障，实现乡村治理有序

自中国共产党十五大以来，"明确全面推进依法治国总目标是建设中国特色社会主义法治体系、建设社会主义法治国家"，依法治国的步伐从未停止。党的十八大对全面依法治国做出重大战略部署，把依法治国提升到治国基本方略的高度，开创了中国依法治国的新局面。党的十九大继往开来，指出新时期坚持和发展中国特色社会主义，全面推进依法治国的总目标是建设中国特色社会主义法治体系和法治国家，要坚持全面依法治国基本方略，继续深化依法治国实践。习近平总书记深刻总结古今中外治国理政的经验教训，认为"法律是治国理政最大最重要的规矩"。追溯过往，我国的法治建设有其历史特殊性，法治建设同经济建设相似，采取自上而下的方式不断推进，这一过程具有政府主导性和权威驱动性，同时也使中国法治建设的开展过于宽泛，在具体实施过程中也容易忽视法治的民间力量和社会基础，而对法治的实际进程缺乏细节关注。这一问题在乡村等落后地区的法治建设中表现得更为突出。

---

① 资料来源：《中共中央办公厅国务院办公厅关于加强和改进乡村治理的指导意见》。

8.2.1 法治：乡村治理的保障底线

农村基层是全面推进依法治国的重要场域，乡村社会的基层法治建设是乡村治理的保障底线，尤其是欠发达地区必须大力推进和完善法治思想和法治化方式在乡村治理体系中的影响和运用，通过加强乡村地区法治建设来助推依法治国目标的实现。乡村法治建设是中国特色社会主义法治建设的基础。在当前推进社会法制化建设的过程中，乡村法治建设对于确保乡村治理规范和改善乡村法治环境具有重要意义。目前乡村治理中存在的基层民主建设滞后、民主制度不完善等问题都是乡村法治化水平偏低造成的不良后果，乡村法治水平的提升有助于解决这些问题，如果农民的利益受到或可能受到损伤或侵害，通过法律渠道可以维护农民权益或起到预判和预防的功效。乡村治理法治化是全面建设小康社会的核心衡量指标和必然要求。"没有农村的小康，就没有全国的小康"，因此，全面建成小康社会最艰巨、最繁重的任务在乡村。

在推进乡村法治建设方面，甘肃也进行了大量的实践。一是从着力加强权力监督和普法教育入手，将政府涉农事项纳入法治化轨道。二是农业农村基层法制法规形成方面，指导基层组织依法制定合理的制度和规范，为农业农村事务管理和发展进步提供基本依据。三是在农业农村基层执法层面，深入推进综合执法改革，规范执法程序，提高执法人员素质。四是提高农民群众的法律意识和法律水平，倡导大众形成村民依法办事、议事、管理的良好习惯。此外，甘肃在乡村法治体系建设中比较重视农村法治环境和安全氛围的营造。农村公共安全体系、农村社会治安防控体系的健全完善，乡村综治中心的建设和规范化，农村地区生产生活等领域的安全管理责任的强化，等等，都为平安乡村建设发挥了作用。具体实施措施主要包括：首先，借助新型网络平台，建设信息管理系统数据，坚决打击和防范农村非法宗教活动、邪教活动和境外非政府组织渗透活动，防止违法邪教活动危害农村社会。其次，持续深化扫黑除恶专项斗争，依法打击整治毒品违法犯罪活动，构建乡村安全稳定的社会治安环境。再次，建立乡村多元化纠纷化解机制，形成多部门联动的农村矛盾纠纷排查化解机制，及时调解和化解乡村不同利益主体之间矛盾纠纷，防止造成严重的不良后果，做到"小事不出村、大事不出乡"。同时，积极开展与理论学者和相关专家的沟通交流，跟进农村社会热点问题，及时释疑解惑，化解社会危机，疏导社会心理。

甘肃乡村法治建设对基层权力监督和配套措施也比较重视。一是加大了基层小微权力腐败惩治力度，以乡镇为单位编制乡镇政府权力清单、村级小微权力清单、议事协商事项目录清单和村务公开目录清单，向全体村民公布，让权力在阳光下运行。二是建立纪检监察监督、群众监督、村务监督委员会监督、上级职能部门监督、媒体监督相结合的监督体系，织密农村基层权力运行"廉政防护网"。三是推进农村巡察工作，持续纠正侵害群众利益不正之风，坚决查处小微腐败行为。同时，通过网络化、信息化服务平台完善省、市、县、乡公共法律服务体系，鼓励创新基层公共法律服务模式，将法务工作真正扎根乡村地区，健全乡村基本公共法律服务体系。此外，加强了农村法律援助，建立律师联系乡村和贫困户制度，开通困难人员法律援助绿色通道；完善了政府购买服务机制，扩大涉农法律援助和公证服务覆盖面，加强涉农司法鉴定工作，持续推进城乡基本公共法律服务均等化。

8.2.2 乡村法治的现实困境

乡村治理体系能否平稳运行取决于乡村治理法治化的进展水平。目前，我国乡村治理基本做到有法可依，但还存在着农民法治意识相对淡薄，农民缺乏规则意识、契约意识和诉讼意识，社会力量参与程度低，农村法治宣传不够等问题。"遇事找关系、办事讲人情、信官不信法、信权不信法"的现象还比较突出。由于长期受到传统行政化管理方式的束缚和影响，乡村治理具有治理目标复杂、治理任务艰巨、治理形势紧迫的特点，使得法治在乡村地区的实现更加困难。此外，乡村社会是典型的"人情社会"，法治化与乡村人情社会的现状相冲突，更容易导致新的治理难题。随着国家依法治国理念的不断深入，当前的农村法治建设已初步发展，村民的民主意识和法治思想已经开始萌芽。为满足人们对美好生活的需求，为营造民主、法治、和谐、稳定的美丽乡村环境，乡村民主法治建设工作还应继续深化。与此同时，我们也应清晰认识我国乡村法治建设发展所处的历史阶段和基本事实，特别是农村法治不充分不平衡的发展对乡村法治建设的制约作用，理清新时代形塑乡村法治秩序的现实困境，并为推进乡村法治建设工作探索研究。近年来，甘肃农村法治建设取得了较为显著的成果，乡村社会的各类问题在完善的法律体系范畴中予以规范，但农村依然是法治建设相对薄弱的区域，法治建设仍落后于经济发展速度。因此，甘肃等欠发达地区农村法治建设整体状况不容乐观。新时期，我们应认清现实，着眼未来。

目前，乡村地区农民的法治信仰较为薄弱。随着法治教育工作的推进，我国大多数农民法治观念在不断增强，他们能够掌握一部分法律知识并在日常生活中借助法律武器维护个人权益。但是，村民的行为更多地是建立在私人关系基础上的利益网络，一些村民在与权势方发生冲突时，会借助法律关系，将其作为压制他人的铁砧，但更多时候，他们会选择除法律诉讼以外的其他方式来实现个人利益诉求。在乡土社会中，"人情"的权力作用会使法律的权威受到质疑，尤其当一些村民对法律制度的公正性和有效性存在质疑的时候，他们更愿意寻求权力的帮助。从整体上看，我国农村法治建设还处于低级阶段。农村地区存在着不同程度的行政司法干预现象，司法不公和司法腐败时有发生。例如，一些村干部和基层领导利用他们的权力来瓦解和压制法律，导致基层法务工作的畸形发展，使村民对法律形成错误认识和负面评价。因此，基层司法的制度缺陷与弊端削弱了村民的法治信仰，致使村民对法治产生怀疑。

在延续了数千年乡土文化的背景下，"熟人逻辑"对中国农民的行为选择与经济决策有着重要而深远的影响。长期以来，区别于城市的快速发展，中国乡村发展严重落后。一方面，城乡法治建设和发展也存在明显的城乡二元结构特征，农村法治建设是我国整体法治建设的短板；另一方面，由于农村地区普遍经济发展落后、政治制度不完善，现代法律文化难以在农村扎根，都直接导致了农村法治建设工作重形式轻实际，工作成效不显著。乡村封闭落后，且缺乏生产资料、劳动资源和公共救济，村民要维持自己的生产生活，就必须依靠乡里乡亲的帮助。人际关系在村民的生存结构中占据重要位置，良好的人际关系能够为村民之间提供更好的人力甚至物力帮助。因此，乡村内便形成以维护人际交往为主的舆论环境。此外，乡村社会的发展严重滞后于城镇地区，不完善的乡村法治体系无法有效应对乡村社会面临的复杂性问题，加之基层司法机构和从业人员数量不足，司法审判的公信力遭遇部分村民的质疑，村民对司法本身的信任度和依赖度降低，甚至出现怀疑和抵触情绪。

8.2.3 促进乡村法治化建设，实现乡村治理有序

在乡村社会结构深刻变化的同时，由于体制转型、利益格局调整、思想观念更新转变，农村社会的各类社会矛盾纠纷不断显现出来，一定程度上影响着农业经济发展。城乡一体化发展进程中出现的新情况新问题已超出了非正式制

度的约束范围，农村社会的各类问题必须在强有力的法律和政策的帮助下推进解决，确保农村社会秩序的健康良性运行和农村经济的发展稳定，从而调节和规范社会行为。乡村治理需要将具有强制力的法律和具有柔性约束力的道德结合起来，相辅相成地发挥法律的规范作用和道德的教化作用。法治作为乡村治理体系建设的保障底线，要求任何建设方案都要依法建设，新时期"三治合一"乡村治理体系建设绝对不能忽视法治作用。

(1) 提高农民法治意识，树立乡村法治权威

一方面，农民法治意识的提升是乡村法治建设的思想基础。经过多年的法治体系建设和法治思想宣传，我国农民的法治意识有了很大程度的提高。然而，由于农村人口教育文化水平普遍较低，而且基层实践中"法治"和"人情"的关系较模糊以及农村法律执行中存在大量的不公平现象，导致"权钱凌驾于法律"的认识在农民群体中仍产生很大的负面影响，农民法治意识不健全不完善的状况依然存在。为了提高农民法治意识，应着重创新宣传教育方式，加大普法宣传教育力度，切实将法律实践与农民利益诉求相统一，激发农民权利意识。如结合乡土人情社会的特殊性，利用乡土精英在村民中的威信和话语优势，通过宣传推广方式对普通村民进行中等法律教育，逐步形成地方法制治理氛围。此外，借助乡村特殊的人际交往和邻里交流形式，以一种生活化的便于接受的方式将法治理念、权利意识、规则程序传递给村民，潜移默化般地提高村民的整体法治意识。

另一方面，树立乡村法治权威是乡村法治建设的效力体现。法律的权威性应是村民法治信仰中的核心内容，但乡土社会人际关系的复杂性和特殊性使得乡土法治难以立威，村民缺乏法治信仰，因此乡村法治建设举步维艰。长期以来，农村法治体系缺乏完善的监督和监管，导致执法不公和司法腐败现象在农村较为普遍，使得农民对法治的直观情感和理性认知存在偏差，基层执法和司法部门行为不端也影响着农民对法律效力的看法，农村地区法律法治的公信力大打折扣。目前，我国的基本司法制度改革在制度设置、人员管理、司法责任等方面取得了很大的成就，但所有的外部变化都需要以主体的需要为基础，要真正形成农民对法治的内在需求。此时，基层司法改革和农村法律实践成为树立乡村法治权威主要环节。要从根本上摒弃特权理念、消除特权现象，严格按照司法程序公正处理"关系案件"和"人情案件"，以确保法律在乡土社会的公正性，从村民主体视角出发引导村民法治需求的积极发展，只有这样，基础

司法改革才有最坚实的基础，地方社会才能迎来真正的法律秩序时代。[41]

（2）推进法治农村建设，优化法律服务方式

农村法治建设要视传统的乡土规范为土壤，充分认识到作为农村人口行为准则和处事逻辑的乡土规范的重要地位，理解和秉承乡村场域中人与人之间相互交往和生存的智慧。这种长期存在于农村社会中的乡土规范深刻影响着农村法治建设的发展趋势和走向。在乡村发展的漫长进程中，由于快速经济发展的冲击作用以及乡土传统文化与现代法治思想不甚一致，导致乡土规范没有被充分挖掘和合理利用，对农村法治建设的作用甚微。因此，进一步融合现代法治思想精神，重构乡土规范并以此推进农村法治建设是乡村治理的必然选择。法治是现代社会治国理政的基本方式，着眼于我国及区域发展的具体状况，在把传统文化观念融入基层治理的同时，要增强村民的现代法治文化思想和规范意识，不断提高和培育村民的法治素养。

法律服务方式的转变和优化也是农村法治建设的重要方面。现代农村法治要渗透到乡土社会和熟人社会，必须立足于农村农民的现实状况，优化法律服务方式，打破农民权益保护的壁垒。在很长一段时期，法律服务游离于农村社会发展，具有一定的被动性特征，导致对农村农民的法律服务脱离实际需求，满意度低。因此，优化农村法律服务方式也能促进农村法治建设。一是法律机构方面，基层法院应该将法官派驻乡村，与当地村民委员会"合署办公"。二是法律服务人员方面，要将法律服务人员纳入乡村体系内部，积极参与当地农村的法律宣传和法律教育，提供咨询服务、调解和解以及立案服务等。三是法律服务理念方面，要变被动服务为主动服务，突出服务功能，通过法律服务全面推进农村法治建设。

8.3 以德治为引领，实现乡村治理有魂

乡村德治，就是通过道德力量引领和感召人民群众，提高道德素质，丰富精神世界，进而规范人民群众行为，配合自治和法治，促进乡村治理有效。长期以来，德治一直是孔孟儒学大力提倡的政治主张，历代封建帝王甚至把"以德为主，以刑为辅"作为教化人民的基本原则，在中国传统文化中得到了2000多年的大力弘扬和继承。改革开放以来，中国经济社会发展势头迅猛，各项事

业成就斐然，但同时也带来了多元文化冲击，拜金主义、享乐主义、西方个人主义等错误思想和颓废思想的势头开始在我国抬头，国内部分群众价值迷失、道德沦丧、信仰缺失等文化不自信表现突出，在我们全面建设小康社会、决胜脱贫攻坚的今天，要实现乡村振兴和促进乡村文明建设，必须更加重视德治的积极作用和重要价值。[42]

8.3.1 德治：乡村治理的道德秉持

我国传统的乡村治理模式具有明显的自治和德治特征。政府与乡村的联系以基层组织为平台，通过选举负责人来实现。由于沿袭了传统的乡村内部自治理念，村规民约和具有自主权的村民的道德素养就显得尤为重要。但是，由于历史原因和乡村快速发展进程中对文化文明建设的不重视，导致乡村道德文化资源处于断裂或碎片化状态，难以支撑乡村自治的良好发展，制约了乡村治理水平的提升。

乡村秩序的良性运行和乡村生活的正常开展依托一定的规范准则。这一规范准则分为两种：一种是正式制度规范，例如法律、法规、规章等形式；另一种是非正式制度规范，例如道德规范、伦理价值、习俗、文化信仰等社会交往中所形成的被大众普遍接受的约定俗成的非正式规范。这两种规范是推进社会治理良性发展的两个重要层面，对应了乡村治理体系建设中的法治与德治。

我国历史发展悠久，传统文化底蕴深厚，乡村地区长期的自治模式孕育和衍生出了丰富的道德规范和行为准则，即乡村非正式制度资源，为乡村德治夯实了基础。因此，我们要充分认识到对传统乡村文化资源和道德规范进行挖掘和利用的重要性，并将文化建设和以德治理广泛纳入乡村治理体系中，建立每个村民自觉遵守的行为规则体系。法治与德治相辅相成，法治为硬，德治为软，维护乡村秩序不仅需要具有强制性作用的法治来保障，还需要社会成员自觉遵守和实践公共秩序，即德治。中华优秀传统文化传承下的"道德权威"对于维持乡村生活秩序发挥着重要作用。

随着社会的不断发展，城镇化的农村越来越多。2019 年，甘肃城镇化率为48.49%，远低于我国总体城镇化率 60.60%。传统农村也主要集中分布于甘肃等欠发达地区。德治是传统农村社会维护乡村秩序的最重要方式，虽然城镇化发展使城乡间人口流动加速，传统农村的人文景貌发生改变，但熟人社会的人情世故依然保留在传统农村生活现状中，人与人之间的关系纽带以德治为基础，强调血缘和地缘关系，具有相对冷漠的业缘关系，德治影响相对广泛。德治是乡村治理的基础，凝聚着乡村治理的强大精神力量。农村是一个充满人情的熟人社会，人情与道德、习俗息息相关。善加利用这种乡土人情可以形成与法治相辅相成的德治。事实上，德治在中国古代基层治理中具有丰富的参考资源，所谓"无讼"就是依靠当地社会秩序的礼仪规则为人们形成规范。

乡村德治建设与自治、法治同等重要，是提高乡村现代化治理水平的根本要求。德治建设之于自治具有增效的功能，德治建设之于法治具有补充的功能。虽然德治建设的是一种非标准化的软环境，但其对群众精神世界的影响、对农村的道德文化氛围的塑造、对乡村治理效率的提升作用巨大、不容小觑。

（1）德治营造农村良好道德氛围

治理有效对乡村振兴的主要贡献包括营造良好的农村道德氛围，并进一步把农民改造成社会主义新时代的新农民。改革开放后，农村道德文化水平并没有与农村经济发展和农民收入提升同步前进。经济社会转型的过程中，农村社会长期赖以维系的传统道德价值体系受到市场化、工业化和城市化的巨大冲击，受到外部环境和外部因素的巨大影响，呈现出碎片化、薄弱化、虚无化的特征。金钱至上、权力至上、享乐主义等极端思想一度充斥农业社会，而新的符合时代要求的道德体系还没有完全建立起来，造成了严重的道德危机，也成为制约农村经济社会进一步提升振兴的瓶颈所在。农村道德失范和文化堕落，也使政府难以团结农民，使国家相关政策在农村难以落实。因此，农村德治具有不可忽视的历史使命，加强农村德治不仅能有效地提高农民的道德素质，重构农村道德体系，而且还能维护正常的社会秩序，促进农村社会的稳定，进一步提高农民的生活质量。[42]

甘肃将提升乡村德治水平与践行社会主义核心价值观紧密结合，通过深化社会主义核心价值观推进乡村德治建设。运用综合文化服务中心、农家书屋等宣传教育阵地，利用乡镇集市贸易日、传统节日、假日和农闲时间，采取现场宣讲、文艺表演、远程教育、媒体传播等方式，广泛宣传社会主义核心价值观。借助道德讲堂平台，让先进典型现身说法，引导群众讲道德、守孝道、做好人。此外，持续推进移风易俗行动，整治婚丧喜庆大操大办、厚葬薄养和封建迷信等不良习俗。加强农村公墓规划和建设，推进殡葬管理和改革。把爱党爱国、守法诚信、热心公益、履行义务、勤劳致富、弘扬孝道、尊老爱幼、扶残助残、婚事新办、丧事简办、和谐敦睦等内容纳入村规民约，健全村规民约监督和奖惩机制，强化舆论监督和道德约束。建立留守人员关爱机制，开展志愿服务，帮助解决实际困难，加强人文关怀，及时化解情感纠纷。大力培育文明乡风，以群众性精神文明创建活动为抓手，着力加强农村思想道德建设，组织开展全市道德模范、文明家庭、新时代好少年等典型人物选树和文明村镇、文明社区评选表彰活动，督促和指导县区继续开展五星级文明户评选活动。

（2）德治增效乡村自治

乡村德治作为"三治合一"的重要组成部分，在乡土社会的特殊场域中，对乡村自治这种民主基层治理具有提质增效的作用，是乡村自治的有效条件之一。一方面，中国乡村自治以村民自治为特征，由于村民选举产生的村委会基层组织没有强大的政治权力，自然无法在乡村地区强有力地应对基层事务和推行政策制度，因此，"能人治理"仍然是我国村民自治的主要模式。能人治理对村干部道德素养、群众基础、号召能力及治理能力具有比较高的要求，其中道德素养是干部任用的首要条件和底线要求，能人作用的发挥取决于能人道德水平的高低。村干部的道德水平高，能够为了村民的利益而放弃自己的私利，群众基础就会牢靠，号召力就会强，乡村治理的推进就会很顺利；反之，村干部道德水平低，在乡村特殊的自治环境下，容易产生欺压群众、为所欲为、侵害公共资源等后果，导致乡村自治水平恶化，引发各种社会矛盾和冲突。因此，乡村自治的属性决定了德治在乡村治理中的重要性。另一方面，乡村德治对乡村自治的提质增效还体现在普通村民自治层面。村民自治包括自我规范、自我约束和自我管理，如果乡村居民普遍具有较高的道德文化水平，敬畏道德规范和乡土规则，那么乡村治理就可以更有效地推进，德治的重要性进一步体现。此外，德治可以起到舆论监督和降低治理成本的作用。一方面监督村民自治工作的有效开展，另一方面通过德治力量有效缓解各类民事纠纷，减轻政府治理负担，维护村民自治权利。

（3）德治弥补乡村法治

如果说乡村法治是建立在正式制度的框架下，具有明确的法律条文并依靠国家的强制力来保证实施，那么德治就是建立在非正式制度框架下的约定俗成的行为逻辑和准则。非正式制度以传统伦理文化为基础，以风俗习惯等表现形式为基础，以舆论等非强制性手段为保障，对维护社会秩序的正常运行起着重要作用。[43]乡村德治和乡村法治的关系主要体现在德治可以对法治进行很好的补充，因为以法治为代表的正式制度反映了道德的底线要求，触犯法律即触犯了道德底线，会有法律明文规定的处罚和惩戒。但是农村社会乃至整个社会经济的运行不能以道德底线为约束标准，在法律边缘的社会发展极具脆弱性，这就要求我们要以更高的道德标准来影响大多数甚至全部的主体行为，将社会治理放置在一个更高的水平之上。所以，在乡村治理中通过德治弥补法治的不足之处是必然的选择。中国乡村的非正式制度是农民在几千年的社会实践中不断运行产生的社会规则，为广大农民所普遍认同和接受。而乡村法治存在统一性和整体性，不能很好地兼顾乡村特色文化和特殊民情，因此，我们要重视德治在乡村治理中的作用，既要重视国家法律的权威，也要注重民间规则，以德治引领农村文化建设，实现其对农民行为规范的重要引导作用。同时，乡村法治的不健全也影响了治理法治化的效果，此时更需要德治发挥价值导向作用。

8.3.2 乡村德治的现实困境

当今社会，加速发展的生产生活场域正在突破周期性、节律性、周而复始的"循环社会"的运转，渐迈入充满不确定性、缺乏可预测性、状况多变的"枝权社会"，乡村赖以维系的道德规范、人际往来、亲情关系不断受到经济利益的冲击，利益逐渐成为驱动村民交往的重要诱因。一味的利益导向势必带来村民关系寡淡漠然、乡村传统文化走向式微，带来农村经济社会发展中的各类摩擦与纠纷，进一步影响农村经济社会健康发展，阻挠新时代农村治理有序发展。

在传统的乡村社会中，人口流动性小。虽然个人与邻里之间会有冲突和矛盾，但社会秩序基本维持在较好的稳定状态，没有当前社会的多变性。传统价值体系在维护社会秩序方面发挥着重要作用，使整个乡村社会保持了有序状态。在当前的乡村社会中，随着城市化发展的不断推进，人口流动在数量、规模和距离上都是前所未有的，熟人社会正在逐步发生变化，维护农村社会"有序"的传统价值观受到严重冲击。

千百年来，维系父母与子女之间、夫妻之间、邻里之间关系的价值观被彻底打破，由此产生的不和谐慢慢渗透到每个家庭。这种情况严重影响了乡村社会秩序，影响了乡村治理的进程。一方面，利益导向的价值观影响了农村生活秩序，传统的农村生活秩序强调诚实、守信、节俭、宽容与谦虚。然而，随着市场经济的发展，利益至上的价值观念在农村迅速传播，并迅速得到认同。利己主义思想在乡村社会不断蔓延，深刻影响了人们的社会行为和价值标准。另一方面，乡村精神秩序的碎片化。传统的价值体系在一定程度上可以约束人们的行为。随着城市化的发展，大量的农村人口移往城镇生活，新的生活环境在不知不觉中改变了他们的世界观和价值观，导致相当一部分农村社会的人摒弃原来的风俗道德。然而，由于一定经济基础和自身内在属性的影响，他们无法形成符合自身逻辑发展的完整一致的道德观念和价值系统，最终导致了严重的精神碎片化。在乡村社会，人们的道德标准和价值体系是混沌和断裂的，彼此之间的道德约束作用不复存在，人与人之间的价值体系差异化不断加大，乡村社会面临的道德风险问题日益严重。

8.3.3　巩固乡村德治基础，实现乡村治理有魂

进入社会主义新时期，我们应不断推进乡村德治建设，弘扬农耕文明精髓，深化社会主义核心价值观，与时俱进地形成新的社会道德规范，有效整合社会意识，注重宣传道德典范，用榜样的力量带动村民进步，重塑积极向上的价值体系，营造风清气正的淳朴乡风。习近平总书记指出："推进国家治理体系和治理能力现代化，要大力培育和弘扬社会主义核心价值体系和核心价值观，加快构建充分反映中国特色、民族特性、时代特征的价值体系。"新时期，我们不仅要弘扬优秀的中国传统文化，继承并创造性地转化民族传承的优秀美德，也应培养和弘扬社会主义核心价值观，发展社会主义先进乡村文化，形成适应时代要求的与时俱进的道德规范和价值体系。通过完善道德规范体系，重建地方信任，营造乡村德治氛围，维护乡村德治秩序。充分发挥德治在乡村治理中的道德规范和约束作用，通过内化作用推动乡村德治的发展，从而丰富乡村自治的道德内涵和促进自治、法治工作的推进。我们应将道德规范融入农村规章制度，让村民理清道德规范的具体内容并将其融入个人的社会行为；创新乡村文化，充分发挥模范带头作用，引导村民弘扬道德美；培养和弘扬当地优秀的道德传统，以创新的形式宣传推广，使优秀道德文化深入村民生活，根植于乡村社会。乡村治理应坚持德治为基，围绕社会主义核心价值体系，弘扬优秀传统文化，促进现代文明发展，不断深化社会基层道德规范，以德治支撑自治，促进法治。

（1）大力传承乡贤文化

结合乡贤等乡村精英的才能助力乡村振兴活动，为乡村振兴注入文化活力。我们应充分发挥古今圣贤的榜样作用，通过发掘古代先贤的优良事迹和遴选当代乡贤的先进事迹，继承和发扬他们的美德；通过古贤和今贤的对接与碰撞，

形成浓厚的"见贤思齐"的村风民风，提高乡村德治水平。

（2）完善乡村文化设施

推进乡村德治建设，必须加强乡村公共文化建设，以多种形式探索乡村文化，例如，通过村村通开展文化活动，塑造农村综合文化中心，增强文化大礼堂的活力。要建立健全文化礼堂管理评价机制，强化农村文化礼堂的动态监督和量化评价标准，提高建设、管理和使用水平。

（3）积极倡导以评树德

依托村规民约等表彰良好事迹、贬斥失德失范，推进乡村移风易俗。倡导以镇街为单位，组建由"两代表一委员"、村居干部、"三老"人员、群众代表等组成的评议小组，广泛开展最美村居、最美庭院、五好家庭、道德模范、好婆媳、好邻居等评选活动。坚持模范带头，大力宣传群众身边看得见、摸得着、学得到的好人好事，在潜移默化中引导群众改善精神风貌，提高乡村社会文明程度。

8.4 建立乡村治理的长效机制

有效的乡村治理是乡村振兴的关键，建立和完善乡村治理长效机制是乡村治理工作的重要组成部分。我们应认识到乡村治理不是国家权力的纵向深化，也不是简单的乡村自治，而应将其看作乡村政治和乡村治理的有机结合。一方面，乡村治理体系包括国家权力在农村的有效运行，还包括农村社会各主体的参与和协商。它是自上而下的国家治理与自下而上的农村治理的耦合互动。中共十九大给新时代农村发展建设确立了乡村振兴的战略目标，在满足农民日益美好生活需要的基本判断指引下，对新时期农村建设提出了"产业兴旺、生态宜居、乡风文明、治理有效、生活富裕"的总要求，指出要加强农村基层基础工作，完善自治、法治、德治相结合的农村综合治理体系。

坚持自治为本、德法结合，将自治、法治、德治的原则和技术有机嵌入治理实践中，不断完善自治、法治、德治相结合的基层治理机制，加快乡村治理体系建设工作，其中乡村自治是乡村治理的基础，是乡村治理的主要途径和关键手段，要不断完善村民自治制度，推进基层民主政治建设；其次，乡村法治是乡村治理的保障与稳定器，要不断完善涉农法律制度，公正基层执法、司法，转变法律服务方式，创新法治宣教方式，强化村民法治实践；最后，还需以德治为软性纽带，培养村民的个人美德与乡村公德，开展社会主义核心价值观教育，发挥德治润物无声之作用。在基层党组织的领导下，我们应该充分发挥乡村治理所有主体的积极性，整合乡村各方资源，积极实践治理工作，最终建立和完善以自治、法治、德治为核心的乡村治理机制，充分将自治、法治和德治在乡村治理中的作用有机结合，实现"三治合一"的理想状态，从而形成良好的乡村治理格局，推进乡村治理的长效机制。

推进"三治合一"乡村治理体系建设，需要正视中国农村差异化，坚持自治原则，有效利用法治和德治促进乡村治理体系建设，区别对待发达地区和欠发达地区的农村。"仓廪实而知礼节，衣食足而知荣辱。"尽管我们已经成功脱贫，但稳富发展的任务仍然艰巨。在甘肃等欠发达地区，应根据地方自治条件、德治基础和法治保障等实际情况因地制宜地选择最适合的治理组合、治理体系和善治类型。应从以下三个方面促进甘肃等欠发达地区"三治合一"乡村治理体系构建。

（1）强化法治建设

法治作为乡村治理体系建设的保障底线，要求任何建设方案都要依法建设，新时期"三治合一"乡村治理体系建设绝对不能忽视法治作用。具体而言，国家法律必须及时有效地保障村民自治，明确村民自治的法律界限。完善农业和农村的法规体系，完善农村产权保护制度，加强农业市场规范运作。将各种与农业有关的工作纳入法治范畴，确保农村地区的改革和发展。开展广泛的法律教育，提高村民的法律意识，增强村民维护自身合法权益的能力。加快建立完善农村土地承包经营纠纷调处机制，加强对农民的法律援助和司法救助，引导群众依法行使权利、表达诉求、依法解决纠纷。统筹各种法治力量营造农村社会法治氛围。

（2）完善村民自治

建设"三治合一"的乡村治理体系，需要从村民利益出发，将村庄发展与村民利益有机统一，运用有效的制度安排推动社会治理和服务重心向基层转移。以党的领导为核心，以村民自治和民主监督为依托，贯彻落实乡村共建、共享、共治的要求，完善乡村治理体系。政府应加强政策支持，通过完善的激励措施培育和壮大村民集体经济组织，通过紧密的经济利益关系增强村民的凝聚力，通过合理的制度规范强化村委会服务性功能。将村民自治嵌入具体实践，发挥村民主体性作用，切实落实村民自我管理、自我教育、自我服务的基本要求。落实村民的民主权利，在法治框架下依法办好自己的事务。

（3）增强建设能力

鉴于甘肃等欠发达地区人力资源匮乏的事实，应拓展思路，打破人力资源的时空限制，广泛吸纳外来人员参与到本地区乡村建设中，提高乡村建设能力。此外，依靠本地区乡贤和基层政府的主要力量参与乡村治理体系建设，乡贤参与秉承志愿精神，基层政府参与是一种职责。当代乡贤既可以是民间权威，也可以是地方精英，依靠乡贤丰富的知识能力水平和广泛的社会人际关系促进乡村发展，助力乡村振兴。政府部门可鼓励支持基层政府和村民委员会合作建设乡村治理体系，合理发挥基层政府的服务主体作用，促进乡村治理体系建设。

此外，乡村治理要逐步形成农民广泛参与，村级组织积极带动，基层政府大力引导，社会各界有效监督的多元化良性互动局面，努力形成农民、村级组织、政府和社会共建、共治、共管的长效机制，为发展农村事业，建设美丽乡村发挥有利作用。乡村治理是实施乡村振兴战略的重要内容，我们应深刻认识乡村治理的紧迫性和重要性，加强和改进乡村治理，建立健全现代乡村社会治理体制，推动乡村社会走向善治。

第 9 章

生活富裕——乡村振兴的目标

习近平总书记强调"消除贫困、改善民生、实现共同富裕，是社会主义的本质要求，是中国共产党的重要使命"。乡村振兴战略总要求之一"生活富裕"便是体现在农业农村发展中的社会主义本质要求的具体体现。基于现实状况和发展逻辑，乡村要实现"生活富裕"的目标要求，首先要推进减贫脱贫工作任务，在消除贫困的基础上，进一步完成农村居民的物质富足和精神富裕，并逐步减小城乡收入水平、基础设施和公共服务等方面的差距，促进城乡融合发展。近年来，国家在政策、资金、人才、技术等方面大力支持农村减贫脱贫工作，取得了举世瞩目的成绩，为农村居民的"生活富裕"打下了坚实基础。2020 年是脱贫攻坚、实现全面小康的收官之年，完成全面脱贫的目标，巩固既有的脱贫成果，并实现全面脱贫与乡村振兴的有效对接，是真正迈向"生活富裕"的重要途径。

乡村振兴中关于生活富裕的研究并不具体，但脱贫攻坚、农业农村高质量发展和城乡协调等方面的研究都与生活富裕具有逻辑关联。贫困问题和减贫脱贫本身就是一个很大的命题，相关研究成果非常丰富，国内研究主要从思想、理论和政策层面、贫困现状与困境、脱贫攻坚对策成效等方面展开研究。农业农村高质量发展研究比较多地集中在农业高质量发展和农村生态文明方面，关注效率和质量问题。城乡融合和协调发展主要集中在城乡关系的理论内涵和影响因素研究、城乡关系发展阶段及特征研究、城乡联系的测度与关系评价以及城乡互动、城乡协调、城乡融合发展策略研究等方面。基于已有研究，从以上三个方面探讨乡村振兴战略中生活富裕目标任务的实现，具有一定的启发性。

9.1 全面脱贫和乡村振兴有效衔接

站在从全面脱贫到乡村振兴的关键时间节点上，做好政策的有效衔接和发展的平稳过渡是当前阶段的重要研究内容和工作任务。因此，在顶层设计的指导下，需要对全面脱贫和乡村振兴的衔接问题展开探讨。

9.1.1 实现全面脱贫

打赢脱贫攻坚战，必须攻克最后的贫困堡垒。目前，全国还有近300万农村贫困人口没有脱贫，还剩下50多个贫困县尚未摘帽。这其中不少人是特殊困难群体，不少地方是深度贫困地区。必须以坚强的意志、扎实的举措、过硬的作风，一鼓作气、乘势而上，紧紧抓住主要矛盾，重点在普遍实现"两不愁"基础上全面解决"三保障"和饮水安全问题，确保剩余贫困人口如期脱贫。同时，要逐项把收尾工作抓实抓细抓到位，确保脱贫攻坚不留缺口、圆满收官。对已脱贫人口开展全面排查，将返贫人口和新发生贫困人口及时纳入帮扶，巩固脱贫成果，防止返贫。严格执行贫困退出标准和程序，坚决杜绝数字脱贫、虚假脱贫，做好考核验收和宣传工作。将解决相对贫困问题纳入实施乡村振兴战略统筹安排，抓紧研究建立解决相对贫困的长效机制，推动减贫战略和工作体系平稳转型。

农村实现全面小康，短板在基础设施和公共服务。这是农民群众反映最强烈的民生问题，也是城乡发展不平衡、农村发展不充分最直观的体现。要对照一号文件提出的8方面短板，围绕农村公共基础设施建设、农村供水、农村教育、农村社会保障、农村生态环境治理、农村公共文化服务等，逐项抓好落实。特别是要以疫情防控为抓手，加强乡村人居环境整治和公共卫生体系建设，加强农村基层医疗卫生服务，把短板补齐，把基础打牢。要坚持从农村实际出发，尽力而为、量力而行，既不拔高也不降低标准，扎扎实实为推进乡村振兴战略打牢根基、注入动力。

当前脱贫攻坚的主要任务是实现消灭绝对贫困、整体性贫困与大面积贫困，从而基本实现贫困人口的全面脱贫。但习近平总书记提出：脱贫摘帽不是终点，而是新生活、新奋斗的起点。所以应当意识到，脱贫攻坚并不是反贫困政策的最终目的，而是作为中间政策，接续下一阶段的乡村振兴战略，所以当前针对贫困区域精准设计的扶贫政策存在其时空局限性，呈现出阶段性特征。当前的扶贫政策可以划归为产业扶贫政策与其他扶贫政策两类，可从上述两类政策对当前扶贫政策的时空局限性与接续乡村振兴战略进行基本论述。

贫困主要发生在欠发达地区与农村地区，对此类区域有序、精准推行脱贫攻坚政策，消除以当前经济发展标准衡量的绝对贫困，实现当前经济发展水平基础上的小康标准，破除致贫"短板"。当前扶贫政策则主要是通过转移支付与精准化政策扶植，鼓励经营主体立足本区域实际，发展多元化与自主化经营模式，从而形成强有力的外部冲击，将原有因贫困所致的闲散经济资源有机纳入统一市场体系，形成欠发达区域内部的比较优势，打破致贫的"循环累积因果链"，支撑欠发达地区与农村培育内生发展动力。正如上文所言，现阶段扶贫政策作为中间政策接续乡村振兴战略，由于其时空局限性，导致反贫困成果呈现出区域内部有限差异化特质，从而弱化区域内部比较优势。此种结果的出现主要取决于两种效应，即本地挤压效应与外部冲击效应，本地挤压效应则是将扶贫成果产品的需求范围规定为本地及其临近区域，由于政策的乘数扩大效应，本地市场随之产生需求扩大效应，易产生路径模仿现象和路径锁定，继而导致扶贫成果产品的有限差异性，使得本地市场内部出现挤压现象，淡化内部区域定位，导致区域内部比较优势弱化；外部冲击效应则为将跨区域产品竞争引入，在交易费用的作用下，会形成"两难冲突"，即本区域比较优势在统一市场的背景下，优势丧失殆尽，并不能发挥本区域通过市场价格衡量的比较优势。通过对上述问题的分析，可以得出现阶段的扶贫政策所得到的扶贫成果存在其政策有限性，即只追求扶贫政策的经济效益，易形成扶贫项目与扶贫成果的重复性与内部有限差异性，在短期内实现资本同劳动力的快速结合，但并未关注资本积累与劳动力素质的积累，此类型的扶贫项目带来扶贫绩效持续支撑短期内的显著提升，但这些政策难以实现高质量的全面小康，其存在的短板使得后续内生发展动力不足，难以实现乡村的全面提振。

9.1.2　巩固脱贫成果

2018 年的《中共中央、国务院关于打赢脱贫攻坚战三年行动的指导意见》中提出：到 2020 年，巩固脱贫成果，通过发展生产脱贫一批，易地搬迁脱贫一批，生态补偿脱贫一批，发展教育脱贫一批，社会保障兜底一批。从政策文件的表述中，可以发现，各区域致贫因素不相同，其反贫困政策也存在相应的差异，体现了因地制宜的施策思想。但也应当看到，各地在扶贫的具体过程中，着力解决致贫主要因素，但施策方式与施策效果存在挤压效应，同时单一扶贫政策难以产生极强的溢出效应，带动其他相对短板项目的提升，所以易形成新的短板效应，影响后续扶贫成果的巩固与乡村的全面振兴。所以，为巩固扶贫政策的既有成果，接续"新农村"建设，必须将反贫困政策同乡村振兴规划结合起来，通过乡村振兴的产业兴旺、生态宜居、乡风文明、治理有效、生活富裕，梳理归纳原有成果基础，整体规划，统一编排，激发乡村发展的内生动力。

按照目标为导向的基本思想，现阶段扶贫政策强调脱贫与实现贫困地区相关建设两大主要任务。确保现行标准下农村贫困人口实现脱贫，消除绝对贫困，确保贫困县全部摘帽，解决区域性整体贫困为当前扶贫的主要任务；实现人均可支配收入增速超过全国平均水平与公共服务水平接近全国平均水平为贫困地区相关建设的主要任务。若对目标体系进行细致划分，可以发现在当前扶贫规划中，区分了贫困地区与贫困村，对贫困地区的基本要求强于贫困村，对贫困村的基本要求则集中于动力电、饮水、住房、人居环境基本整洁、义务教育状况、基本保险保障等方面。上述要求多强调对贫困乡村的基本保障，而基本保障的实现若没有进一步政策的接续支撑，则易出现现有扶贫成果的倒退。

9.1.3 推进政策和发展的对接

依照扶贫政策的基本设计，可以在产业扶贫政策接续与其他扶贫政策接续两方面进行有益思考。按照上文分析，当前产业扶贫政策存在时空局限性，扶贫成果市场化的过程中易产生产品有限同质化的情况，导致扶贫成果的不可持续性。习近平总书记提出乡村振兴是"五个振兴"相融合的全面振兴，其中产业振兴被放到了首要的位置，产业作为乡村振兴的物质基础，起到了为乡村振兴奠基的作用。所以，产业扶贫政策需同乡村振兴中产业兴旺相结合，按照分区实施的原则，立足地区产业特色，按照比较优势，构建与其禀赋相适应的产业结构，实现乡村区域全产业链的发展。其中，在产品已经出现分异的区域，发展地区内部特色产业，在产品未出现分异的区域，鼓励经营主体的联合，将区域内部的产品有限差异性发展为区域特色产业，同时借助现代化产业的基础，拓宽产品范围，实现区域产品同一标准的同质化，从而实现规模经济与范围经济，继而实现农业产业在区域内的相对集聚。其他扶贫政策则是对区域内可能致贫因素进行归纳总结，破除"短板"，但此类扶贫政策绩效具有滞后效应，在短期内难以实现显著提升。因此，应当将当前扶贫成果同乡村振兴战略进行有机结合，主要可以体现在：第一，深化扶贫成果，将其作为地方政府考评绩效的一部分，实现相关政策的持续性；第二，通过相关工作实现对乡村的全面改善，提升乡村的综合实力，主要包括着力提升生态环境、乡村文明程度、自我治理能力等，通过专项行动破除原有不利于乡村发展的主要障碍。在此基础之上实现扶贫工作全面纳入乡村振兴工作体系。

基于扶贫工作的时空局限性与扶贫工作向乡村振兴的转变过程，扶贫政策将原有因贫困所致的闲散经济资源有机纳入统一市场体系，形成区域的相对比较优势，但应当注意到的是扶贫工作起到的政策杠杆作用，撬动的闲散社会资源，难以实现资源创造的功能（陈云贤，2019）。相较于扶贫政策的短期绩效目标，乡村振兴政策则具有长期政策目标，利于政策的可持续性。按照乡村振兴的"二十字"总体要求，乡村振兴规划从五个方面保障了乡村的长期发展路径，有利于以更长期的视域，融合闲散经济资源，其中生态宜居、乡风文明、治理有效则保障了经营主体拥有更加广泛的"融合感"，从而以更加主动的姿态融入乡村建设的过程中，激发其内生动力，激发主人翁意识，便于政策的进一步推动，继而形成政策撬动与自发建设的良性循环，探究乡村的更多功能属性，实现乡村振兴在现有基础之上的资源创造功能。

9.2　农业农村高质量发展

推动农业农村高质量发展，促进农业农村效率变革、质量变革和动力变革，需要以实施乡村振兴战略为出发点和落脚点，关注农业农村发展瓶颈和难点，以结构调整为主线，贯彻新发展理念，推进切实有效的政策措施，从而实现乡村的全面振兴，为我国经济转向高质量发展奠定坚实基础。

9.2.1　农业高质量发展

农业是立国之本，担负着粮食安全、劳动就业、环境保护、社会稳定的重任，农业高质量发展是经济转型升级的基础和关键。[38]农业高质量发展具体涉及五个方面：优质的具有竞争力的农产品、合理优化的农业产业结构、高效绿色的现代化农业生产体系、完备通畅的农业经营体系、严格的安全管理体系。[39]

实现农业高质量发展对于促进农民增收、农村繁荣、生态增值至关重要。但是，当前农业高质量发展过程仍然面临着诸多问题，如：分散经营与规模化生产的矛盾、高成本投入与增加效益的矛盾、基础薄弱与快速发展的矛盾、追逐高产与环境保护的矛盾。推进农业高质量发展可以从农产品提质以满足市场需求、农业生产经营高效绿色、农业发展动能可持续等方面进行思考。

（1）农产品供给结构优化和品质提升

第一，农产品供给结构优化。随着居民收入水平和消费能力的提升，城乡居民的消费结构不断升级，呈现出多元化、品质化、健康化的特征，农产品需求结构的变化对供给结构提出新的要求。因此，必须以市场为导向，优化农产品生产和供给结构，推广订单式生产模式，调减低效粮食作物，增加优势特色农产品和绿色有机农产品生产比例。第二，农产品品质提升。农产品缺乏科技含量、质量不高、价格优势不显著是我国农产品生产的基本状况，无法满足城乡居民越来越高的消费要求。因此，可以通过农业投入品监管、科技提质以及绿色化标准化生产等方式提升农产品质量。第三，农产品安全管理。建立可追溯农产品质量安全管理机制，坚持源头严防、过程严管、风险严控，完善农产品质量监管制度体系。

（2）农业生产经营的高效化和绿色化

一是强调农业生产经营的高效性和收益性，即努力构建现代农业产业体系、生产体系、经营体系，从本地比较优势出发，大力发展特色效益农业，通过技术创新、要素集聚和优化组合来调整价格和成本之间的关系，增加农产品附加值，拓宽盈利空间，促进农业绿色化、优质化、特色化发展，延伸农业产业链，增强农业的竞争实力。二是强调农业生产经营的生态性和绿色性，即重视农业生产经营过程中的污染治理和绿色发展，让良好生态成为乡村振兴的支撑点。可以在农业生产中推行绿色生产方式和循环经济理念，推动实现投入品高效利用、生产过程清洁绿色、废弃物循环利用和无害化处理以及生产模式生态化，有效解决农业面源污染问题；大力发展资源节约、低碳与生态型农业，保护森林、湿地、草原等其他农业资源，为农业高质量发展奠定基础。

（3）农业发展动能的提升和创新

一是创新农业发展新动能。农业高质量发展需要培育新动能，即通过技术、制度、组织、服务方面的创新，提升农业自发展能力。如注重先进技术和先进设备在农业中的推广，打造龙头企业为主导、农民合作社为纽带、家庭农场为基础的现代农业产业化联合体，发挥技术集成、产业融合、创业创新、核心辐射等功能作用，建立现代农业发展与小农户的利益联结机制，培育农业发展新动能。二是促进农村三产融合。农业高质量发展不仅仅要依靠农业本身，更要打造三产融合的农村综合产业体系，将一部分劳动力从第一产业中解放出来，从事农产品加工、乡村旅游等工作，优化劳动力从业结构，提高收入水平。因此，需要提升特色农产品精深加工水平，延伸产业链条，加快全产业链建设，拓展农业功能，培育新产业新业态，大力发展农村电子商务，打造三产融合有机整体。

9.2.2　农村高质量发展

农业高质量发展着眼于生产层面，农村高质量发展更关注农村改革和农民生活层面。因此，对农村高质量发展的探讨可以从两个方面展开。

（1）深化农村改革和政策供给

我国的改革开放以农业农村为起点，体制机制的创新极大地促进了社会生产力的解放。近年来，以完善产权制度和要素市场化配置为重点的农村改革和政策供给效果显著，有效促进了农业农村繁荣发展。在高质量发展的要求下，继续深化农村综合性改革，在农村基本经营制度巩固和完善的基础上，合理调整和优化产权制度以及土地流转、劳动力流动、资金投入、利益分配、基础设施建设和公共服务配备等方面的体制机制，各级政府要根据本地具体情况研究和出台系统性和协调性强的政策组合，大力支持农村集体经济壮大，不断增强农业农村发展动力和活力。

（2）改善农村人居环境和农民生活质量

农村人居环境和农民生活水平也是农村高质量发展的核心内容，关乎农民的切身利益。

通过分类指导、精准施策和集中整治的思路，在短期内全面提升村容村貌，有效处理生活污水和垃圾，大力改善农村生产生活生态，促进乡村宜居宜业宜游，提高农民生活的便利度、舒适度和幸福指数。同时，建立农村人居环境整治长效机制，创新工作方式，逐渐在乡村形成健康环保的生产生活方式。

9.3 城乡协调与融合发展

新形势下要实现全面脱贫，并进一步推进新型城镇化和乡村振兴，就要按照客观经济规律调整完善政策体系，促进各类要素合理流动和高效集聚，加快构建高质量发展的动力系统。研究城乡协调、融合发展问题，从一个全新的角度思考城乡关系，顺应城市正在成为承载发展要素主要空间形式的基本判断，对于城乡合理分工，增强经济发展优势区域综合承载能力，增强乡村在保障粮食安全、生态安全等方面的功能，以及保障民生底线、实现城乡协调、共同富裕和经济高质量发展等意义重大。

研究指出，我国城乡协调发展存在显著的区域差异，其中，西部落后地区尚处于城乡协调发展的探索阶段，以乡村振兴和生活富裕为目标，需要从城乡要素流动、基础设施和公共服务均等化等方面思考如何促进城乡协调、融合以及区域经济快速高质量增长。

9.3.1 城乡要素合理流动和高效集聚

在推进乡村振兴、城乡协调的过程中，促进实现城乡要素双向流动和合理配置是重点也是难点。长期以来，城乡二元结构导致的城乡差异，致使农村大量生产要素持续单向地流入城市，造成农业生产能力低下、内生发展动力不足、农村凋敝等诸多问题。乡村要素的流失和分散低效成为制约农业农村发展的掣肘。因此，促进城乡要素双向流动和高效集聚是乡村振兴、城乡协调的重要途径。

审视城乡关系中的矛盾与问题，剖析城乡要素流动机制，尝试构建新型城乡关系，需要考虑以下几个方面：一是从乡村自身状况出发，通过比较优势挖掘和政策引导，吸引和汇集资本、劳动力和技术等要素的进入，延长农业产业链，鼓励创业，构建新业态，促进乡村三产融合，提高各类要素的实际收益率，推进乡村经济社会全面发展，实现乡村振兴。二是针对具体要素采取有效的刺激双向流动的措施。资本方面，政府层面加大对农村的资金投入，增加财政支出在支持农业发展方面的比重，刺激和引导金融机构和其他社会主体投资农业农村发展项目，全方位缩小城乡资金投入差异；劳动力方面，继续完善户籍制度改革，平衡城乡劳动力收入水平和基本公共服务状况，从政策驱动和市场机制两方面促进城乡劳动资源自由流动；技术方面，加大农业农村科技研发投入比例，提高科技对农业农村发展的贡献率，关注城乡技术投入公平性，培养和引进农业农村发展高科技人才，培育新型创业型农民。三是在有条件的农村地区构建和布局产业集群，实现要素的高效集聚，提高边际收益率，实现外部经济。四是构建要素主体共享的利益联结机制，市场主导和政府引导相结合的功能互补机制，各项政策的协调配套机制以及乡村内生发展动力机制，以保障城乡要素双向流动。

9.3.2 城乡基本公共服务均等化

城乡基本公共服务均等化既是乡村振兴、城乡协调发展的主要内容和难点所在，也是城乡要素自由流动的前提条件之一，对保障城乡居民公平权益、提高公共资源的配置效率、缩小城乡差距和经济高质量发展至关重要。

长期以来，我国农村地区普遍缺乏优质的基本公共服务资源，部分农村基本公共服务配置严重不足，主要表现为：农村公共基础设施建设落后、维护不足；乡村教师、教学设备、教育经费等资源缺乏；农村医疗条件较差，配置不合理；城乡居民社会保障差异化，等等。城乡协调发展要确保基本公共服务均等化，即要在基础设施建设服务、城乡生存性服务和公共发展性服务等方面实现均等化。第一，促进城乡交通网和信息网发展，充分联通城乡地区，减小覆盖差距。扩大铁路和公路的运营里程和范围，尤其是在农村腹地，尽可能增加硬化路和公共交通设施覆盖率；提高光缆线路、通信基站和互联网普及程度；增加城乡要素流动载体的建设和利用效率。第二，加大农村教育、医疗方面的投入，尤其要重视城乡之间严重的不均衡现象，政府要充分发挥公共产品的供给职能，并通过政策支持为农村引进教育、医疗方面的人才。第三，不断完善社会保障制度，从扩大乡村社会保障覆盖率，到提高农村社会保障水平质量，再到城乡社会保障无差别化，从而循序渐进地推进城乡社会保障一体化。第四，重视农村环境保护设施的建设，增加乡村农业污染治理和生活垃圾无害化处理设施的配备，促进和实现城乡之间生态环境的融合。第五，增强城乡基本公共服务均等化的基本保障，多主体开展基本公共服务的建设和管理，各级政府积极进行制度创新，引导城乡基本公共服务均等化，打破城乡之间的二元结构。[40]

第 10 章

乡村振兴中的金融支持

深入贯彻落实乡村振兴战略，是党的十九大做出的重大战略部署，是决胜全面建成小康社会、全面实现社会主义现代化国家的重大历史任务。十九大报告第五部分"贯彻新发展理念，建设现代化经济体系"中明确提出了实施乡村振兴战略，强调"三农"问题是关系国计民生的基本问题，落实好"三农"各项问题是党和政府工作的关键。回顾历史，党中央印发了多个关乎"三农"问题的一号文件，对我国农业、农村、农民的发展产生了深远的影响，与此同时也见证了各个时期"三农"政策的日益变迁。改革开放初期，我国农村地区大刀阔斧地完成了家庭联产承包责任制改革，但农业生产效率和农民生活水平普遍较低。1982 年至 1986 年，党中央持续出台多个有关"三农"问题的一号文件，着力解决农民的自主经营权与温饱问题，文件的贯彻落实助推了农业生产效率和农民生活水平的提升，但此时我国农村与农业的发展速度仍然落后于城市与工业。21 世纪以来，伴随着我国经济的快速发展和人民生活水平的显著提高，党中央的"三农"政策也发生了根本性转变，由过去的农村支援城市发展逐渐变为对"三农"多予、少取、放活，坚持工业反哺农业、城市支持乡村的政策取向。2004 年至 2017 年，党中央持续聚焦"三农"问题，首创我国粮食产量"12 连增"、农民收入"12 连快"的历史性成就。特别是党的十八大之后出台的相关一号文件，强调通过深化改革激发农村、农业、农民的潜在发展活力，着力推动农业、农村现代化转型，实现农民广泛参与现代化进程，共享现代化成果。新时代我们面临的主要矛盾是人民日益增长的美好生活需要和不平衡不充分的发展之间的矛盾，"三农"问题也面临着新挑战、新机遇，党中央审时度势地提出乡村振兴战略，为我国"三农"发展注入了强劲动力，实现农村经济、社会、文化和生态等多方面的协调发展，逐步走出一条农业强、农民富、农村美的中国特色社会主义乡村振兴道路。

十九大报告将乡村振兴战略上升为我国未来发展的重中之重。金融是促进现代经济发展的关键因素，有效贯彻落实乡村振兴战略需要金融的大力支持。习近平总书记强调："金融是国家重要的核心竞争力，金融安全是国家安全的重要组成部分，金融制度是经济社会发展中重要的基础性制度。"助力乡村振兴战略是金融业全面承担社会责任的重要表现，是切实贯彻落实党的十九大精神的重要实践。始终如一秉持金融服务国家战略、勇担重任的大局意识，坚持差异化、商业可持续的基本原则，主动把握战略机遇，正确、有效引导金融业明确自身支持功能定位，切实履行社会责任，加快金融产品和服务模式的创新步伐，大力发展普惠金融，着力将服务对象的重点转移至"三农"领域，推动信贷资源向农村倾斜，引导营业网点下沉，持续发挥普惠金融在乡村振兴战略中的支持引领作用。

2018 年中央一号文件中指出："开拓投融资渠道，强化乡村振兴投入保障，提高金融服务水平，坚持农村金融改革发展的正确方向，健全适合农业农村特点的农村金融体系，推动农村金融机构回归本源，把更多金融资源配置到农村经济社会发展的重点领域和薄弱环节，更好满足乡村振兴多样化金融需求。"党的十八大以来，我国涉农金融服务水平有了显著提升。金融业以专注服务农业供给侧结构性改革为主线，深化农村金融体制机制改革，强化政策引导力度，稳步推进农村金融基础设施建设步伐，农村金融服务的广度和深度逐步拓宽、加深，为实现农业现代化和"三农"可持续发展奠定了坚实的经济基础。实施乡村振兴战略，是我党从党和国家发展事业的全局出发，着眼于实现"两个一百年"奋斗目标、实现亿万农民对美好生活的向往做出的重大战略决策，是"五位一体"总体布局在农村的具体实践，是城乡融合发展的关键环节，也是新时代"三农"工作的主要抓手。我们要准确把握"三农"工作新的历史地位，紧紧围绕实施乡村振兴战略的总体要求，全方位支持乡村振兴战略取得决定性胜利。

10.1　金融支持乡村振兴相关理论

10.1.1　金融支持理论

（1）金融抑制论

美国斯坦福大学教授罗纳德·麦金农与爱德华·肖于 1973 年针对发展中国

家的货币金融政策、货币金融理论与货币金融制度展开了广泛而深入的研究。通过研究发现发展中国家的贫困，不单纯是因为资本等生产要素的稀缺所导致的，更关键的是发展中国家的正规金融机构已俨然成为政府部门、国有企业的附庸，致使其他民营经济等部门较难获得正规金融机构的资金支持，退而求其次地选择高风险、高成本、低效率的非正规金融机构进行融资，在如此扭曲的金融市场中进行经济活动就极易造成资本利用效率低下的困境，从而在很大程度上抑制了经济的可持续发展。这种现象就被称为"金融抑制"，具体表现为高估本币价格、降低实际利率、压低初级产品的价格和劳动力的价格，罗纳德·麦金农与爱德华·肖认为该种现象应通过金融深化（金融自由化）以及强化市场竞争来提升资本利用效率，以期实现经济健康发展。

（2）金融深化论

罗纳德·麦金农与爱德华·肖统一认为"金融抑制"现象的发生严重阻碍了经济的可持续发展，而金融深化能够有效缓解这一现实困境，金融深化是指减少政府这只"有形的手"对金融活动的干预，能够形成金融优化和经济发展的良性循环机制。金融深化一般表现为三个层次的动态发展：一是金融增长，即金融规模的逐渐发展壮大，该指标可以用 M2/GNP 或金融相关率 FIR＝（M2＋L＋S）/GNP 来衡量；二是金融工具、金融机构的不断优化完善；三是金融市场发展机制或市场秩序的逐步健全，稀缺金融资源能够在完善的市场机制作用下尽可能得到优化配置。金融深化的相关政策主要包括以下三方面：第一，信贷政策。取消固有的针对民营经济部门、私有经济部门等的信贷配给政策，放松政府"有形的手"对金融活动的过多干预，保证市场在资金配置过程中起决定性作用，让市场充分发挥出其自动调节配置资金的优势，促进资金的自由流动；第二，利率政策。减轻政府对市场利率的强制监管，弱化政府对资金成本的不合理定价，逐步交由金融市场的供求机制来科学、合理、有效地决定利率的变动幅度，以便促使利率能够真实、准确地反映资金的价格与成本。与此同时，积极主动地采取相应的措施有效治理社会的通货膨胀，帮助市场实现正的实际利率，以此扩大储蓄规模和投资规模；第三，金融发展政策。重点支持金融机构发展壮大，逐步建立起多层次的金融市场体系，降低金融市场准入门槛，打破金融体系中的垄断壁垒，着实扩大金融规模、缓解金融抑制、提高金融效率、优化金融产品、提升金融服务、完善金融体系。

（3）金融约束论

罗纳德·麦金农与爱德华·肖提出了缓解金融抑制的有效途径是实行以金融自由化为核心的金融深化策略。20世纪70年代，在其"金融深化"思想的强烈倡导下，西方工业化国家掀起了一股金融自由化浪潮，各个国家一窝蜂地竞相实施金融自由化改革，逐渐放松甚至取消了政府这只"有形的手"对金融的管制。西方工业化国家风起云涌的金融自由化浪潮逐渐传入了发展中国家，这些发展中国家也开始纷纷效仿西方工业化国家，轰轰烈烈地开始了一场以金融自由化为核心内容的金融革新。然而，热火朝天的金融自由化改革却未能使发展中国家走上经济腾飞之路，反而给其经济带来了不良后果，鉴于此，相关学者又重新开始对金融自由化的结论进行审视。斯蒂格利茨（Stiglitz）基于新凯恩斯主义的视角剖析了发展中国家金融市场失效的主要原因是其政府对金融市场经济活动监管得过于放松，政府部门应在依法性、公平公正公开性、效率性、独立性、协调性原则的基础上科学合理地确立监管的范围与监管标准，对金融市场实施必要的间接监管。基于此，赫尔曼（Hellman）、穆尔多克（Murdock）和斯蒂格利茨（Stiglitz）于1997年在《金融约束：一个新的分析框架》中提出了金融约束的理论分析框架。赫尔曼（Hellman）等人认为，金融抑制仅仅会产生租金的转移，而金融约束则能够创造租金机会，租金的转移与租金机会的创造是完全不同的概念。在金融抑制下，政府行为导致的高通货膨胀率致使财富由家庭部门转移至政府部门，政府进而成为各个利益集团竞相进行寻租活动的主要目标，其实质则是政府从民间部门夺取稀缺资源。而金融约束政策则主要致力于为民间部门创造租金机会，重点是为金融中介机构创造租金机会，该类租金机会是由于控制存款利率造成的存贷利差而形成的，银行通过扩张其存款基数，加之对贷款资产组合实施合理有效的监控获得了租金，进一步促进了金融的深化。金融约束理论从不同层面印证了金融约束政策对于发展中国家来说是更为切实可行的金融政策，但进一步的深入研究发现金融抑制与金融约束在一些方面存在相同点。金融约束政策使用不当便会极易形成金融抑制现象，因此，金融约束政策只有在政府干预较少、宏观经济稳定、通货膨胀率较低等的前提条件下才能发挥出良好的预期效果。由此可知，金融抑制导致了发展中国家经济发展缓慢，而金融深化是解决这一现实困境的基本路径。金融深化理论包括金融自由化与金融约束论，值得注意的是金融约束论是发展中国家从金融抑制逐步走向金融自由化过程中的一个过渡性政策，而不是与金融深化对立的政策。

10.1.2　农村金融理论

金融是现代经济发展的核心,是整个宏观经济的"晴雨表"。而农村金融是整个金融体系不可或缺的重要组成部分,农村金融理论是金融发展相关理论在广大农村地区的具体实践,不可避免地会受到现代金融发展理论及政策主张的影响。20 世纪 60 年代,伴随着主流经济思潮在农村领域的逐渐兴起,农村金融理论便应运而生。纵观农村金融理论的发展演变历程,出现了农业信贷补贴理论(主张政府完全主导)、农村金融市场论(主张由市场机制完全主导)、不完全竞争市场理论(主张市场机制与政府干预协调配合)三大理论流派,而这三大理论也分别是金融抑制理论、金融深化理论与金融约束论在农村金融领域的日益延伸和具体表现。

(1)农业信贷补贴理论

农业信贷补贴理论诞生于凯恩斯主义浪潮风靡的二十世纪中叶,该时期的农村金融理论与当时的主流经济学思想——凯恩斯主义具有相类似的政策取向,普遍强调政府这只"有形的手"的干预对经济健康、可持续发展的促进作用,视角转移至农村领域便强调的是政策性金融对农业、农村、农民发展的支持作用。由于农业信贷补贴理论主要以信贷补贴为核心来阐释农村金融具体的支农政策,因此其也被称为农业融资理论。二十世纪七八十年代,农业信贷补贴理论在整个农村金融理论中占据核心地位,理论假设农民尤其是困难户在很大程度上缺乏储蓄能力,"三农"发展长期受到资金短缺的限制,急需外界资金长足、有效的支持。加之农产品投入产出时间跨度大、周期长、产量不稳定、风险较大、利润低等农业自身固有的弱质性问题,以"安全性、流动性、效益性"为经营原则的商业银行在权衡自己的利弊损失后不愿涉足"三农"领域,并对其广泛采取信贷约束政策,导致农村资金严重不足,农业发展受限。与此同时,民间借贷、合会、高利贷等非正规金融的野蛮生长更进一步制约了农业的健康可持续发展,农业再一次深陷"融资难、融资贵"的现实困境。鉴于此,农业信贷补贴理论倡导应大力从外界引入融资利率较低的政策性资金并积极组建配套的政策性金融机构专门负责资金的借贷与管理,逐步缩小"三农"部门与其他产业部门之间的结构性收入差距,促进农村产业繁荣发展。

农业信贷补贴理论的提出促使发展中国家竞相开始制定相应的农村金融支

持政策，逐步建立政策性银行和涉农金融机构，外界低利率、长周期的资金源源不断地流入农村地区，投资也相应地增加，极大地促进了"三农"的可持续发展。但同时我们也应注意到该理论存在的问题与缺陷：第一，低利率、长周期的政策性资金供给容易使农民产生依赖心理，长时间过度依赖优惠信贷政策会逐渐弱化农户对自身储蓄能力的培养，造成信贷主体储蓄动力不足，政策性金融机构的借贷结构长期处于严重失衡状态，需要政府持续性地财政补贴来维持借贷均衡，这在一定程度上必然会加重政府的财政负担，也制约了农村金融体系的健康发展；第二，该理论在应用过程中会产生逆向选择等问题。当低利率的信贷资金贷放给高风险、高成本的贫困农户时，政策性金融机构无法从贷款中获得相应的风险补偿，这在无形中挫伤了政策性金融机构将信贷资金贷放给贫困农户的积极性，有限的资金就会侧重于支持风险相对较低的富裕农户与乡镇实体企业，资金的支农效率大为降低，严重动摇了农村政策性金融机构支农、帮农、扶农的初心使命；第三，政策性金融机构的资金回笼速度与资金回收率偏低，严重影响其可持续发展能力。政策性资金侧重于贷款的手续、流程简便、审批快速以及贷款额的大幅增长，极易忽视财务管理等方面的能力提升，缺乏科学、合理、有效的贷后管理与偿债监督机制，导致政策性金融机构的资金回收周期延长。加之农村金融机构管理的低效率，进一步降低了资金回收率，严重削弱了农村政策性金融机构的可持续发展能力。

(2) 农村金融市场理论

农村金融市场理论兴起于新古典经济学的自由主义浪潮下，对农业信贷补贴理论进行了一定程度的批判，强调市场机制在农村金融市场的重要作用，日渐成为二十世纪八十年代后的主流农村金融理论。该理论与农业信贷补贴理论在农村金融实际发展状况上的前提假设大相径庭，农村金融市场理论假设：①农村居民且包括农村的贫困居民都具有一定的储蓄意识和相应的储蓄能力，能够通过积极主动的储蓄行为很好地满足当地涉农金融机构迫切的资金需求，在很大程度上不需要引入外部资金；②低息政策严重挫伤了农户主动进行存款的积极性，阻碍了金融机构吸收存款，抑制了农村金融的可持续发展，利率迫切需要市场化；③政策性金融机构的运作资金大多来源于政府拨付，资金的外部依存度过高致使资本回流效率降低；④农村借贷资金的机会成本较高，因此非正规金融的高利率是符合市场规律的。农村金融市场理论坚信低息政策会对农户的存款产生挤出效应，极力反对政府政策性金融对市场的过多干预，积极鼓

励农村金融广泛依托市场机制进行金融市场自由化发展，重点强调实现利率的
市场化发展。利率自由化一方面能够帮助农村金融中介机构补偿其经营成本，
激发农民储蓄潜力，实现农村资金自给自足、良性发展；另一方面鼓励农村金
融机构积极、广泛地动员村民进行储蓄，扩大金融机构的存款规模，逐渐放松
对外部资金的依赖，提升涉农金融机构的效率水平，促进农村金融市场可持续
发展。农村金融市场理论虽然在一定程度上弥补了农业信贷补贴理论的问题与
缺陷，但在实际应用过程中其仍然存在一些不足。发展中国家的经济发展较为
滞后，市场运行机制和农村金融体制尚不健全，市场这只"无形的手"的调节
作用发挥不充分，致使农村金融市场理论脱离发展中国家农村的实际情况，且
利率的市场化并不能在高风险、低收益的现实情况下确保农民能够充分地获得
正规金融机构的信贷支持。在利率市场化的进程中会出现一定程度的偏差，一
是农户无力偿付高额的借贷利率，农村贷款规模日益缩减，倒逼一部分资金从
农村流入城市，阻碍了农村的持续发展；二是农户普遍缺乏合格有效的抵质押
担保物，致使其无法顺利获得正规金融的信贷资金支持，削弱了农村金融市场
理论的可行性。鉴于此，仍旧需要政府这只"有形的手"的合理介入以重点照
顾农村居民特别是贫困农民的融资可得性。

（3）不完全竞争市场理论

二十世纪九十年代，东南亚市场经济国家爆发了较为严重的经济危机，由
此便暴露出农村金融市场理论的缺陷，学者们逐渐意识到应该加入一些社会性、
非市场的要素来重点发展效率更优化的金融市场，便将金融约束理论引入农村
金融市场从而形成了不完全竞争市场理论。不完全竞争市场理论是农村金融发
展进程中政府"有形的手"与市场"无形的手"优势互补的结果，该理论不仅
强调了市场运行机制对农村金融发展活力的激发促进作用，而且肯定了一定程
度的政府干预对市场工具失效时的修正作用。该理论是新凯恩斯主义思想在发
展中国家农村金融领域的具体实践，新凯恩斯主义思想主张金融深化理论在客
观上忽视了金融市场的信息不对称问题，而金融的完全自由化会阻碍农村经济
的可持续发展，建议政府应进行适度合理的干预。不完全竞争市场理论的主要
观点有以下三点：第一，发展中国家的农村金融市场是一个不完全竞争市场，
涉农金融机构难以有效掌握借贷主体的相关信息，金融市场存在严重的信息不
对称问题；第二，农村金融市场极易出现逆向选择和道德风险，单纯依靠市场
运行机制并不能培育出一个高效的农村金融市场；第三，为了缓解市场失灵带

来的不利影响，应加入适当的政府干预以及合理的贷款者组织化等非市场因素。鉴于此，政府应着力优化金融支持模式，帮助涉农金融机构明确融资服务对象，创新农村抵质押担保信贷品种、合作信贷模式以及循环贷款模式等金融产品，强化涉农金融机构服务，为"三农"提供个性化、优质化、综合化的金融产品与服务，积极引导农业金融市场机制发挥其优势，确保涉农金融机构经营的独立性与财务的可持续性。不完全竞争市场理论为政府这只"有形的手"介入农村金融市场提供了相应的理论基础，但其与农业信贷补贴理论有着本质的区别，在不完全竞争市场理论基础上的政府介入必须有相对完善的市场运行机制作为保障，才能有效克服市场缺陷带来的一系列问题。目前，不完全竞争市场理论是金融支持农村的主流思想，在金融支持乡村振兴的发展过程中，一方面应极力释放利好消息，确保"三农"领域的融资需求，另一方面积极支持鼓励民间金融发展，激发农村资源的活力，充分调动农村地区资金自由流动，缓解信息不对称造成的不利影响。不完全竞争市场理论为正确处理政府、涉农金融机构、农户、新型农业经营主体的金融服务关系提供了重要的理论借鉴，对于有效缓解新型农业经营主体"融资难、融资贵"问题具有重要的现实意义。

10.1.3 金融理论发展概述

（1）马克思主义金融理论

马克思主义金融理论是在劳动价值理论与剩余价值理论的基础上对"货币资本""生息资本""信用资本""虚拟资本"以及"银行资本"等概念进行了详细的阐释和分析。该理论积极倡导的内容主要包括以下三点：第一，农业合作制是解决以农业为主的国家发展农村经济的便捷渠道，通过别开生面的合作社金融有效缓解农村资金短缺的现实困境；第二，农民绝对占有生产资料是缓解贫困的根本途径，应着力保护农民在土地上的合法权益，以此来保障农村投融资活动的顺利开展；第三，在小农经济环境下，农村金融资本会出现严重的"脱农"现象，大量农村金融资本会通过农村金融机构转移至城镇，农村金融资本短缺，进一步导致农村经济发展受阻。

（2）中国特色社会主义金融理论

中国特色社会主义金融理论是在马克思《资本论》科学的基础上发展创新的，随着历史的更迭，我国各个历史时期的领导人结合中国的特殊国情对其进行了一定程度上的"中国化"，逐渐形成了别具一格的中国特色社会主义金融理论。

　　江泽民的金融思想主要关注金融发展电子化与农村金融机构改革。1993年，江泽民发表《实现金融管理电子化》的重要讲话，讲话指出：伴随着信息技术的革新，金融电子化发展日益成为我国金融未来发展的主要趋势，应着力推进以普及银行卡为核心的金融电子化发展进程。同时，为满足现代"三农"发展的特殊需求，必须对以农村信用社为主体的农村金融体系进行改革，以便提高农村金融服务的专业化、个性化、综合化。

　　胡锦涛的金融思想主要强调金融业持续健康发展的重要性问题。该思想指出：应将农村金融改革上升为现代金融改革的关键，逐步建立满足农村金融服务需求者个性化要求的现代化金融服务体系。同时，强化金融监管，有效防范金融风险，以便更好地维护金融市场的稳定发展。

　　在广泛汲取前人金融思想的前提下，习近平的金融思想更加强调为人民服务，即"普惠金融"。该思想指出：中国特色社会主义金融道路是根植于最广大人民的金融之路，是"取之于民，用之于民"的普惠金融，必须服务于人民，服务于实体经济，极大地满足中小微企业、新兴行业、"三农"等金融弱势群体最基本、最迫切的金融需求。随着我国加入金融全球化的浪潮，习近平总书记强调应大力发展跨国金融，尤其是与"一带一路"沿线国家和地区的金融交流与发展。

　　综上所述，本节针对农村金融相关理论进行了简单梳理。首先，对金融支持效果进行了具体论述，主要概括为金融抑制论、金融深化论以及金融约束论；其次，对农村金融理论按照历史发展脉络进行了阐述，重点介绍了农业信贷补贴理论（主张政府完全主导）、农村金融市场论（主张由市场机制完全主导）、不完全竞争市场理论（主张市场机制与政府干预协调配合）三大理论流派；最后，结合中国特色社会主义国情，论述了中国特色社会主义金融理论的具体含义，其中中国特色社会主义理论又分为江泽民金融思想、胡锦涛金融思想以及习近平金融思想。在乡村振兴战略背景下，结合相关金融支持理论与农村金融理论，从我国农村当前的特殊国情出发，有效解决"三农"融资困境，着力推动"乡村振兴战略"在我国落地生根，促进农村经济持续健康发展，还需更进一步地探索实践。

10. 2　金融支持乡村振兴政策依据

　　2015 年 12 月 7 日，国务院颁布《关于打赢脱贫攻坚战的决定》文件，正式提出应加大金融扶贫力度，引导各类金融机构加大对扶贫开发的金融支持。在《乡村振兴战略规划（2018—2022 年）》中提出应健全适合农业农村特点的农村金融体系，把更多金融资源配置到农村经济社会发展的重点领域和薄弱环节，更好满足乡村振兴多样化金融需求。在政策逐步深化推进过程中，国务院各部门相继制定出更加细化与分工明确的方案与意见。我们对国家近年来出台的金融支持乡村振兴战略的相关政策进行了梳理和整理（见表 10－1）。

表 10－1　国家相关政策和重要事件的梳理

部门	时间	主要文件	金融方面内容
国务院	2015 年 12 月 7 日	《关于打赢脱贫攻坚战的决定》	加大金融扶贫力度，引导各类金融机构加大对扶贫开发的金融支持。支持农村信用社、村镇银行等金融机构为贫困户提供免抵押、免担保扶贫小额信贷。加大创业担保贷款、助学贷款、妇女小额贷款、康复扶贫贷款实施力度。
国务院	2018 年 1 月 2 日	《国务院关于实施乡村振兴战略的意见》	拓宽资金筹集渠道，提高金融服务水平，加快形成财政优先保障、金融重点倾斜、社会积极参与的多元投入格局，确保投入力度不断增强、总量持续增加。
国务院	2018 年 8 月 19 日	《关于打赢脱贫攻坚战三年行动的指导意见》	加强金融精准扶贫服务、创新产业扶贫信贷产品和模式、加强扶贫信贷风险防范、推进贫困地区信用体系建设、支持贫困地区金融服务站建设、扩大贫困地区涉农保险保障范围。
国务院	2018 年 9 月 26 日	《乡村振兴战略规划（2018—2022 年）》	逐步健全金融支农组织体系、创新金融支农产品和服务、完善金融支农激励政策。

10.3 发达国家支持乡村振兴的经验借鉴及启示

发达国家在自身发展过程中都相对重视农村地区的经济发展，无论是经济发展较快的美国、德国、英国、日本和韩国，还是经济发展较慢的孟加拉国、印度，都从自身的实际情况出发，审时度势地采取针对性的政策措施推动农村经济迈入新台阶，走出一条适宜本国发展、可持续的乡村振兴道路，也为其他发展中国家或地区探索建设农村金融体系、完善金融扶贫机制、振兴乡村经济提供有益借鉴。

表 10 - 2　各个国家乡村振兴模式梳理

国别	模式
美国	商业银行 + 信用合作社 + 农业保险 + 政府农贷机构
德国	信用合作金融机构 + 政策性农业金融机构
英国	商业银行 + 民办官助农村金融机构
日本	农协金融 + 政策性农村金融
韩国	内务部 + 农协模式
孟加拉国	乡村银行 + 小额贷款模式
印度	自助小组 + 银行模式

10.3.1 发达国家支持乡村振兴的经验

（1）美国模式：商业银行 + 信用合作社 + 农业保险 + 政府农贷机构

美国实行的是"商业银行 + 信用合作社 + 农业保险 + 政府农贷机构"的复合信用型农村金融体系，该体系以商业银行为基础、信用合作社为辅助、政府农贷机构和农业保险为补充的多元化农村金融体系，美国农村金融体系结构完备、层次分明、职能明确、各有侧重、互为补充，旨在解决农村农业发展"融资难、融资贵"的现实困境。美国农业发达程度较高，传统农作物的播种、收割、入库完全实现了全程机械化操作，显著提高了农业生产效率。美国的农村金融体系主要由以下四部分构成：第一，商业银行。美联储规定，农业贷款规模占全行贷款总额四分之一以上的商业银行都可享受联邦税收优惠政策，商业银行在秉持"安全性、流动性、效益性"原则的基础上采用商业化运作模式为客户提供个性化的金融服务。第二，农村信用合作系统。该体系由政府、农业合作社、农民以及其他社会组织出资设立，全国信用社管理局对其实施独立监管。该体系直接对美国国会负责，无须缴纳存款准备金、免征税负，且能够参照市场利率自主决定借贷利率，农村信用合作社重点在政府政策协调鼓励下面向经济效益差、风险高，商业银行不予涉足的领域开展金融服务。第三，农业保险体系。该体系旨在降低自然灾害和农产品价格波动给农户造成的损失，避免因灾致贫现象的发生，为农业的可持续发展保驾护航。第四，政府农贷机构。该机构主要包括商业信贷公司、农民家计局及农村电气化管理局，依托政府资金设立，且不以营利为目的。商业信贷公司重点提供农产品抵押贷款、差价补贴等服务，农民家计局主要服务于无法在正规金融机构获得贷款的农户，农村电气化管理局主要为农村电业合作社与非营利性的农场提供信贷支持，政府农贷机构主要立足于为农村金融提供相应的保障服务，保证农村金融业务的顺利开展。

（2）德国模式：信用合作金融机构＋政策性农业金融机构

农地金融是土地经营者（在土地上从事农业生产经营的主体，主要包括农场主、佃农等）以农地产权向金融机构融资的行为。德国农地金融支持模式以信用合作金融机构和政策性农业金融机构的协调配合进行运作，主要包括以下两部分：第一，以信用合作金融机构为主的合作金融模式。德国农村合作金融体系主要分为三个层次，依次为抵押信用合作社、区域联合银行和中央合作银行，呈"金字塔"形分布，中央合作银行、区域联合银行由政府强制组建，是整个农地抵押融资体系不可或缺的关键一环。土地所有者以土地作为抵押物自发组建抵押信用合作社，以抵押信用合作社为主体向上衍生成立区域联合银行，最后落脚于中央合作银行。第二，以政策性农业金融机构为主的委托金融模式。实施农地金融活动的金融机构大多属于再融资性质，一般情况下不直接面向农户为其提供信贷支持，而是借助于其他金融机构为农户提供长期贷款。

（3）英国模式：商业银行＋民办官助农村金融机构

英国是世界上第一个建立完整城乡规划体系的国家，这一殊荣的获得离不开英国农村金融的大力支持。英国五大商业银行分支机构分布广，占农村金融市场份额三分之二以上。大多采用无抵押透支形式发放农业信用贷款，其中担保贷款约占三分之一，中短期贷款约占二分之一，并在此基础上，明确要求农场主为所饲养的家禽和拥有的农机具购买农业保险，以降低贷款风险。英国政府依据《新农业信用法》牵头成立农业抵押公司、农业信贷公司等民办官助的金融机构。农业抵押公司的股本分散在 10 家商业银行，主要借助股东银行分散在乡村的营业网点办理不动产抵押长期信用，以土地或地上建筑物作为抵押，贷款期限控制在 60 年以内，且贷款金额不能高出抵押物估算价值的三分之二，每半年或 1 年分期还款。

（4）日本模式：农协金融 + 政策性农村金融

1979 年，日本从大分县开始了著名的"一村一品"运动，秉持用心创意、自主自立，产品开发立足本地、面向全球的原则，坚持居民的意识改革、挖掘本地资源、可持续、产品附加值高、确保销路、培养人才的六要素，日本逐渐消除了城乡差别，农户收入日益超过城市居民。在如火如荼的"一村一品"运动中，日本农协金融与政策性金融起了关键性的支持作用，保障了运动的顺利开展。农协一方面可以吸收会员的存款，另一方面也可以面向会员发放贷款，农协会员既是存款户又是贷款户。与此同时，各级农协也承担着政府投入贷款资金和利息补贴资金的发放工作。日本政策性农村金融由三部分构成：一是农林渔业金融公库，主要为农地改造等农业基础设施及农业技术基础项目提供信贷支持；二是制度金融，政府借助营业网点分布较广的民间金融机构向符合条件的农户发放限定用途的无息贷款或贷款利息补贴；三是农业信用基金协会和农林渔业信用基金，农林渔业信用基金主要致力于为农业信用基金协会的担保提供保险服务，从多个层次为农户贷款提供保障服务。

（5）韩国模式：内务部 + 农协模式

韩国政府于 20 世纪 70 年代初推行"新村运动"，采用政府主导推动和农民协同配合的方式进行。中央政府成立由内务部和农协等主要金融机构组成的中央协议会，负责制定"新村运动"相关的大政方针，积极推动地方建立相应的实施组织，共同推进乡村振兴发展。韩国农协在全国层面，由中央会出资成立以市场化运营为原则的农协金融股份公司，负责统筹全国农村金融业务，盈利能力较强，而基层农协金融业务仍保持信用合作的互助原则，以保本微利为目标，具体负责所在区域的相关金融业务，基层农协的信用资金主要来源于农民的储蓄，政府可借助农协窗口为农村提供低息贷款，实现了中央与地方的良性互动与协调配合。与此同时，韩国政府设立信用保证基金为农协贷款提供担保，基层农协可提取金融业务收入的2%成立信用合作援助基金，农协中央会等额匹配资金，降低基层农协会的风险。

（6）孟加拉国模式：乡村银行＋小额贷款模式

孟加拉国经济学家穆罕默德·尤努斯教授创办的乡村银行是发展中国家金融治理贫困问题的典范。乡村银行具有其他商业银行无法企及的减缓贫困精准、扶贫人数众多、减贫成效明显等特色，为农业发展、农民增收、农村生态环境优化做出了巨大贡献。孟加拉国乡村银行具有以下两方面的显著特点。第一，服务对象精准，只面向贫困农户。乡村银行成立了非营利性基金，主要以扶贫为目的服务于乡村中的贫困人口，即越贫困的农户越有可能获得贷款支持，且贷款利率远低于民间借贷利率和其他商业银行的贷款利率，从根本上减轻了贫困人口的还款压力，缓解了贫困农户"融资难、融资贵"的现实困境；第二，贷款抵押担保物限制较少甚至无限制。传统商业银行为控制或降低贷款风险会要求贷款人提供一定的抵（质）押担保物，若贷款人发生违约风险银行可以通过拍卖抵（质）押担保物获得一定的风险补偿。农业容易受自然灾害等不确定因素的影响，风险较大，且贫困农户收入甚微，基本的生产生活难以维持，大多依赖于政府补助，缺乏动产或不动产等合格的抵（质）押担保物。鉴于此，孟加拉国乡村银行另辟蹊径，采用"五户联保"的贷款方式，建立起科学有效的内部风险防控机制，组内成员互相担保、互相监督资金使用，共同承担还款责任。这就在无形中增加了贷款人的违约成本，督促贷款人按时履约还款，乡村银行"五户联保"贷款的不良率低于当地任何一家正规金融机构。

（7）印度模式：自助小组＋银行模式

印度的贫困问题是阻碍本国经济发展的主要障碍，为了缓解农业滞后、农村落后、生态环境差、农民贫困的现状，印度相关金融机构适时推出贫困人员自助小组与银行相互协调配合的就业、融资模式。农村贫困人员主动、自愿加入自助小组，小组中的所有成员将自有财产放在一起形成共有基金。一方面，小组中的成员都拥有使用共有基金的权利，满足贫困人员临时、小额的资金需求，有效解决了自助小组内部的资金短缺问题；另一方面，自助小组以共同基金为担保向银行申请贷款，提高了贫困农户的融资可得性，进一步解决了农户融资难的问题。自助小组与银行的良性互动，能够帮助银行更加直观、准确地了解贫困人口的家庭状况、资金需求以及贷款用途，以便为贫困农户提供切实可行的个性化贷款服务，帮助其实现脱贫致富，在一定程度上也有利于银行进行贷后管理，控制贷款风险，是一种精准高效、标本兼治的金融扶贫新模式。

10.3.2　发达国家支持乡村振兴政策对我国的启示

为了进一步推动乡村振兴战略的顺利开展，发达国家审时度势地在金融领域进行了"自上而下"或"自下而上"全方位的改革创新，充分发挥了金融的引导与杠杆撬动作用。西方发达国家金融支持不单停留在机构物理网点的支持，更加关注金融机构乡村思维与乡村精神的培育，不单致力于传统农业的更新换代，更加重视生态绿色农业、旅游观光农业的发展，不单侧重传统金融服务的优化提质，更加注重现代科技金融的助力加速作用。现阶段，我国处于跨越"中等收入陷阱"的关键时期，总结西方发达国家金融支持乡村振兴的丰富经验及教训，对研究和制定出适合我国金融支持乡村振兴战略具有重要的指导意义。结合我国乡村振兴"产业兴旺、生态宜居、乡风文明、治理有效、生活富裕"的总要求，大力发展产业链金融、绿色金融、文化金融、科技金融和普惠金融是必由之路。

（1）重视乡村精神的培育

浓厚的乡村精神是乡村振兴源源不断的动力源泉，乡村精神是乡村居民对本地公共事务的参与、决定以及对乡村精神的依恋和热爱。究其本质，国外如火如荼的乡村振兴其实质就是一场基于爱乡之心的区域社会开发运动。在这场浩浩荡荡的乡村发展运动中，国外涉农金融机构能够根植于乡村，为农村、农业、农民发展提供资金支持，主要原因在于这些涉农金融机构具有浓烈的乡村精神。这种乡村精神主要体现在以下两个方面。第一，服务理念。日本"造村运动"中的农协不单是提供简单的资金支持，而是一种长期投资，不会一味地要求提供贷款的抵质押担保物，资料显示，农协提供的信贷支持中信用贷款占三分之二以上，而抵押担保贷款仅占三分之一左右。第二，服务对象。涉农金融机构的目标定位应始终围绕"三农"发展，面对日益空心化的农村、低效益的农业、金融知识相对匮乏的农民，涉农金融机构必须秉持"取之于农、用之于农"、为三农积极服务的乡村精神，全力支持乡村振兴的发展。涉农金融机构脱农、离农，对农村资金起"抽水机"作用的历史经验教训告诫我们，即使根植于农村的金融机构，若缺乏浓烈的乡村精神，不热爱农民、农村和农业，只是将农村作为自己众多服务对象的其中一员，是很难心无旁骛全力支持"三农"发展的。只有涉农金融机构将自己融入农村，视自己为农村可持续发展的一分子，才能更好地贯彻落实乡村振兴战略。

（2）重点支持农业产业链金融的发展

产业兴旺是乡村振兴的基础，发达国家凭借产业链金融大力推进农、林、牧、渔相结合，种、养、销一体化发展，全方位支持乡村振兴。美国通过制定一系列具有针对性、科学性、可行性的郊区税收优惠政策，积极鼓励城市工厂将厂房搬迁至郊区，为农村产业化发展提供有力支撑，德国宝马将主要的生产基地迁往郊区城镇，带动周边农民实现就近就业。韩国大力推广水稻新品种，增种经济作物，提高农业生产效率，实现农民增收，积极推动创办"农户副业企业""新村工厂""农村工业园区"等。统筹城乡协调发展，推动一、二、三产业有机融合，积极带动养殖业、种植业、农产品加工业、旅游观光业等多产业并举，全力扶持生产、加工、购销、流通等全产业链融合发展。荷兰合作银行独特的产业链金融支持模式主要包括：第一，在合作银行总行成立农业事业部，组建了农业投入品、乳制品、附加值食品加工等7个农业重点产业研究项目小组，主要负责收集整理相关财务信息、判断价格走势、预测预期产量等工作，扶持农业发展；第二，致力于为客户提供农业产业链各个环节的优质金融产品与个性化金融服务；第三，职责明确，实施分工合作，荷兰合作银行的成员行具体负责辖区内农户、小农生产商及小微企业的信贷支持业务，而当服务对象逐渐发展壮大超出其服务能力范围时，主动将服务对象转交至荷兰中央合作银行，由中央合作银行重点支持。涉农金融机构应根据农业产业链的季节性特征提供个性化的金融产品与服务，在农忙时节主要为农户提供信贷支持，保证农业活动的顺利开展，收获时节可以为农户提供多样化结算投资理财服务，全方位助力农业的可持续发展。

（3）大力发展生态绿色金融

生态宜居是乡村振兴的重要载体，国外乡村振兴不单纯是农村的现代化、农业的更新换代、农民的面貌革新，更是乡村的生态价值、文化价值、旅游价值、经济价值的协同发展。大力发展农业休闲、生态农业、水土治理、节能减排、自然保护、历史保护等绿色农业、低碳农业，重点关注农村环境污染治理、水资源保护以及村庄村貌原生态的维护，走生态、绿色金融支持之路。在日本的"造村运动"中，银行为经政府审查合格的环保型农户提供各种额度的无息贷款，贷款期限最长可达12年，同时对相关绿色、低碳农业企业提供长达20～30年的长期低息信贷支持，此外政府还给予一定的税收优惠及补贴。德国在

"村庄更新"运动中,复兴信贷银行致力于为村庄建筑节能、环保改造提供年利率低于2%的信贷支持计划。

(4) 着力发展科技金融

治理有效是乡村振兴的坚实保障,国外支持乡村振兴的一大特色就是能够充分利用互联网技术优化金融产品质量、提升农村金融服务水平。韩国"新村运动"的初期,较为重视农业机械化发展,韩国农协特别设立了低息的农业机械化资金,为韩国农业机械化的普及发展做出了巨大贡献。日本"造村运动"中积极发展融资租赁业务,为大型农业机械设备提供融资租赁服务,帮助实现农业机械化发展,运动后期,由于农业现代化业务发展的需要,大力发展农村电商金融,为农业提供集融资、生产、销售全方位的金融服务。美国拥有 Ag-America、Ag-funder 以及 MSF 三大农业互联网平台,其中 Ag-America 主要负责为农村住房和商业农场提供融资服务,Ag-funder 是农业项目众筹融资平台,主要负责协助初创农业公司完成种子融资,MSF 则致力于减少复杂的贷款审批程序。现阶段,我国乡村振兴中的"三站融合"仍处于起步阶段,我们应充分发挥金融扶贫站对农户信用信息的采集优势,为符合贷款条件的农户提供无抵押担保的信用贷款,借贷期限灵活、利率优惠,满足农户日常生产、经营的资金需求。

(5) 不断深化发展普惠金融

生活富裕是乡村振兴的最终目标,是城镇与农村的共同发展,是居民与农民的共同富裕,这在无形中就要求不能忽视贫困地区和贫困群众的发展。由于农业的高风险以及农户自身缺乏合格、有效的抵质押担保品,国外乡村也不可避免地出现了金融抑制现象。孟加拉国经济学家穆罕默德·尤努斯教授创办的乡村银行突破性地解决了世界农村金融扶贫的难题,探索出低门槛、低利率、无抵押适合农村金融扶贫的发展经验。与此同时,采用"五户联保"的贷款方式,建立起科学、合理、有效的内部风险防控机制,降低了扶贫贷款的使用门槛和风险,惠及大多数的贫困人口。美国"新城镇开发"运动前期约有2187个农村地区是金融服务的空白区域,通过组建乡村微型金融的方式,有效满足了金融服务空白区域个性化的金融需求。我国2020年要实现全面脱贫的目标,打赢脱贫攻坚战,这就要求涉农金融机构应进一步深化对深度贫困地区的支持力度,同时积极发挥保险的保障功能,避免因疾病、入学、自然灾害导致的贫困及返贫问题,着力巩固金融扶贫成果。

(6) 着力提升文化金融

乡风文明是乡村振兴的精神支柱，西方发达国家支持乡村振兴的基石就是着力提升农民的文化素养，这主要囊括了农民的金融知识、农业生产知识、诚实守信意识、国家政策解读等。贯彻落实新乡村教育是韩国"新村运动"的核心，其将农户的文化提升作为重点。首先，在金融教育机构建设层面，韩国政府于1972年成立了中央研修院，重点对拥有一定金融专业基础知识的农户进行指导培训，下设研究开发部、计划部和教授部。据相关资料显示，在韩国"新村运动"过程中，中央研修院在1972年至1979年八年期间共培训了24025名新村领导者，且这些带头人大多是白手起家的农民；其次，在金融教育经费层面，韩国政府共投入335亿韩元支持新乡村金融教育的普及，这在很大程度上缓解了金融教育可持续发展的资金困境；最后，在金融教育阵地层面，韩国农协新村金库依托每个村建立的"村民会馆"组建了金融扫盲知识角，通过别开生面的方式广泛宣传相关金融政策。新乡村教育激发了韩国广大农户的金融意识，金融环境日益优化，农户的诚实守信意识逐步增强。农户逐渐形成了科学合理的储蓄习惯，积极主动前往农协银行储蓄，农民储蓄由运动前的每户农民12美元增加至1978年的每户500美元，增长近42倍，且农协银行财政资金支持由70%下降至25%，这在一定程度上为"新村运动"的顺利开展积累了必要的生产发展资金。借鉴西方发达国家的成熟经验，首先，在宣传方式上，可以针对新型农业生产经营主体的带头人进行适当的金融专业知识、农业生产知识培训，然后再由带头人对普通农户进行相关培训，以期达到"以一带十，以十带百"的联动效应；其次，在内容选择上，重点针对国家、省、市（区）的相关支农惠农强农政策，涉农金融机构可以任命专门服务于"三农"的金融信息员，专职进行相关金融政策的宣传工作，面对面地为新型农业生产经营主体或农户提供金融咨询服务，同时积极广泛收集整理相关主体的金融需求，逐渐形成"自下而上"的信息反馈机制，更好地开发出适宜"三农"发展的金融产品；最后，在发展理念上，重视农户诚实守信意识的培育，积极推动信用评级报告在涉农金融机构贷款审核中的应用，对诚实守信农户给予实质性的优惠，打击恶意逃废金融债务的陋习，保障农村金融的可持续发展。

10.4　金融支持乡村振兴面临的主要难题

　　农村金融是"三农"发展的核心引擎，科学、合理、有效的农村金融体系是助推农村经济发展的重要基础，是实现农业变强、农村变美、农民变富的根本保证。近年来，为贯彻落实乡村振兴战略，推动农业供给侧结构性改革，农村金融着力在体制机制、监督管理、组织架构、产品服务等方面进行了系统性的改革创新。各类涉农金融机构通过强化金融创新，下沉机构网点，下放审批权限，简化信贷审批流程等方式加强对乡村振兴的支持力度，充分激活了农村金融市场的活力，盘活了农业生产要素，农村金融生态环境逐步优化，有效推动了"三农"的发展。与此同时，我们也应看到农村金融有效供给与农村金融实际需求之间还存在一定的不匹配、不平衡，与贯彻落实乡村振兴战略的要求对照还存在较大差距，在支持农业供给侧结构性改革的广度、深度上仍然面临着较为严重的制约，农村金融体系的进一步改革和发展也面临较多的现实问题亟待解决。

10.4.1　农村金融体制发展不完善，农村金融支农水平有待进一步提升

　　目前，我国逐渐形成了以农村合作金融机构为主体，政策性金融机构、开发性金融机构以及商业性金融机构为战略支撑，民间金融、互联网金融及新型农村金融机构为重要补充的农村金融体系。这一基本框架显著推动了我国"三农"的可持续发展，但由于农业与生俱来的弱质性，加之自然灾害等不可抗力的频发，导致农业金融服务风险大、周期长、成本高、效益低，涉农金融机构支持"三农"的内生动力逐渐降低，大都出现了严重的"脱农"现象。农村金融体系尚未发展完善，农村金融支农水平相对滞后，不能满足农业快速发展对个性化、专业化、综合化金融服务的迫切需求，致使"三农"发展深陷资金短缺困境，进而导致乡村振兴战略推进受阻。

　　（1）农村合作金融机构产权结构不合理，非农化倾向严重

　　农村信用合作社是最典型的农村合作金融机构，伴随着农村经济的逐步市场化以及农村金融市场竞争的加剧，推动了农村信用合作社的发展壮大。在此背景下，农村信用合作社开始了大刀阔斧的产权制度改革，农村信用合作社改

制为农商行，金融服务能力更加专业化、金融服务设施更加便捷化、金融产品更加多元化，以此吸引更多的优质客户资源，助力农商行进一步发展壮大。同过去相比，改制后的农村信用合作社的股权结构变得更加复杂，一方面，多数股份占比小且分散的社员股民无法正常行使相关管理权；另一方面，多元化的股权结构以及多层次的利益相关者容易导致产权主体虚置。受商业竞争和股东利益最大化的驱使，部分农村信用合作社逐渐背离了"取之于农，用之于农"的初心使命，广泛借助同业拆借、对外投资等业务将大量的资金投放于城市和企业项目等非农领域。

（2）政策性金融和开发性金融支农功能发挥不充分

中国农业发展银行是我国唯一的一家农业政策性银行，负责代理财政性支农资金的拨付，为"三农"发展提供专业化金融服务。但在积极贯彻落实乡村振兴战略的现实背景下，现存的政策性金融体制未能充分发挥其特有的政策支农功能，存在较多的管理漏洞和业务发展短板（如：资金运用效率低下、资产负债水平不匹配、风险防控机制以及经营管理体系不健全等问题），这些漏洞与短板严重制约了中国农业发展银行支农政策效应的发挥。当前，中国大部分地区农业发展银行的主要业务集中于办理粮食、棉花、油料、食糖、烟叶、羊毛、猪肉、化肥等重要农产品的收购、储备、调控和调销贷款，业务种类相对比较单一，资金运用效率较低。相对而言对农业农村基础设施、水利建设、流通体系建设、农业综合开发、特色产业发展、产业化龙头企业、农民集中住房建设、棚户区改造等制约"三农"发展的重点瓶颈领域的扶持力度不足，致使农业开发、农村基础设施建设等方面处于空白状态，严重阻碍了乡村振兴战略的有效推进。另一方面，政策性金融的资金来源渠道范围较窄，农业发展银行的资金主要来源于政府的财政拨款、中国人民银行的支农再贷款，若其自身面临资金短缺的困境，其支农效果便会受到较大限制。与此同时，国家开发银行主要致力于"大交通、大能源、大城建、大水利"等国家重点项目建设，拓展区域发展新空间，挖掘经济增长潜力，推进产业结构调整，促进新技术、新产业、新业态发展，为经济发展注入新的活力，在重点行业和关键领域发挥着关键作用，而对乡村振兴背景下的农户、农业企业等小农经营主体的直接信贷支持力度较小，支农的广度、深度有待进一步加强。

（3）商业性金融机构支农动力不足

商业银行经营遵循"安全性、流动性、效益性"的原则，该原则是商业银行生存之本，更是其持续发展之道。商业银行的"三性"原则与资本追逐利益的本质激发了农村金融市场的无序竞争。涉农金融机构不良贷款率逐年递增，且同时受到风险规避性与资本逐利性的本能驱使，对"三农"领域的优质资源展开恶性竞争，对帮扶、脱贫攻坚等经济效益较差的领域无暇顾及。目前，随着乡村振兴战略的逐步深化，"三农"资金的需求日渐多样化，急需金融助力，但商业银行对风险大、周期长、成本高、效益低的涉农产业避而远之，缺乏信贷支持的动力。导致商业性金融机构支农动力不足，涉农信贷资产高风险、高成本、低收益的原因主要有以下五点：①涉农信贷资金如期还本付息难以保障。一是农业基础设施建设尚处于起步阶段，未形成规模化经营，农业产业抵御自然灾害的能力较弱；二是尚未建立起健全有效的涉农信贷资金风险补偿体系，农民合作社、合会等组织规模较小、自有资本少、抗风险能力弱。②涉农信贷的风险难以有效控制。在市场经济调控下，农业产业的结构性变革主要依赖于市场力量，但市场这只"无形的手"在调整过程中面临着严重的信息不对称，容易形成农产品生产与销售的断裂，导致农产品大量滞销，致使农户遭受一定的损失。③信贷风险防范措施难以落实到位。涉农企业普遍存在治理结构不合理、财务披露制度不健全等缺陷，加之农村地区的商业性金融机构规模较小，信贷专业人员缺乏，无法对借贷主体的基本生产经营状况、盈利能力、偿债能力以及风险抵御能力等做出全面系统的判断，导致涉农金融机构贷后管理难度较大。④涉农信贷管理成本偏高。商业性金融机构的涉农贷款普遍存在客户分散、单笔额度小、贷款种类多以及贷款流程复杂等特点，同时农机具、宅基地、家禽牲畜等抵押担保物价值评估较难，这在无形中就增加了涉农信贷的管理难度与成本。⑤涉农金融产品创新步伐滞后。商业性涉农金融机构在农机具、林权、土地承包经营权、农房、家禽牲畜、宅基地等抵押贷款，绿色信贷，妇女小额贷款，农民工返乡创业贷款，扶贫财银保，惠农通，快捷贷等方面缺乏成熟的经验和模式。与此同时，鉴于我国"总分行制"的组织模式，基层行过多依赖总行进行产品推广，大多属于"自上而下"的行政推动供给型业务创新，自身缺乏市场调研和研发产品的主观能动性，致使产品同质化现象频发，真正因地制宜适合农村经济发展需求、别具特色的创新产品较为匮乏，加之基层行基础设施、技术、人才等要素的短缺，阻碍了涉农金融产品创新的步伐，进一步挫伤了涉农商业性金融机构支持乡村振兴的积极性。

（4）民间借贷和新型金融组织乱象，支农效果受限

民间借贷与新型金融组织在支持"三农"发展，贯彻落实乡村振兴战略，弥补农村正规金融机构不足，提高普惠金融的获得率，打通农村金融服务"最后一公里"等方面发挥了举足轻重的作用。但同时我们也应看到，民间借贷与新型金融组织在法律法规等方面监管的空白与不规范，致使民间借贷与新型金融组织操作风险、声誉风险、战略风险等频发，无形中造成了农村金融市场秩序混乱，导致民间借贷与新型金融组织支农效果大打折扣。农村地区民间借贷的长期存在与发展以及新型金融组织的乱象折射出"三农"发展陷入了资金短缺的困境，政府监管的重点应该投射在积极缩小资金需求缺口以及正确有效引导层面上，而不能采取简单粗暴的"一刀切"政策，也不能不闻不问，任由其发展，导致民间借贷和新型金融组织乱象丛生，风险严重积累，终将不利于整个农村金融市场的繁荣稳定。广泛运用"互联网＋助农＋扶贫＋电商"的新模式，积极为农户提供日常交易支付结算、小额现金存取、日常生活缴费、农户信用评级、金融扶贫政策咨询、电商平台支付等便民服务。但由于其运营成本偏高，经济效益短时间内难以见效，加之后续维护成本较高，挫伤了主办金融机构的积极性，大多成了"应景工程"，支农服务功能大打折扣。

（5）农村金融服务体系不健全，普惠性服务有待提升

改革开放以来，我国农村金融服务体系有了很大程度的变革，但在新形势下，与贯彻落实乡村振兴战略相匹配的现代化农村金融服务体系亟须进一步发展完善。农村金融服务体系中的供应主体（金融机构）、农村金融服务体系的现代需求主体（法人或个体）、农村金融服务体系中风险承担与分散主体（担保、抵质押、保险）以及农村金融环境（信用、法治环境）等方面仍然存在着严重的生态链问题。农村金融市场供求不匹配，农村金融服务覆盖面狭窄，供给渠道、规模较小，配套设施不足，服务质量不高，仍然是乡村振兴背景下我国农村金融服务体系的不足。主要表现在以下三个方面：

第一，金融基础设施建设薄弱。在大力推进乡村振兴战略的背景下，中国人民银行等部门加快县域和乡村金融基础设施建设步伐，配备一定的设备、人员为农民提供专业化的金融服务，初步实现了"村村通"，但由于前期投入大，后续维护成本高，金融机构成本和收益长期倒挂，农村金融基础设施建设进程逐步放缓；第二，农村金融服务供给严重滞后。涉农金融机构主要致力于为广大农民提供基本的存、结算等基础金融服务，但就是这些最基本、最常见的金

融服务在我国很多农村地区仍处于空白状态。此外，涉农金融机构"脱农"现象严重，不但没有为"三农"发展及乡村振兴战略助力，反而扮演了"抽水机"的角色，将稀缺的"三农"资金用于非农领域，广大农村地区金融服务滞后的困境仍然持续蔓延，普惠金融体系的构建困难重重。与此同时，伴随着我国经济发展与社会进步的步伐加快，农民收入大幅增加，城乡差距逐步缩小，农民迫切需要更加多样化、综合化、个性化的金融服务，投资理财需求与日俱增。虽然我国农村金融正在大刀阔斧地改革，农村金融服务体系不断完善，涉农融资规模不断扩大，农村金融产品和抵押方式创新层出不穷，但仍然不能满足农户日益多样化的金融需求，严重缺乏证券、期货等交易平台，理财产品单一，挫伤了农村地区农民金融投资的积极性；第三，配套金融服务与扶持政策不完善。农村资本市场发展极为落后，很大程度上不能满足农户投融资的多样化需求，资本市场在支农方面的融资支持作用与风险管理功能尚未充分体现。涉农保险主要依靠政策支持，商业化保险参与度较低，市场化水平不高，且发展时间短、基础薄弱，保障水平极为有限，农业保险的广度和深度严重不足，农业风险转移和保障能力有待进一步提升。政策性担保机构缺失、商业性担保门槛较高、民营融资性担保公司以及由财政注资的担保公司也未能深入涉足广大农村地区，加之财政支持风险补偿资金规模小、连续性差，难以形成科学、系统的涉农信贷风险分担机制。同时，农村各类产权确认、登记、评估、抵押、流转机制等配套中介服务尚未完全建立，农地、农房等资产流转交易经验不足，关键领域改革协调推进机制还需进一步发展完善。

10.4.2 农业发展的风险分担机制缺失，农业信贷担保体系不完善

（1）新型农业经营主体发展不规范

我国农村金融改革已开展了三十年有余，取得了突破性的进展，有效缓解了"三农"融资难、融资贵的现实困境，但同时也存在一些不足，其中农村金融缺乏相应的风险缓释机制就是一个值得我们深思的问题。在农村地区，由于农业生产自身固有的特点以及农村金融的高投入，使得农村金融市场长期以来都是高风险、低收益的弱质产业，加之"三农"领域经营主体抗风险能力相对较弱，不良贷款偏高，政策因素制约金融机构合理有效处置不良贷款，导致涉农金融机构风险不断加大。因此，在乡村振兴背景下，完善农村金融体系风险的化解与分散机制，拓宽农业信贷担保范围显得尤为重要。有效贯彻落实乡村

振兴战略，关键要紧抓培育新型农业经营主体这个"牛鼻子"，切实解决农业发展资金短缺的问题。新型农业经营主体尚处于发展初期，设立门槛低、成立时间短，工商、税务登记缺乏规范性，经营证件不齐全，信息披露机制不健全，法人治理结构不完善，致使银行很难判断其真实的经营管理水平，无法为其提供适宜的金融产品与服务。此外，新型农业经营主体资金与生产规模相对较小，产品认可度较低，市场占有率普遍较小，缺少大型机器设备、厂房等抵质押品，融资可得性普遍较低。

（2）农业保险供给不足，与农业生产需求不相匹配

改革开放以来，我国农业、农村发展取得了长足进步，但值得注意的是农村发展的体制机制障碍依然存在。一是城乡二元结构尚未破除，农村综合改革以及其他各项改革的任务任重而道远；二是农业产业结构不合理，结构性矛盾突出；三是农业资源短缺，生态环境严重恶化，农业综合生产能力较低；四是现代化农业服务体系尚未完善，科技、金融、信息等服务相对滞后；五是农产品流通渠道受阻，农业资源优势不能有效转化为经济优势。我国农业的进一步发展需要大量的资金支持，更需要与之相匹配的农业保险，事实上，由于以上种种原因，导致我国涉农保险发展规模与速度相对缓慢，难以适应农业日益多样化、个性化的风险转移、规避需求，难以实现乡村振兴战略。与此同时，以追求盈利最大化为目标的商业性保险公司，由于农业自身的高风险与低效率，导致其对涉农保险的经营也是蜻蜓点水，保险业务的广度和深度都有待进一步加强。政策性保险发展滞后，商业性保险敬而远之，导致了我国涉农保险供给严重不足，农业保险与农业生产需求不相匹配。这种失衡主要表现在以下四个方面。第一，单一的农业保险品种无法满足农业多样化的风险规避需求。我国广大农村地区的农业保险普遍以传统的多灾害单产保险为主，保费补贴缺乏一定灵活性，且具体条款要素也缺乏相应的弹性，无法满足农业产业多样化的现实需求。第二，保险产品设计缺乏合理，农民参保意识淡薄。涉农保险设计过于复杂，农民认知能力相对有限，无法对涉农保险进行客观、合理的评价，一大部分农民由于不了解保险产品特征而导致参保积极性不高。农业险并非强制险，投保覆盖率不可能实现100%，加之保险机构对涉农产品的承保意愿不强烈，导致农业保险发展受阻。第三，保险的保障水平不能覆盖直接物化成本。近年来，种子、化肥、农药、灌溉、机耕、地膜等生产要素价格持续上涨，但农险产品的保险金额却未同步增长。第四，农业保险推广激励机制不健全。农

业保险缺乏市场化、规范化的竞争机制，一些保险推销人员通过非法途径实现自己的销售业绩，损害了农民的相关权益，严重影响了农业保险保障功能的发挥。

10.4.3　农村金融生态环境恶化，信用环境和法律政策环境薄弱

（1）农户信用意识淡薄，农村金融生态环境尚需改善

浓厚的农村信用文化与诚信的农村社会环境不仅是农村金融体制优化完善的基础，更是实现乡风文明的关键所在。信用信息是金融机构进行客户筛选与风险定价的重要依据，但在我国广大的农村地区，信用制度建设始终是农村金融体制机制完善的短板。在乡村振兴战略背景下，我国农村信用体系建设的困境主要表现在以下四个方面。第一，农户信用文化缺失，意识淡薄。我国是农业大国，农村人口众多，信用文化与诚实守信观念落后，逃废债务、骗取贷款等不良现象频发，涉农金融机构逐渐对其采取"惜贷"行为，农户信用文化普及与发展任重而道远。我国"多户联保贷款"已经跨出了实施初期的良好信用可持续循环期，随着联保户数的增多，农户逐渐陷入了拒绝还贷的意识怪圈，农户联保贷款中若出现一户不能按期如约偿还贷款的现象后，其他联保户普遍采取"推诿扯皮"的应对措施，不愿意承担相应的担保责任，出现担而不保的现象，使得多户联保贷款在风险程度上大致等同于信用贷款。除此之外，农户跟风现象严重，一户出现违约，其他同村的农户纷纷效仿，导致全村信用环境恶化。第二，农户信用信息收集评估困难。涉农金融机构收集农户的信用信息工作量大、信息技术要求高、沟通协调程度深，加之农村人口流动性大、数据高度分散、难以鉴别数据的真实性与可靠性，以至于农村信用体系建设需要大量人力、物力、财力以及技术的持续性投入。同时，农户信用信息共享机制不健全，人民银行、工商、税务、电信、社保等部门在数据共享与信息录入方面不及时、不全面、不准确，导致信息收集成本偏高，效率较低，工作进程缓慢。第三，农户失信惩戒机制不健全，在我国农村地区，农户的信用、法制意识淡漠，经济主体恶意逃债、废债的信用违约现象时有发生，涉农金融机构对农村逃废债务人缺乏有力的惩戒手段。银行对恶意逃废债务的农户进行法律诉讼时，即使银行胜诉，但由于法院对农户的失信惩戒力度不够，导致农行、农信社、邮政储蓄等金融机构的涉农贷款不良率持续攀升，银行逐渐产生"惧贷"心理，不得不对其进行信贷约束。此外，涉农金融机构核销逃废债务农户的不良贷款

后，基本放弃了对农户原有债权的追索权，大量信用违约者没有得到应有的惩处，失信成本较低，导致其他具有还款能力的农户也纷纷效仿，恶意逃废银行债务，从而形成恶性循环，给农村信用体系建设带来严重的不良影响。

（2）农村金融法律政策环境尚未完善，基层监管力量发展不均衡

目前，我国农村金融的监管机制与法律政策环境尚未完善，还不能适应日益多元化的农村金融对良好法治环境的迫切要求。存在的问题主要包括以下几点。第一，未对农村正规金融市场的活动主体进行具体、明确的法律规范。农村正规金融的性质确定、功能定位、服务对象、业务开展范围、活动目标等尚处于探索实践阶段，未形成统一有效且被广泛认可的法律规范。第二，农村非正规金融组织的法律约束尚处于空白。目前，对农村非正规金融组织的约束主要是相关部门规章或规范性文件，缺乏行之有效的法律文件，法律效力偏低。农村信用合作社是我国农村金融体系的核心，虽然我国制定了相应的农民专业合作社法，但针对农村信用社产权、内部管理结构、运营机制等的相关法律仍然处于空白。此外，针对新型农村金融机构村镇银行独立的监管体系也尚未建立。第三，农村金融监管机制发展不完善。截至目前，我国仍然未颁布专属于农村金融发展的相关法律、法规，农村金融与城市金融的监管部门、监管目标和手段都相互混淆，逐渐弱化了农村金融特殊的初心与使命。中央金融工作会议中强调，各地方政府应在坚持中央统一规划的前提下，着力优化自身的风险干预能力。但在具体实践中，基层监管力量发展不均衡的问题日益凸显出来。我国省、市、区（县）三级政府均已设立金融办公室，但其作为地方政府的一部分，逐渐形成了"重发展、轻监管"的导向。一方面，各级地方政府无法对辖区内的农村金融机构行使直接的监管权，难以获得真实高效的监管信息，且信息成本过高，这在无形中就增加了地方政府的风险处置成本；另一方面，基层金融监管力量发展不均衡，中国人民银行在各县区都设立了相应的垂直分支机构，而银监会、证监会、保监会等监管部门在县域无机构，"自上而下"的政策落实与"自下而上"的信息报送容易出现扭曲与纰漏。

10.4.4 人力资源储备不足，部分乡村干部思想观念落后

在城乡经济二元体制的广泛影响下，农村对人才的吸引力急剧降低。一方面，农民进城务工浪潮持续升温，学生纷纷进城求学，剩余大量的留守孤寡老人与儿童，农村"空心化"问题严重，农村发展缺乏相应的劳动力，更缺乏开

放的思想与先进的技术，阻碍了"三农"经济的进一步发展壮大；另一方面，伴随着基层金融机构的——撤销，基层金融从业者人数逐渐萎缩，扎根农村、热爱农村、愿意为农村奉献且懂市场、会经营、善管理的专业人才极为匮乏。此外，在当下人口红利逐渐消失与新老交替的关键节点，适龄退休人数不断增加，而新招录从业人员的数量却保持相对的稳定，农村金融人力资源储备不足，乡村振兴战略贯彻落实受到重重阻碍。与此同时，部分乡村干部思想观念落后，与农村当前快速发展、高质量发展的新形势背道而驰。农村部分乡村干部普遍持有"小富即安、小进则满"的思想观念，安于现状，不思进取，有"躺在土地上看风景"的发展心态，对发展进步快的地区经验学习不到位，只学皮毛，不学内涵，没有从本地区的实际出发，照搬其他地区的做法，不做任何因地制宜的调整，生搬硬套在所在区域，致使其内在发展动力不足。部分乡村干部市场意识淡薄，缺乏现代化的营销手段，没有积极广泛应用电商等互联网营销方式，在带领农民找市场、闯市场、开拓市场上没点子、缺主意、少办法，农产品大量滞销，农户严重受损。部分乡村干部发展意识欠缺，"公与私"矛盾突出，无法正确、合理平衡公事与家事，对于个人的利益干劲十足，而对集体经济发展缺乏积极性和原则性，导致集体利益严重受损。

10.5 金融支持乡村振兴政策体系构建

10.5.1 加强党对农村金融改革工作的组织领导，强化政策引导作用

"坚持党管农村工作"是有效贯彻落实乡村振兴战略的基本原则。农村金融改革不单是乡村振兴战略的重要组成部分，也是助推乡村振兴的关键引擎，因此有必要逐步加强党对农村金融改革工作的组织领导，而这一转变在很大程度上也有别于以往农村金融改革中以各级地方政府以及中国人民银行为行动主体，各个涉农金融机构为具体实施部门的战略部署。现如今，我们要把农村金融改革工作作为各级党委的重点任务，加强党对农村金融改革工作的组织领导，有效破解三农"融资难、融资贵"的现实困境。我国是农业大国，农业兴则百业兴，加强党对乡村振兴与农村金融改革的直接领导势在必行，突出党组织的核心地位，为扫除改革障碍、推进改革进程提供强有力的组织保障。

强化服务乡村振兴战略保障措施主要包括以下三个方面。第一，坚持党建统领。一是以党建为基础，着力增强"四个意识"，积极推进党建与服务乡村振兴战略的优化融合，主动将党建工作激发的源源不断的活力转化为服务乡村振兴不竭的动力。二是大力实施人才兴农战略，逐步完善市场化的人力资源管理体系，着力培养一支真正爱农村、尊农民、懂农业、晓金融，愿意为"三农"事业奉献牺牲的干部队伍，增强领导能力，提升服务水平。三是强化跟踪督办和执纪监督问责机制，着力营造良好的干事创业氛围。第二，加强组织推动。一是健全组织机构。优化顶层设计，积极组建服务乡村振兴战略领导小组，强化各个部门的沟通合作，"自上而下"形成服务乡村振兴战略的合力，成立相应的组织领导机构与实施机构，各司其职，积极推进。二是主动参与地方发展规划。广泛参与当地乡村振兴战略发展规划研究，主动建言献策，制订具体的实施方案，有组织、有计划、有步骤、有重点地推动乡村振兴战略，为当地乡村振兴贡献一分力量。第三，强化政策扶持。一是加强政策引导。着力完善相应的配套措施与扶持政策，加大财政资金支持力度，借助涉农商业银行发放无息贷款与提供财政利息补贴等方式，撬动商业银行资本更多地流向"三农"领域。二是完善"两权"抵押贷款的制度环境。尽快修订《物权法》《担保法》等相关条款，将农村土地承包经营权、农村宅基地使用权等纳入抵押品范围，同时加快农村土地确权颁证进程，搭建农村资产交易流转平台，完善市场化交易平台，引入规范、专业的第三方评估机构，着力保障"两权抵押贷款"工作的顺利开展，全面实现农业强、农村美、农民富。

10.5.2 完善农村金融体系，激发农村金融支农活力

乡村振兴是一项系统性工程，战略的贯彻落实需要各个部门的协调配合，共同推进。完善农村金融体系，亟需有组织、有计划地协调各方要素，重点平衡各个部门间的利益关系，激发农村金融支农活力。现阶段，我国已形成了以农村合作性金融机构为主体、政策性金融机构与商业性金融机构为重点、民间金融为补充、互联网金融为新兴力量的农村金融体系，但各个类型金融机构各自为政，未形成功能互补、相互协作且科学、统一、高效的协调配合机制。我国农村金融体系尚处于发展阶段，推进构建多层次、广覆盖、适度竞争的农村金融机构服务体系应从以下五个方面着手。

第一，加强农村信用合作社改革，持续发挥农村合作金融支农主力军作

用。实践表明，乡村振兴仅依靠政策性金融与商业性金融是不全面的，农村合作金融"自上而下"的政府引导与"自下而上"的主体合作相结合，保证了乡村振兴的资金来源。紧随国际信用合作社发展趋势，逐步完善合作金融内部信用合作模式，将股份制与合作制有效结合，实现农户与合作金融的良性互动。第二，充分发挥农业政策性银行的政策优势。作为支持"三农"的政策性银行，农业发展银行应扛起支持乡村振兴的重任，依据国家乡村振兴战略要求适时调整其业务类型与结构，实施"两轮驱动"的发展战略。一是全力支持粮棉油的市场化收储，保障农村地区粮食生产稳定发展，确保国家粮食调控政策的顺利实施。二是稳健发展中长期项目信贷业务，以中央专项农村基础设施建设项目为重点，加大对农村道路、易地搬迁、农田水利建设、经济农作物、生态环境改善的信贷支持力度，加快农村基础设施建设步伐。与此同时，补足农业政策性银行信贷服务短板，充分与县域涉农商业银行及合作银行配合，强化城乡联动，构建可持续发展的业务模式，不断加深对"三农"的支持力度，提高政策性金融机构支农能力。第三，持续加大农村商业性金融支农力度。在乡村振兴战略背景下，农村商业性金融要逐步完善自身治理能力与结构，充分发挥农村商业性金融在推进乡村振兴战略中的主力军作用。首先，加大对农村商业性金融"三农"贡献考核的力度，实施科学有效的奖惩机制，积极引导涉农金融机构追本溯源，坚持支农初心使命，强化服务宗旨，促使更多的金融资源流向"三农"领域。其次，主动引导大型商业银行巩固县域网点，下沉金融服务，拓展服务半径，充分利用邮政储蓄银行机构网点遍布乡镇的天然优势，完善内部机制，盘活农村资金存量，发挥其在乡村振兴战略推进中的金融实力与服务水平。最后，探索在乡村振兴战略推进中试行全额质押的担保方式，依据农业风险高、收益不明显的特征，适度提高贷款风险容忍度，激发商业性金融支农活力。第四，规范和发展新型农村金融服务组织。遵循乡村振兴战略与市场经济发展规律的要求，积极推广、支持各类新型农村金融服务组织的发展，坚持"低门槛，严监管"的原则，鼓励资金互助合作社、合会、小额贷款公司、村镇银行等新型金融服务机构发展，既有利于解决农村金融机构网点覆盖率低、市场竞争不充分以及服务不到位的问题，也有助于构建投资类型多元化、治理方式灵活化、金融服务高效化的农村金融服务体系；第五，积极引导民间非正规金融健康有序发展。民间非正规金融是农村金融体系的重要补充，但由于其缺乏监管，肆意膨胀，已逐渐威胁到了农村金融体系的健康、可持续发展，鉴于此，政府应着力规范和引导农村非正规金融发展壮大。强化对民间非正规金融的执法力度，加快出台相关法律法规，规范民间非正规金融，推进民间非正规金融规范化、阳光化、法制化，并在此基础上对其进行合理的规范与改造，实现正规金融与非正规金融的协调配合、良性互动，彻底打通农村金融服务"最后一公里"。

10.5.3　创新涉农金融产品与服务模式，全方位助力乡村振兴

提升乡村振兴金融服务水平，关键要靠创新。以创新弥补涉农金融有效供给不足的瓶颈，充分解决农村金融供给与需求发展不平衡、不匹配的现实困境。目前，乡村振兴形式五花八门，有农业现代化发展、有小微企业创新发展、有乡村旅游、有农村住房改扩建、有农民返乡创业等多种多样的形式，针对不同层次的金融需求，相关涉农金融机构需从当地特殊的实际情况出发，充分发挥其创新精神，遵循市场化运作模式，设计出满足不同层次、不同对象、不同目标的金融产品与服务模式。

（1）创新金融产品，重点完善乡村振兴战略有效融资模式

涉农金融机构在充分厘清乡村振兴发展战略核心内容的基础上，充分发挥市场配置资源的决定性作用与涉农金融机构的关键作用，积极创新抵押担保形式与互助合作形式，开放思路，保证资金"取之于农、用之于农"，缓解农村资金外流现象，将农村资金真正用在三农领域，推动农业变强、农村变美、农民变富。着力打造差异化金融产品体系，实施精准化、差异化、定向化定价，主动探索完善农村土地承包经营权与农村宅基地抵押贷款，积极开展农业大型机器设备抵押贷款与生产订单融资，逐步推出家庭农场及专业大户贷款、农民专业合作社贷款、农业产业链贷款、农业生产设施抵押、应收账款质押、农业保险保单质押、农村电商数据贷款等新型金融产品。同时，充分考量贫困农户缺乏合格抵押担保物的实际状况，结合资产、家庭状况与农户信用，借鉴"孟加拉国乡村银行模式"着力推广农户小额信用贷款与农户联保贷款。加大政策性金融与商业性金融的融合力度，重点研究针对水利设施、粮食仓储、晾晒烘干设施和农田道路的信贷产品，重点解决基础设施建设资金短缺困境。创新融资模式，充分发挥金融在乡村振兴战略中的主力引擎作用。主要的创新模式有以下三种类型。①公司自营融资模式。开展针对政府购买服务支持农业农村基础

设施项目"政府主导、市场化运作"的转型，大力推行政府平台公司自营模式。②财政垫付性融资模式。对各级财政部门明确扶持的农村基础设施建设与公共服务项目，由政府平台公司承贷，将财政拨付作为还本付息的来源，发放财政垫付性贷款。③政府与社会资本合作模式（PPP）。该模式以政府 PPP 项目开发目录为指引，主动与地方政府以及社会资本进行衔接，储备优质项目，充分发挥政策性金融对社会资本的引导、撬动作用。

（2）创新金融支持模式，着力推进农村普惠金融

紧抓互联网背景下金融科技欣欣向荣的新态势，主动运用互联网技术手段助推乡村振兴发展，创新金融支持模式，逐步增强农村金融服务的便利性、普及性以及可获得性，推动农村普惠金融发展。创新产业链金融服务模式、互联网金融服务模式等，充分发挥大数据、云计算、移动互联、人工智能等现代化技术手段的便捷高效，整合业务渠道，简化业务审批流程，优化涉农信贷投放链条，搭建互联网综合金融服务平台、惠农互联网基础服务平台，帮助生产端与消费端进行针对性"对话"，实现农产品生产、运输、销售、售后服务与支付融资等金融功能的无缝衔接，着力提升农村金融供给的配置效率与服务水平。在充分理解乡村振兴战略主要内容、对象、目标的前提下，逐渐探索出五种切实可行的农村普惠金融模式（见表 10 - 3）。

表 10 - 3　农村普惠金融模式

模式	内涵
服务点 + 农户	该模式特指相关涉农金融机构在行政村内选择适宜的农家店（例如：村镇便民服务中心、连锁便利店等），以其为依托设立惠农服务站，安装相应的电子服务设施，帮助农民足不出村就能办理各项基础性金融服务，获取相关金融政策资讯。
村集体 + 农户	该模式是指涉农金融机构与村集体组织进行深层次合作，凭借村集体根植于农村的先天优势，发挥其"最了解农户的人品，最清楚农户的信用和家境，最能管控农村物权，最能及时识别农户贷款风险，最能协助银行化解贷款风险"的功能，由村集体向涉农金融机构推荐诚实守信的农户，金融机构向该农户发放贷款。
产业链 + 农户	该模式是指涉农金融机构依托产业链生产交易活动，为产业链中各个生产结点提供整体授信，按照服务对象的不同可分为农业龙头企业主导型、农民专业合作社主导型、专业市场主导型、协会主导型等。

续表

模式	内涵
补偿金＋农户	该模式是指涉农金融机构与地方政府形成合力，由地方财政出资设立涉农贷款风险补偿基金或政策性担保公司，为辖区内农户提供直接贷款担保，撬动涉农金融机构放大信贷规模，为区域内农户提供信贷支持。
互联网＋农户	该模式是指充分发挥大数据、云计算、移动互联、人工智能等现代化技术手段的便捷、高效，整合业务渠道，简化业务审批流程，优化涉农信贷投放链条，充分利用互联网金融成本低、效率高、覆盖广、发展快的特色，为农户提供全天候、零距离、多样化、综合性的金融服务。

10.5.4 完善农村金融风险分担与补偿机制

"三农"现代化建设的实践表明，只有市场提供更高的"安全系数"，才能更为有效地推进乡村振兴战略的贯彻落实。农业与生俱来的高风险性使得商业性资本望而却步，加之农民文化水平较低、诚实守信意识缺乏、法律意识淡薄，导致农村恶意逃废银行债务现象频发，给涉农金融机构造成不可挽回的损失，金融机构在权衡自己的利益得失后会对"三农"领域采取"惜贷"行为，农业发展又一次陷入了"融资难、融资贵"的现实困境。鉴于此，政府应主动联合银行、保险、证券等部门，逐步完善农村金融风险分担与补偿机制，创新风险办法，强化主体风险意识，提高涉农金融机构自身的风险防范水平，筑牢风险防范的围墙。第一，建立健全政策性担保体系，撬动民间、新型担保公司发展。整合财政支农资金，在各省、市、区（县）政府出资或参股组建政策性担保公司，自上而下完善农业信贷担保体系和再担保体系，以"政府增信＋银政共管"为原则，通过财政担保费率补助、以奖代补等形式，为农业经营主体提供优质、便捷、高效、低廉的融资担保服务，并以此为基础积极引导、鼓励社会资本组建民间担保公司，大力支持新型担保机构进行农村创新担保业务。第二，加大农业保险扶持力度，创新农业保险产品。依托中央财政对农业保险的保费补贴优惠政策，扩大农产品参保范围，提高单个农产品的承保覆盖率。同时，鼓励保险机构创新保险产品，因地制宜依据当地特色开发出适宜的保险产品，丰富承保品种，提高保障水平，既保自然风险，也保市场风险，保障深度从单维度的旱灾、风灾、雨灾、雪灾、低温向多维度综合气象指数转变。第三，创新贷款风险分担与补偿机制。在农村金融体系变革进程中，积极探索社会各方共同参与合作的联合担保机制。由政府牵头成立，社会各界资本广泛参与的乡村振兴专项基金，提取一定比例用于涉农金融机构贷款风险分担。逐步探索形成以农户、农业合作社、农业龙头企业、民间资本、涉农金融机构、担保机构、农资供应商以及农产品收购商等为主体的贷款担保链，在乡村振兴战略推进过程中形成生产经营利益共享、贷款风险各自分散的共担机制。充分整合国家财政资金、专项扶贫资金、"三农"发展资金、农村环境改善资金、交通建设等资金，集合形成乡村振兴战略"资金池"，以便撬动更多的金融与社会资本流向乡村振兴领域。同时大力发展农业再保险市场，通过政府财政补贴、税收优惠等鼓励政策，支持各类商业性保险公司在"三农"领域中广泛开展再保险服务。

10.5.5 重点支持生态文明建设，加快发展绿色金融

生态宜居是乡村振兴的重要载体，国外发达国家乡村振兴的历史经验告诫我们要重点支持生态农业、观光农业、经济农业、休闲农业等为主体的绿色农业，关注农村生态环境、水资源保护，以及原生态村貌的维护，走出一条独具中国特色的绿色金融支持之路。积极发展绿色金融，促进乡村绿色振兴。绿色金融在支持乡村振兴的进程中，应重点协调好中央政府与地方政府、政府与市场的关系，促进绿色金融支持绿色发展"自上而下"的推广方式与"自下而上"的落实方式有效结合，主要包括以下六个方面：

（1）建立健全乡村振兴农村绿色金融政策扶持机制

充分发挥政府财政贴息、风险补偿、投资补助等政策的撬动、引导作用，加快构建"三农"循环经济体系。可以借鉴德国的相关经验，财政部门可试点将绿色贷款相关的贴息审核、发放、管理等工作交由专职的绿色银行或绿色金融事业部来全权负责，提高规模效率，扩大绿色贴息范围。与此同时，建立以绿色农业企业为主体、市场为导向、产融结合的技术创新体系，积极引导更多的资金流入生态农业、生态环境改善、水资源保护等领域。各级地方政府应立足当地农业发展特色，充分利用其资源禀赋，完善生态农业产业，以个体经营为主体，降低市场准入门槛，落实财税与土地政策，为吸引金融机构信贷资金与社会资本流入提供便利。

（2）逐步完善乡村振兴绿色担保机制

重点拓宽土地承包经营权、土地流转权、宅基地使用权等"两权"在内的抵质押物范围，提高农户信贷可得性。同时，各级地方政府应着力组建专业性的绿色担保机构，或委托专业化机构提供担保服务，也可由省、市、县多级政府共同出资建立绿色项目风险补偿基金，完善风险共担机制，有效保障投资主体利益。

（3）加大绿色农业科技的投入

以责任投资和绿色发展为原则加大空气污染、环境污染、水污染、土壤污染的绿色技术创新力度。突出绿色投融资政策的引导作用，引导社会资本和绿色技术广泛加入乡村振兴基础设施建设，对相关低碳发展项目与公共设施项目进行融资支持。

（4）逐步完善绿色项目和绿色企业的评估认证标准和体系

遵循统一规划、可持续发展的原则，充分整合国内相关标准、产业政策，探索建立统一、科学、规范的绿色项目与绿色企业认定评价标准，将绿色企业项目综合表现进行有效量化评定。对破坏农村生态环境，造成水污染、土地污染的项目坚决取缔，充分发挥出绿色金融的激励评价机制。统一行业监管规则与标准，形成政府部门、金融机构、企业个体关于"绿色"定义的共识，逐步完善绿色金融产品标准，优化绿色评级与认证，缓解信息不对称造成的绿色金融投融资瓶颈，有效遏制"洗绿"和"漂绿"现象。

（5）大力创新绿色金融产品

充分发挥绿色金融在资金、平台、人力、专业性等方面的优势，深化绿色项目发展进程，充分发挥绿色金融对社会资本的撬动与引导作用，创新绿色金融产品，有效解决绿色金融支持乡村振兴产品缺乏、服务滞后的困境。创新绿色信贷，拓宽绿色信贷抵押担保范围。依托乡村振兴战略，重点发展乡村绿色专项债，正确引导社会资金流向，为农村绿色农业企业提供更加便利化的直接融资渠道。逐步形成以绿色信贷为基础，绿色债券与绿色基金为新动能的良性运行机制，各绿色金融工具彼此之间相互联动、协同发展，共同推进乡村振兴绿色化发展。

（6）加强绿色金融国际合作

随着斯德哥尔摩会议、里约热内卢会议、哥本哈根世界气候大会的召开，世界各国在保护好人类赖以生存的地球家园上已经达成共识。在"一带一路"

经济带沿线地区大力推广绿色投资与绿色技术的落地生根，在生态环境、产品创新、风险管理、信息披露、融资渠道、国际资本和绿色技术等方面充分借鉴国际的成功经验，以便更好地发挥绿色金融助推乡村振兴可持续发展进程。

10.5.6 完善监管体系，形成金融监管合力

金融风险的有效防控，是农村金融改革的关键，是金融支持乡村振兴战略的制度保障。积极创建"银行＋政府＋农村＋企业"的新形式，以便地方政府、人民银行、监管机构在监管信息共享的基础上，形成便捷高效的信息对接沟通循环系统，既明确职责、各司其职，又协调配合，严控金融风险，实现真正的互通有无，为农村金融改革保驾护航。

（1）坚持政府引导、专业监管与组织自律相结合，形成监管合力

现阶段，我国基层金融监管组织呈现出发展不平衡、不充分、各自为政的现象，鉴于此，应坚持以地方政府监管为引导，充分发挥监管部门的专业监管、合作组织的内部自律以及乡村群众民主监督的战斗堡垒作用，保证乡村振兴的可持续发展。其中政府发挥着桥梁和纽带的关键作用，对接金融机构，为金融机构获取有价值的信息，降低贷款风险，对接农户，充分知晓农民的真正需求，帮助农民获得贷款，对接企业，为企业增信，提高融资可得性，降低融资成本，形成无缝对接的良性循环体系，农户、新型农业经营主体获得了发展资金，银行拓宽了业务范围，地方经济得到了发展，互利互惠，实现共赢。

（2）完善监管体系，强化监管引领，确保乡村振兴有保障

优化金融支持乡村振兴监管体系，引导涉农金融机构准确把握乡村振兴战略发展方向。一是强化对金融机构支持乡村振兴资源配置绩效考核的力度，加大各类生产要素对乡村振兴战略的倾斜和支持力度，将涉农信贷金融服务、涉农金融产品、金融扶贫、普惠金融等指标纳入银行综合绩效考核。二是联合基层人民银行、金融办、银监会等监管部门分支机构研究制订乡村振兴金融支持具体规划，全面构建涉农金融服务绩效评价制度、审计监督机制、流动性保障机制等，保证监管制度内外平衡。三是鼓励国内大型银行支持县域支行发展，合理下放审批权限、简化贷款流程、提高资金使用效率，重点落实准入监管政策重心下移要求，积极引导政策性银行加大对乡村振兴战略的支持力度，为农村生态环境改善、农村住房建设等重点项目提供中长期信贷支持，督促地方中小涉农金融机构"立足县域，服务三农"，完善差异化监管体系，健全适合"三

农"特点的金融体系，不断提升金融服务乡村振兴战略的能力。

10.5.7 优化农村信用环境，实现乡村振兴与金融发展的良性互动

良好的信用环境是有效贯彻落实乡村振兴战略的前提条件。农村信用体系的逐步完善有助于强化农民诚实守信意识，提升农村地区整体信用水平，营造良好的乡风环境，实现乡村振兴与金融发展的良性互动。

（1）加强农村征信普法宣传与奖惩力度

广泛开展农村地区征信与金融知识的宣传活动，鼓励"信用户""信用村""信用乡镇"的创建，着力营造"重承诺、守信用"的农村金融生态环境。重视宣传奖励守信行为，对信用评价表现良好的农户在贷款审批、额度、抵质押物、期限、利率以及流程等方面给予"看得见"的优惠，实现"村民诚信指数"换取"信贷真金白银"，让其切实感受到诚实守信带来的便利，成为宣传诚实守信的"活广告"。与此同时，重点加强对失信行为人的司法、行政惩戒力度，针对农户恶意逃废银行债务的行为，可由地方政府牵头，联合人民银行、金融办、银监局、涉农金融机构、公安局、检察院、法院等相关职能部门，着力开展打击失信债务人的专项行动，用法律手段惩戒失信人，让欠债者无路可逃，使失信者不敢为，不能为，不愿为，维护涉农金融机构的合法权利。建立健全失信人员黑名单制度，强化社会舆论监督惩戒机制，在电视台定期对失信企业及其法定代表人、其他失信自然人进行曝光，限制其享受其他公共服务，给有恶意赖债想法的农户敲响了警钟。增加失信人员违法成本，依法保护金融债权，牢固树立"守信光荣、失信可耻"的良好社会风气。

（2）加快农村征信体系建设步伐

遵循"政府主导、央行推动、部门配合、各方参与"的原则，逐步完善农村征信体系，改善农村金融生态环境。一是优化农村信用信息采集、评价和应用机制。实现农户信用建档、评级全覆盖，并在此基础上借助大数据、互联网等新技术，推动农户信用档案电子化、网络化发展，推动乡村振兴征信数据库建设，探索农户信用信息联网运行，加强信息共享。二是制定专属农村地区信用体系建设的考核办法，充分调整完善农村地区信用建设评价指标，通过优先授信、优惠利率、财政补贴等方式为农户发放无抵押免担保的贴息贷款与小额信用贷款，为"三农"发展提供资金支持。

10.5.8　着力推行文化金融，提升融资、融智服务水平

乡风文明是乡村振兴的灵魂，围绕"乡风文明"，着力推行文化金融，充分发挥文化在乡村振兴中的战略堡垒作用，进一步提升涉农金融机构融资、融智、融商服务水平，实现"三农"的可持续发展。西方发达国家支持乡村振兴的基础经验是广泛宣传推广文化金融，其中包括农民的生产经营常识、金融基础理论、相关政策的解读以及诚实守信意识的培养，着力提升农民的文化水平。借鉴国外的成熟经验，我国可从以下四个方面入手，着力推进乡村振兴战略中文化金融的建设。

（1）坚持以政府为主导，丰富农村文化基础设施

充分发挥历史名镇的典型带头作用，在村内建设历史文化展览馆、农耕民俗陈列馆等，重点推行乡村文化广场、讲座演播厅、农民书屋等的建设，满足农民日益多元化、个性化的精神文化需求，陶冶情操。

（2）广泛开展"送金融知识下乡活动"

持续推进涵盖各个年龄段、不同学历层次、不同职业类型、不同性别的金融知识下乡活动，充分发挥各个乡村"支农宣传服务站"的便捷性，对村民开展广泛而深刻的金融理论知识普及教育工作。因地制宜开展涉农金融产品与服务推介会，加深农民对新型金融产品与服务的认知和理解，强化农民的金融意识与风险意识，引导农民树立科学、合理、有效的投资理念与消费观念，从根本上遏制农村恶性"高利贷"的持续蔓延、膨胀。优化农村金融生态环境，培养农户诚实守信意识，降低涉农金融机构违约风险。

（3）加强对新型农业生产经营主体的教育培训

新型农业生产经营主体是农村发展的主力军，其在解决农村发展动力不足、农村闲置生产要素浪费等方面发挥了举足轻重的作用，因此，在乡村振兴战略贯彻落实进程中加强对新型农业生产经营主体金融理论的培训能够达到事半功倍的效果。在方式上，可以先重点针对农村新型农业龙头企业进行培训，再由龙头企业对其他新型农业生产经营主体以及普通农户进行一对一培训。在内容上，重点对国家以及各省、市、区（县）的相关强农惠农政策、行业最新发展趋势、农业技术创新成果、新型金融产品与服务等内容进行深层次解读，与此同时，广泛收集农户金融需求的第一手资料，以便更好地改进金融服务、优化金融产品。

（4）强化金融服务乡村振兴战略的人才保障机制

完善乡村振兴人才储备与培训机制，对标新时代"三农"工作要求，培养造就一支真正有情怀、有责任、有担当、懂农业、懂金融、爱农村、爱农民的农村金融工作队伍。强化激励机制设计，健全人才流动体系，积极鼓励有活力、有想法、肯吃苦的年轻员工赴农村各网点，扎根农村，为广大农村带来最先进的金融产品，延伸服务触角，拉长服务纵深，拓宽服务范围，着力提升其涉农融资、融智服务水平。

参考文献

［1］安虎森.新区域经济学（第三版）［M］.东北：东北财经大学出版社，2010.

［2］杨小凯，黄有光.专业化与经济组织——一种新兴古典微观经济学框架［M］.北京：经济科学出版社，1999.

［3］林毅夫.本体与常无［M］.北京：北京大学出版社，2012.

［4］杨小凯，张永生.新兴古典经济学与超边际分析［M］.北京：社会科学文献出版社，2003.

［5］马克思，恩格斯.马克思恩格斯选集：第3卷［M］.中共中央马克思恩格斯列宁斯大林著作编译局译，北京：人民出版社，1995.

［6］LEWIS W A. Economic development with unlimited supplies of labor［J］. Manchester School of Economic and Social Studies 1954，22（2）.1467 – 1954.

［7］KRUGMAN P. Increasing Returns and Economic Geography［J］. The Journal of Political Economy，1991，99（3）.

［8］MICHAEL L. Why Poor People Stay Poor：Urban Bias in World Development［R］. London；Temple Smith，1977.

［9］魏后凯，刘长全.中国农村改革的基本脉络、经验与展望［J］.中国农村经济，2019（02）：2 – 18.

［10］蔡昉.农村改革对高速经济增长的贡献［J］.东岳论坛，2019（01）：5 – 12，191.

［11］彭海红.中国农村改革40年的基本经验［J］.中国农村经济，2018（10）：107 – 118.

［12］曹斌.乡村振兴的日本实践：背景、措施与启示［J］.中国农村经

济, 2018 (08): 117 - 129.

[13] 刘松涛, 罗炜琳, 王林萍. 日本"新农村建设"经验对我国实施乡村振兴战略的启示 [J]. 农业经济, 2018 (12): 41 - 43.

[14] 黄祖辉. 准确把握中国乡村振兴战略 [J]. 中国农村经济, 2018 (04): 2 - 12.

[15] 孔祥利, 夏金梅. 乡村振兴战略与农村三产融合发展的价值逻辑关联及协同路径选择 [J]. 西北大学学报 (哲学社会科学版), 2019 (02): 10 - 18.

[16] 蒋永穆. 基于社会主要矛盾变化的乡村振兴战略: 内涵及路径 [J]. 社会科学辑刊, 2018 (02): 15 - 21.

[17] 罗心欲. 基于本体性逻辑的乡村振兴战略内涵辨识 [J]. 汉江学术, 2018 (03): 71 - 77.

[18] 姜长云. 准确把握乡村振兴战略的内涵要义和规划精髓 [J]. 东岳论丛, 2018 (10): 25 - 33, 191.

[19] 吴越菲. 重建关系性的"乡村": 实体主义乡村发展观的关系转向及其实践脉络 [J]. 南京农业大学学报 (社会科学版), 2019 (04): 28 - 36, 157.

[20] 吴晓燕, 赵普兵. 回归与重塑: 乡村振兴中的乡贤参与 [J]. 理论探讨, 2019 (04): 158 - 164.

[21] 史晓浩, 孙丽华. 乡村劳动力价值萎缩: 现实、固化机制与干预策略——兼论乡村振兴规划的渐进性改革 [J]. 中国矿业大学学报 (社会科学版), 2019 (04): 51 - 61.

[22] 陈池波, 孟权, 潘经韬. 乡村振兴背景下农产品加工业集聚对县域经济增长的影响: 湖北例证 [J]. 改革, 2019 (08): 109 - 118.

[23] Ronald D B, Toddi A S, Lindy C, et al. Adaptive Governance: Integrating Science, Policy and Decision Making [M]. New York: Columbia University Press, 2005: 1 - 46.

[24] 于水, 王亚星, 杜焱强. 异质性资源享赋、分类治理与乡村振兴 [J]. 西北农林科技大学学报 (社会科学版), 2019 (04): 52 - 60.

[25] 梁漱溟. 梁漱溟全集: 第2卷 [M]. 济南: 山东人民出版社, 1990.

[26] 中共中央文献研究室. 建国以来毛泽东文稿 (第8册) [M]. 北京: 中央文献出版社, 1992.

[27] 中共中央文献研究室. 建国以来重要文献选编 (第15册) [M]. 北

京：中央文献出版社，1997.

[28] 中共中央文献研究室.建国以来重要文献选编（第12册）[M].北京：中央文献出版社，2011.

[29] 中共中央文献研究室.邓小平文选（第三卷）[M].北京：人民出版社，1993.

[30] 中华人民共和国农业部.中国农业发展报告（1996）[M].北京：中国农业出版社，1996.

[31] 中共中央文献研究室.邓小平年谱（一九七五——一九九七）（下）[M].北京：中央文献出版社，2004.

[32] 樊平.以科学范式理解乡村振兴战略[J].中国农业大学学报（社会科学版），2018（03）：117-126.

[33] 张海鹏，郜亮亮，闫坤.乡村振兴战略思想的理论渊源、主要创新和实现路径[J].中国农村经济，2018（11）：2-16.

[34] 蒋利雪，李敏.农村人居环境建设的三维探析[J].武夷学院学报，2019，38（10）：26-31.

[35] 彭超，张琛.农村人居环境质量及其影响因素研究[J].宏观质量研究，2019，7（3）：66-78.

[36] 李浩，武晓岛.推进生态宜居乡村建设的路径探析——基于绿色发展理念[J].农村金融研究，2019（1）：29-34.

[37] 李周.乡村生态宜居水平提升策略研究[J].学习与探索，2019（7）：115-120.

[38] 孙江超.我国农业高质量发展导向及政策建议[J].管理学刊，2019，32（6）：28-35.

[39] 赫修贵.积极推动我国农业高质量发展的思考[J].北方论坛，2019（6）：8-14.

[40] 赵德起，陈娜.中国城乡融合发展水平测度研究[J].经济问题探索，2019（10）：1-28.

[41] 李牧，李丽.当前乡村法治秩序构建存在的突出问题及解决之道[J].社会主义研究，2018（1）：131-137.

[42] 乔惠波.德治在乡村治理体系中的地位及其实现路径研究[J].求实，2018（4）：88-97.

[43] [美] 诺思著, 钟正生等译. 理解经济变迁过程 [M]. 北京: 中国人民大学出版社, 2008.

[44] 李三辉. 自治、法治、德治: 乡村治理体系构建的三重维度 [J]. 中共郑州市委党校学报, 2018 (4): 37-30.

[45] 何阳, 孙萍. "三治合一"乡村治理体系建设的逻辑理路 [J]. 西南民族大学学报 (社科版), 2018 (6): 205-210.

[46] 袁金辉, 乔彦斌. 自治到共治: 中国乡村治理改革40年回顾与展望 [J]. 行政论坛, 2018 (11): 19-25.

[47] 范和生, 李三辉. 论乡村基层社会治理的主要问题 [J]. 广西社会科学, 2015 (1): 149-153.

[48] Han C F. Promoting the structural reform of agricultural supply side, focus on three things: Corn, soybean and milk [J]. China Dairy, 2016 (3): 3-4.

[49] Han J. China's 220 million farmers' land management scale is less than 0.6 hectares [N]. Economic Daily, 2014-08-07 (14).

[50] Hardi P, Barg S, Hodge T, et al. Measuring sustainable development: Review of current practice [R]. Occasional paper number 17, 1997 (IISD). 1-2, 49-51.

[51] Kong X Z. The basic connotation and policy suggestions on the structural reform of agricultural supply side [J]. Reform, 2016 (2): 104-108.

[52] Li G X. The integration of primary, secondary and tertiary industries in rural areas is the effective way to solve the agriculture, rural areas and farmers problems [J]. China Cooperation Economy, 2016 (1): 32-36.

[53] Ministry of Agriculture of the People's Republic of China. The national plan for agriculture sustainable development program (2015-2030) [N]. Farmers' Daily, 2015-05-28 (1).

[54] *National Bureau of Statistics of the People's Republic of China. The Data Collection of National Agricultural Cost-benefit* [M]. Beijing: China Statistics Press, 2015. (中华人民共和国统计局, 全国农产品成本收益资料汇编).

[55] Yin, R. Case Study Research, Design and Methods [J]. Journal of Advanced Nursing, 2003 (02): 1365-2648.

[56] 毕崇志. 从金融视角看推进乡村振兴战略的难点与对策——以牡丹江

市为例［J］．理论探研，2018（05）：20－22.

［57］车延学．金融支持国家乡村振兴战略的路径选择——以黑龙江兰西为例［J］．理论探研，2018（05）：46－47.

［58］陈放．乡村振兴进程中农村金融体制改革面临的问题与制度构建［J］．探索，2018（03）：163－169.

［59］陈俊红，陈慈，陈玛琳．关于农村一二三产融合发展的几点思考［J］．农业经济，2017（01）：3－5.

［60］陈磊．加强农村文化建设，促进乡风文明［J］．大众文艺，2011（13）：208.

［61］陈美球，廖彩荣，刘桃菊．乡村振兴、集体经济组织与土地使用制度创新——基于江西黄溪村的实践分析［J］．南京农业大学学报（社会科学版），2018（02）：27－34.

［62］陈锡文．中国农业发展形势及面临的挑战［J］．农村经济，2015（01）：4－6.

［63］陈云贤．中国特色社会主义市场经济：有为政府＋有效市场［J］．经济研究，2019（01）：4－19.

［64］陈争平．“外部性”理论与“三农”史研究［J］．中国社会科学院院报，2006（07）：14.

［65］程相镖，袁彦娟，夏云天．金融支持农业供给侧改革的实践与思考［N］．金融时报，2017－11－28.

［66］党国英．关于我国农村发展的几点思考［J］．农村工作通讯，2016（24）：29－32.

［67］董芳．新时代农村一二三产业融合发展的理论、实践与探索——以河南省漯河市为例［J］．南方农机，2019（15）：44－47.

［68］董文杰，颜慧菁．新形势下加强农村金融风险防范的制度建设［J］．重庆理工大学学报（社会科学版），2010（09）：64－67.

［69］董晓林，朱敏杰．农村金融供给侧改革与普惠金融体系建设［J］．南京农业大学学报（社会科学版），2016（06）：14－18.

［70］范应胜．我国乡村振兴战略的金融支持路径研究［J］．时代金融，2018（09）：308－309.

［71］方玲梅，李月红，杨帆等．美丽乡村建设背景下环巢湖乡村旅游发展

路径研究 [J]．中南林业科技大学学报（社会科学版），2016（6）：62-67．

[72] 甘肃省人民政府办公厅关于推进农业供给侧结构性改革的指导意见 [N]．甘肃日报，2016-8-2．

[73] 高新才．供给侧结构性改革的政策内涵 [N]．甘肃日报，2016-4-18．

[74] 郭永田．产业兴旺是乡村振兴的基础 [J]．农村工作通讯，2018（01）：34．

[75] 国务院办公厅关于推进农村一二三产业融合发展的指导意见 [EB/OL]，中国政府网．

[76] 何雯雯．甘肃省农村循环经济发展研究 [D]．兰州财经大学，2018．

[77] 胡鞍钢，周绍杰，任皓．供给侧结构性改革——适应和引领中国经济新常态 [J]．清华大学学报（哲学社会科学版），2016（2）：17-22．

[78] 黄挺．"三产融合"助推农业现代化 [J]．江苏农村经济，2016（03）：24-26．

[79] 黄奕忠．农业政策性金融服务乡村振兴的实践与思考 [J]．甘肃金融，2018（11）：4-7．

[80] 贾晋，李雪峰，申云．乡村振兴战略的指标体系构建与实证分析 [J]．财经科学，2018（11）：70-82．

[81] 贾康．供给侧结构性改革的理论、实践与思考 [M]．北京：商务印书馆，2016．

[82] 江美芳．农村的金融发展与经济增长——基于江苏省农户的调查分析 [D]．苏州大学博士论文，2011．

[83] 姜松，刘晗，周虹．金融支农与农业现代化演进：影响效应与区域差异 [J]．重庆理工大学学报（社会科学版），2016（11）：38-49．

[84] 姜长云．推进农村一二三产业融合发展的路径和着力点 [J]．中州学刊，2016（05）：43-49．

[85] 蒋利雪，李敏．农村人居环境建设的三维探析 [J]．武夷学院学报，2019（10）：26-31．

[86] 孔祥智．农业供给侧结构性改革的基本内涵与政策建议 [J]．改革，2016（02）：104-108．

[87] 旷爱萍，李延．乡村振兴战略下农村一二三产业融合发展研究 [J]．当代农村财经，2019（07）：2-4．

[88] 兰东，匡显桢．以生态文明理念引领美丽乡村建设——吉安市美丽乡村建设的实践与思考 [J]．理论导报，2013（08）：29 - 30.

[89] 兰亚东．对金融支持乡村振兴战略状况的调查 [J]．吉林金融研究，2018（09）：59 - 78.

[90] 李安君．中国生态农业面临的挑战与突破路径研究 [J]．青岛农业大学学报（社会科学版），2017（03）：19 - 26.

[91] 李宝庆．精准扶贫背景下的金融扶贫及其绩效评价研究 [M]．北京：中国金融出版社，2017.

[92] 李炳意，师学义．基于生态足迹的资源型城市可持续发展能力分析：以山西省晋城市为例 [J]．水土保持研究，2016（02）：255 - 261.

[93] 李创，吴国清．乡村振兴视角下农村金融精准扶贫思路探究 [J]．西南金融，2018（06）：28 - 34.

[94] 李国祥．实现乡村产业兴旺必须正确认识和处理的若干重大关系 [J]．中州学刊，2018（01）：36.

[95] 李浩，武晓岛．推进生态宜居乡村建设的路径探析——基于绿色发展理念 [J]．农村金融研究，2019（01）：29 - 34.

[96] 李皓．绿色金融支持乡村振兴战略的思考 [J]．金融博览，2018（04）：16 - 17.

[97] 李敏．我国高效生态农业发展策略研究 [J]．生态经济，2017（08）：111 - 113.

[98] 李周．乡村生态宜居水平提升策略研究 [J]．学习与探索，2019（07）：115 - 120.

[99] 刘国彬，上官周平，姚文艺等．黄土高原生态工程的生态成效 [J]．中国科学院院刊，2017（01）：11 - 19.

[100] 刘璐．农业银行金融支持乡村振兴战略的路径思考 [J]．农业工作通讯，2018（19）：25 - 27.

[101] 刘伟，蔡志洲．经济增长新常态与供给侧结构性改革 [J]．求是学刊，2016（01）：56 - 65.

[102] 刘相兵．金融支持乡村振兴战略的国际经验及其借鉴 [J]．金融实务，2018（07）：78 - 82.

[103] 骆昭东．金融支持"乡村振兴"战略研究——以陕西省为例 [J]．

西部金融, 2018 (01): 27-29.

[104] 马珺. 新常态下利用民间资本破解小微企业融资难的对策——以宁夏小微企业为例 [J]. 金融视线, 2018 (11): 50-52.

[105] 马丽. 乡村振兴背景下高效生态农业发展战略研究 [J]. 农业经济, 2018 (10): 59-61.

[106] 马友乐. 乡风文明建设与构建和谐新农村研究——以广西为例 [D]. 广西民族大学, 2009.

[107] 满明俊. 全面支持乡村振兴战略　谱写农村金融新篇章 [J]. 农村金融研究, 2018 (02): 30-35.

[108] 倪维秋. 以土地制度创新推动乡村振兴 [J]. 中国土地, 2018 (05): 39-40.

[109] 聂强, 张颖慧, 罗剑朝. 中国农地金融制度方案设计 [J]. 科技导报, 2003 (03): 56-59.

[110] 农行总行党校第34期井冈山班课题组. 打造服务乡村振兴战略主力银行 [J]. 专栏, 2018 (03): 76-78.

[111] 农业部关于印发《全国农产品加工业与农村一二三产业融合发展规划 (2016—2020年)》[EB/OL], 中华人民共和国农业农村部.

[112] 农业部农村经济体制与经营管理司课题组. 农业供给侧结构性改革背景下新农人发展调查 [J]. 中国农村经济, 2016 (04): 2-11.

[113] 农业农村部新闻办公室. 把握好新时代农村土地制度改革方向, 以深化改革为乡村振兴提供强大动力 [J]. 现代农业, 2018 (12): 1.

[114] 彭超, 张琛. 农村人居环境质量及其影响因素研究 [J]. 宏观质量研究, 2019 (03): 66-78.

[115] 彭童云. 县域涉农金融支持乡村振兴战略的瓶颈及路径选择 [J]. 河北金融, 2018 (07): 16-20.

[116] 朴昌根. 韩国新村运动成功经验简析 [J]. 韩国研究论丛, 2007 (17): 168-179.

[117] 祁春节. 农业供给侧结构性改革理论逻辑和决策思路 [J]. 华中农业大学学报 (社会科学版), 2018 (4): 95-104, 176.

[118] 曲春成. 偏远地区乡村振兴中的发展瓶颈及金融支持路径 [J]. 理论探讨, 2018 (03): 26-28.

[119] 佘方勇. 准确把握农村金融现状 践行乡村振兴战略 [J]. 中国银行业, 2018 (10): 57 - 59.

[120] 沈昊驹, 杜伟. 新农村建设中政策性金融支持研究 [J]. 中国农业银行武汉培训学校学报, 2011 (35): 54 - 58.

[121] 沈明建. 关于加强乡风文明建设的思考 [J]. 湖南行政学院学报, 2006 (04): 16 - 17.

[122] 沈艳兵. 发展普惠金融助力天津乡村振兴 [J]. 城市, 2018 (04): 64 - 68.

[123] 沈英. 新农村乡风文明建设的探究与思索 [J]. 法制与社会, 2008 (23): 271 - 272.

[124] 沈月, 张佳琪. 实施乡村振兴战略的路径探析: 基于三产融合的视角 [J]. 北方论丛, 2019 (02): 8 - 12.

[125] 速水佑次郎, 弗农·拉坦. 农业发展的国际分析 [M]. 北京: 中国社会科学出版社, 2000.

[126] 唐学玉, 赵岚. 乡村精英参与新农村建设的意愿研究——以苏北在城农民工为例 [J]. 安徽农业科学, 2009 (21): 20 - 22.

[127] 陶孟辉. 金融支持乡村振兴战略的思考——以浙江省为例 [J]. 区域调研, 2018 (08): 76 - 80.

[128] 万婷, 张淼. 基于乡村振兴战略的土地整治综述及发展趋势研究 [J]. 中国农业资源与区划, 2018 (05): 6 - 11.

[129] 汪艳涛, 高强. 我国农村金融作用农村经济的路径与实效 [J]. 西部论坛, 2013 (01): 35 - 44.

[130] 汪洋. 深入推进农业供给侧结构性改革 加快培育农业农村发展新动能 [J]. 求是, 2017 (06): 3 - 7.

[131] 王国敏, 常璇. 我国农业结构性矛盾与农业供给侧改革的着力点 [J]. 理论探索, 2017 (06): 100 - 106.

[132] 王平, 王琴梅. 农业供给侧结构性改革的区域能力差异及其改善 [J]. 经济学家, 2017 (04): 89 - 96.

[133] 王润先. 建设乡风文明新农村 [J]. 理论导报, 2006 (12): 14.

[134] 王树林, 夏冰. 乡村振兴战略背景下农村金融改革问题研究 [J]. 吉林金融研究, 2018 (09): 37 - 42.

[135] 王迅. 金融支持黑龙江省乡村振兴战略的探索与思考 [J]. 奋斗, 2018 (13): 46-47.

[136] 卫中旗. 乡村产业振兴的内在逻辑·根本途径与关键举措 [J]. 安徽农业科学, 2019 (12): 247-249.

[137] 魏巍. 宗族力量在我国农村管理中的利与弊 [J]. 理论观察, 2006 (01): 77-78.

[138] 温显红. 金融支持乡村振兴的长效机制建设初探 [J]. 时代金融, 2018 (10): 77-91.

[139] 吴盛光. 金融支持乡村振兴的国外经验与启示 [J]. 华北金融, 2018 (05): 72-75.

[140] 吴盛光. 金融支持乡村振兴的借鉴与启示 [J]. 青海金融, 2018 (07): 37-41.

[141] 西奥多·舒尔茨. 改造传统农业 [M]. 北京: 商务印书馆, 2006.

[142] 肖林. 新供给侧经济学——供给侧结构性改革与持续增长 [M]. 上海: 格致出版社, 2016.

[143] 邢贵亮, 宁海明. 金融支持乡村振兴战略对策研究——以黑龙江省宁安市为例 [J]. 理论探研, 2018 (03): 22-24.

[144] 许经勇. 农业供给侧改革与提高要素生产率 [J]. 吉首大学学报(社会科学版), 2016 (03): 20-25.

[145] 杨国雄. 我国农村需求型金融抑制的解决——借鉴日韩农村金融的经验 [D]. 西南财经大学硕士论文, 2009.

[146] 杨李娟, 彭振江. 乡村振兴金融政策着力点探析 [J]. 当代农村财经, 2018 (05): 57-60.

[147] 殷俊华. 金融缺口、非正规金融与农村金融制度改革 [J]. 金融研究, 2006 (04): 103-110.

[148] 尹昌斌, 程磊磊等. 生态文明型的农业可持续发展路径选择 [J]. 中国农业资源与区划, 2015 (02): 16-21.

[149] 于法稳. 新时代农业绿色发展动因、核心及对策研究 [J]. 中国农业经济, 2018 (05): 19-35.

[150] 俞安君. 浅谈高质量推动金融支持乡村振兴的思路和对策——以象山县为例 [J]. 金融视线, 2018 (10): 24-25.

[151] 约翰.梅尔著,王华译.农业经济发展学[M].北京:农村读物出版社,1988.

[152] 张建良.全面服务乡村振兴战略谱写"三农"金融服务新篇章[J].金融纵横,2018 (08):3-9.

[153] 张军.乡村价值定位与乡村振兴[J].中国农村经济,2018 (01):9-12.

[154] 张宁宁."新常态"下农村金融制度创新:关键问题与路径选择[J].农业经济问题,2016 (06):69-73.

[155] 张守凤,徐德峰.现阶段打造和谐农村金融生态环境策略选择[J].济南大学学报(社会科学版),2007 (06):12-15.

[156] 张挺,李闽榕,徐艳梅.乡村振兴评价指标体系构建与实证研究[J].管理世界,2018 (08):99-105.

[157] 张孝德.中国乡村文明研究报告——生态文明时代中国乡村文明的复兴与使命[J].经济研究参考,2013 (22):3-25,54.

[158] 张翼.金融服务乡村振兴战略的路径选择[J].金融纵横,2018 (04):49-54.

[159] 张勇.农村宅基地制度改革的内在逻辑、现实困境与路径选择——基于农民市民化与乡村振兴协同视角[J].南京农业大学学报(社会科学版),2018 (06):123-132,166.

[160] 张宇,朱立志.关于"乡村振兴"战略中绿色发展问题的思考[J].新疆师范大学学报(哲学社会科学版),2019 (1):66-71.

[161] 赵富洲.发挥农业政策性金融牵引作用 助力破解乡村发展不平衡不充分难题[J].专栏,2018 (03):38-42.

[162] 赵霞,韩一军,姜楠.农村三产融合:内涵界定、现实意义及驱动因素分析[J].农业经济问题,2017 (04):49-57,111.

[163] 赵子锐.金融支持乡村振兴战略面临的制约因素和建议[J].吉林金融研究,2018 (05):58-62.

[164] 郑红明,郑少燕,陈日凤.韶关市农业供给侧结构性改革对策分析[J].农村经济与科技,2019 (11):176-178.

[165] 郑晖,石培基,何娟娟.甘肃省生态足迹与生态承载力动态分析[J].干旱区资源与环境,2013 (10):14-18.

［166］郑瑞强，翁贞林，黄季焜.乡村振兴战略：城乡融合、要素配置与制度安排［J］.农林经济管理学报，2018（1）：1-6.

［167］中共中央国务院.关于实施乡村振兴战略的意见［N］.人民日报，2018-2-5.

［168］中共中央国务院关于实施乡村振兴战略的意见［EB/OL］，中国政府网.

［169］中国农业发展银行青海省分行课题组.乡村振兴的政策性金融支持策略——以青海省大通县麻其村为例［J］.青海金融，2018（10）：51-55.

［170］中国人民银行大庆市中心支行课题组.黑龙江省金融支持乡村振兴问题研究［J］.大庆社会科学，2018（05）：117-120.

［171］中国社会科学院城乡发展一体化智库.农业供给侧结构性改革理论与实践探索［J］.中国农村经济，2017（8）：91-96.

［172］朱信凯.深化农业供给侧结构性改革　助力乡村振兴［J］.农业经济与管理，2017（06）：12-14.